강원용 나의 현대사

강원용 나의 현대사

젊은이에게 들려주는 나의 현대사 체험

4 미완성의 민주화

한길사

Kang Won-Yong, My Historical Journey

4 Incomplete Democracy
by Kang Won-Yong

Published by Hangilsa Publishing Co., Ltd., Korea, 2003

강원용 나의 현대사

4 미완성의 민주화

지은이 강원용
펴낸이 김언호

펴낸곳 (주)도서출판 한길사
등록 1976년 12월 24일 제74호
주소 413-120 경기도 파주시 광인사길 37
홈페이지 www.hangilsa.co.kr
전자우편 hangilsa@hangilsa.co.kr
전화 031-955-2000~3 **팩스** 031-955-2005

디자인 창포 **출력** (주)써니테크 21 **인쇄** 오색프린팅 **제본** 광성문화사

제1판 제1쇄 2003년 6월 10일
제1판 제3쇄 2015년 2월 25일

값 17,000원
ISBN 978-89-356-5469-7 04900
ISBN 978-89-356-5465-9 (전 5권)

• 잘못 만들어진 책은 구입하신 서점에서 바꿔드립니다.

• 이 도서의 국립중앙도서관 출판시도서목록(CIP)은 서지정보유통지원시스템 홈페이지(seoji.nl.go.kr)와
  국가자료공동목록시스템(www.nl.go.kr/kolisnet)에서 이용하실 수 있습니다.
  (CIP제어번호: CIP2015004130)

독재정권과 투쟁하는 길은 험난했다. 나를 비롯해 크리스챤 아카데미 관련자들은 걸핏하면 정보부로 연행되었고, 월간『대화』는 폐간당했다. 1986년에 30년 동안 시무한 경동교회 담임목사직에서 은퇴했지만 서울올림픽 문화예술행사 추진위원회 위원장, 한국방송위원회 위원장 등을 맡아 더욱 바쁜 나날을 보냈다.

아카데미 10주년 기념 '한국사회의 진단과 전망' 심포지엄에 참석한 법정, 이문영, 서남동, 이건
호 등과 함께. 1975년 6월.

1978년 동일방직 사건 당시 김수환 추기경과 함께 근로자들을 만났다. 당국은 이 사건에 아카데미 교육 이수자들이 관련된 것으로 드러나자 크리스챤 아카데미에 탄압을 가하기 시작했다.

아래 _ 1979년 크리스챤 아카데미 사건으로 중간집단교육이 중단되었다. 연행되어가는 한명숙, 장상환, 김세균 간사.

1982년 아르메니아 정교회 총대주교인 파트리아크와 함께.

김수근의 설계로 새로 지은 경동교회당. 1981년 9월 6일 입당예배를 드렸다.

오른쪽 위 _ 여해기념관 개관식. 오른쪽부터 윤보선, 필자, 김호식, 강형용. 1986년.

오른쪽 아래 _ 1987년 아카데미 하우스 '대화의 집'에서 조향록 목사의 집전으로 드린 고희감사 가족예배. 아카데미에서는 고희 기념으로 『강원용과의 대화』를 펴냈다.

'1988년 후반기 한국정치의 중요 과제'를 주제로 한 아카데미 대화모임에 참석한 정치지도자들. 왼쪽부터 김종필, 김영삼, 김대중, 필자.

1988년 8월 21일부터 9월 8일까지 힐튼호텔 컨벤션센터에서 열린 서울올림픽 국제학술회의. '후기산업사회와 세계공동체' 라는 주제로 열린 이 회의에 참석한 존 K. 갤브레이스, 사마란치 등과 함께.

베이징 인민대회당에서 열린 세계종교평화회의에서 개회기도를 했다. 1986년.
아래 _ 아시아종교평화회의 실행위원회 위원들과 함께.

1991년 2월 오랜 친구인 독일의 바이체커 대통령 방한시 크리스챤 아카데미에서 백운대를 바라보며. 바이체커와 친교를 맺기 시작한 것은 내가 1968년 세계교회협의회 웁살라 총회에서 중앙위원이 되면서부터였다. 그는 당시 국회의원이면서 세계교회협의회 중앙위원 겸 실행위원으로 활동했다.

강원용 나의 현대사

젊은이에게 들려주는 나의 현대사 체험

4 미완성의 민주화

강원용 나의 현대사

4 미완성의 민주화

언론자유수호를 위해 몸부림치는 기자들

크리스챤 아카데미, 탄압의 올가미가 내려지다

고난 가운데 깊어지는 사랑

겨울공화국 소련으로 들어가다

WCC와의 결별

새로 쓰는 아카데미와 경동교회의 역사

나의 스승 김재준 목사

번지는 시위, 그리고 6·29선언

위장된 민주화

방송민주화를 위해

좌절된 방송민주화

문민정치시대의 개막

문민정부의 출범

언론자유수호를 위해 몸부림치는 기자들

우리를 자유케 하는 진리

국민 투표를 사흘 앞둔 2월 9일, 한국기독교연합회(NCC)는 박정권의 박해에 대항해 새문안교회에서 '신앙의 자유를 위한 연합 기도회'를 개최하였다. 그런데 그 기도회에서 설교를 맡은 사람은 나였다.

오후 2시 반부터 시작된 이 기도회에는 교계 지도자들뿐 아니라 신민당 김영삼 총재 부부, 정일형·이태영 부부, 윤보선 대통령의 부인 공덕귀, 함세웅 신부, 이희호 등도 참석했다. 참석 신도수는 3천여 명에 이르렀다. 사람들이 얼마나 몰려왔는지 장내에 들어오지 못한 사람들은 계단과 마당, 심지어 길거리에 서서 스피커를 통해 예배를 봐야 했다. 이처럼 호응이 대단하자 그날 광화문 일대에는 정사복 경찰 300여 명이 출동해 사람들이 모두 흩어질 때까지 삼엄한 경비를 펼쳤다.

그때 내가 한 설교의 제목은 '자유케 하는 진리'였다. 때가 때인지라 이 설교는 잇단 박수로 여러 차례 설교가 중단될 만큼 신도들의 반응도 좋았을 뿐 아니라, 일본의 기독교 월간지인 『복음과 세계』에 그 전문이 실렸다. 그 결과 나는 외국 친구들에게서 격려 전문을 많이 받기도 했으나, 박정희에게는 이 설교가 격노를 불러일으켜 나에 대한 앙심을 더욱 깊게 한 계기가 되었다.

예수 그리스도가 말씀하신 진리는 자유를 얻게 하는 진리라고 우리는 믿고 있다. 이것은 창세기부터 요한계시록에 이르기까지 신구약 성서 전체에서 찾아볼 수 있는 기독교 2천 년 역사의 증언이다.

유대인은 분명히 자유라는 가치를 알았던 민족이었다. 그런데 왜 그들은 자유를 얻게 하기 위해 오신 예수를 살해하려 했을까? 유대인은 당시 로마 제국의 지배 밑에 있었으며 살아남기 위해서는 율법을 중심으로 철통같이 단결하지 않으면 안 된다고 생각했다. 이른바 민족 총화를 부르짖고 국론 통일을 주장했던 것이다. 그러나 예수는 그러한 총화와 통일이라는 미명 아래 자유가 허용되지 않는다면 그것은 하나님에 대한 배반 행위고 민족을 분열시켜 망하게 하는 길이라고 판단했다.

유대 지도자들은 예수가 아브라함의 전통에 거역해서 국민 총화를 파괴하는 자, 그러한 체제에 도전하는 자라고 생각했다. 그러나 예수는 오히려 그들에게 "당신들은 아브라함의 배반자"라고 했다. 아브라함은 하나님의 지시를 받았을 때 기존 체제에서 탈출한, 자유의 가치를 안 신자였기 때문이다.

우리의 하나님은 황야의 불기둥이나 구름기둥이 되어 대열의 선두에 서서 자유를 향해 전진하시는 분이다. 이것이 아브라함의 하나님에 대해 예수가 내린 해석이었다.

요즘 사수해야 할 것이라고 주장되는 유신헌법 서문에는 그것이 3·1정신과 4·19정신을 계승한다고 적혀 있다. 그러면 3·1정신과 4·19정신은 무엇인가? 이것은 한국 역사에 나타난 출애굽 사건이었다. 나는 이 서문을 보면서 그렇게 말하는 그들이 마치 아브라함을 말하고 예언자를 말하면서도 실제로는 자유케 하는 진리를 말하는 예수를 십자가에 매달았던 유대인들과 같지 않을까 하는 생각을 하지 않을 수가 없다.

입을 열면 그들은 한국에 종교의 자유가 있다고 말한다. 다만 일부 종교인들이 정치적인 문제에 끼여들어 법을 위반하니까 문제가 생긴다는 것이다. 그들은 교회 안의 설교는 물론 기도까지도 녹음해 문제삼았으며 목사들을 미행, 연행, 협박했다. 그러면서도 그것이 신앙에 대한 박해가 아니라고 한다.

예수는 하나님을 믿는 신앙 때문에 처형된 것이 아니다. 로마 정부를 전복하려는 음모를 꾸몄다는 죄를 뒤집어쓰고 빌라도의 법정에 끌려갔다. 하나님의 아들인 그는 또 하나님을 모독했다는 죄명도 썼다.

독일 나치 정권도 유사한 수법을 썼다. 그들은 독일 교회 지도자들을 모아 놓고 "경건한 독일 교회에 신앙의 자유를 절대적으로 보장한다"고 언명했다. 그러나 정권의 일은 정권에 맡겨 두고 하나님의 일에만 종사하라는 전제가 따랐다. 이때 뮐러 목사는 "하나님이 이 세상에서 독일의 일을 우리에게 맡겼으니 우리는 하나님의 명령에 복종하지 당신들의 명령에 복종할 수 없다"고 말했다. 이것이 독일 교회 지도자들이 박해를 받게 된 시초였다. 언제 나치의 히틀러가 종교를 박해한다고 말했던가?

일제 시대에도 종교의 자유는 헌법으로 보장되었다. 그러나 치안 유지법에 의해서 구속받지 않았던가?

지금 우리는 분명히 박해를 경험하고 있다. 이 시기야말로 신앙을 고백해야 할 시기이다. 우리는 무엇을 할 것인가를 묻기 전에 먼저 우리가 정말로 그리스도를 따르는 신자가 될 것인가를 분명히 하지 않으면 안 된다.

기독교는 결코 자기 자신을 위해서만 존재하는 것은 아니다. 이 세상을 위해, 이 세상을 구하기 위해 하나님의 아들께서 오셨다. 신앙의 자유는 오늘 이 상황에서 언론의 자유, 정치적 자유와 깊게 관련되는 것이다.

제2차 세계 대전 중 카를 바르트는 체코 군대를 보고 그들이 크리스찬인가 아닌가와는 관계 없이 그들을 그리스도의 군대라고 말했다. 오늘날 한국 땅에서 진실한 언론 자유, 정치적 자유를 위해 싸우고 있는 사람들은 우리의 역사를 이끌어가기 위해 하나님에 의해 선택된 군대다. 우리 교회는 다시 한 번 이들과 굳게 단결해 나가야 하겠다.

요즘 세상은 참으로 기묘하다. 국민투표를 앞두고 반대 발언은 봉쇄하고 찬성 발언만 전국적으로 모든 행정력을 동원해 알리고 있다. 이 엉터리 같은 국민투표를 보고 여러분은 어떻게 생각하는가?

국가의 안전 보장을 위해, 공산당을 막기 위해 국론을 통일한다고 한다. 크리스찬은 누구보다도 최후까지 공산당 정권과 싸울 사람들이다. 그러나 왜 공산주의를 막아내야 하는가? 무엇보다도 자유를 위해서다. 그러기 위해서는 부정 부패와 빈부 격차를 없애야 한다. 군대도 강하게 해야겠지만 국제적인 협조도 얻어야 한다. 나는 반공이란 민주적으로 성공하는 것이라고 확신하고 있다. 자유는 무참히 짓밟히고 빈부 차이는 끝없이 커지고 부정 부패는 들끓어가며 국제적으로 고립된 지금 상황이 도대체 반공이라는 것인가? 이 나라를 어디로 몰고 가는 것인가? 위정자들은 국가와 국민을 위해서가 아니라 자기 자신들을 위해서 싸우고 있다.

예수는 십자가 위에서 돌아가심으로써 무한한 자유와 해방을 가능케 했다. 그것은 단순히 정치적 자유라든가 언론의 자유만을 의미하는 것은 아니다. 십자가 위의 죽음은 자유를 구속하는 악마의 본거지를 점령하는 것이며 노예 상태의 종말을 의미하는 것이다.

예수의 죽음이 하나님의 승리의 시작이라고 믿는 우리들은 박해를 두려워하지 않는다. 우리를 죽이려면 죽여도 좋다. 감옥에 넣으려면 넣어도 좋다. 우리들은 영생을 믿고 있는 사람들이다. 우리는 우리 자신을 위하지 않고 하나님의 영원한 나라를 위해 살아간다. 지금 우리는 소리치고 싶다. 아직 늦지 않았으니 회개하라고 말이다.

진실된 마음으로 회개하라. 우리들은 그들이 멸망하는 것을 원치 않는다. 그러나 교회를 박해한 나라와 사람이 멸망하지 않은 예가 없다. 우리는 심판하시는 하나님을 믿는 동시에 용서해 주시는 하나님을 믿는다. 그러므로 지금 우리는 용서하고 싶기 때문에 다시 한 번 진심으로 권력층에게 회개를 요청한다. 그러나 우리는 그들이 회개할 때까지 팔짱을 끼고 기다리고 있지만은 않을 것이다. 우리에게 자유를 주기 위해 고귀한 생명을 바친 예수의 뒤를 따라 2천 년 동안 선배들이 걸어온 그 가시밭길을 우리도 간다. 우리의 주님은 말했다.

"너희들은 이 세상에서 고난을 당하겠지만 그러나 용기를 내어라. 내가 이 세상을 이겼다."

우리는 이 예수가 오늘날 한국 역사의 도상에서, 이스라엘 민족이 이집트를 탈출할 때 하나님께서 함께하셨던 것같이 우리를 일깨워주고 지키고 격려해 줄 것을 확신하고 있다.

이 기도회가 열렸을 때는 동아일보에 대한 광고 탄압이 절정에 달해 있을 무렵이었다. 그래서 나는 설교 도중 언론 자유에 대해 언급하면서 "동아일보의 빈 광고란은 하나님의 아들들이 메우라고 우리에게 주어진 선물이다"라고 말하기도 했다. 그래서인지 몰라도 기도회가 끝난 뒤 참석 신도들을 상대로 동아일보 돕기 모금 운동이 즉석에서 벌어지기도 했다.

이 기도회가 있고 나서 얼마 후인 2월 28일에는 명동성당에서 민주 회복 국민회의 모임이 있었다. 3·1절 56주년을 맞아 열린 이 모임에서 '민주 국민헌장'과 '국민에게 보내는 메시지'가 발표되었는데, 민주 국민헌장은 함석헌이, 그리고 국민에게 보내는 메시지는 내가 각각 낭독하게 되었다.

'민주 국민헌장'은 "우리는 독재를 반대하며 정보 정치를 배격한다. 모든 국민은 각자의 정당한 권익 옹호를 위해 단체를 구성하고 가입할 수 있으며 인간의 존엄성에 상응하는 생활을 보장받아야 한다. 우리는 민주주의의 실현만이 국민의 연대와 발전을 이룩하는 길이요, 갈라진 민족이 다시 평화로운 통일에 이를 수 있는 길임을 확언한다"는 본문과, 비폭력 평화적 투쟁, 비타협 불복종의 정신, 국내외 민주 세력과의 연대를 내용으로 하는 강령 3장으로 되어 있었다.

그리고 내가 낭독한 '국민에게 보내는 메시지'의 내용은 다음과 같았다.

독재 권력의 어떠한 음모와 횡포에 대해서도 우리는 비타협 불복종의 정신으로 대항하며 모든 민주 역량, 모든 민주 국민과 단합 연계하여 독재 정권에 대한 일대 포위 운동을 전개하자. 민주주의에 대한 열망은 모든 국민의 한결 같은 여망이므로 평화와 양심에 따라 하나로 뭉쳐나가자. 우리는 동아일보의 광고 해약 사태가 빚은 애로를 온 국민의 힘으로 타개하자. 억압받고 찌들었으며 그릇된 경제 정책으로 소외된 농민, 근로자의 권익 옹호를 위해 관심과 노력을 기울이자.

이날 발표된 '민주 국민헌장'은 민주 회복 국민회의가 주축이 되어 앞으로 펼쳐나갈 민주화 운동의 지침서라고 할 수 있었다. 그러나 그 운동은 불과 두 달여 후에 선포된 긴급조치 9호로 전면 봉쇄당하게 되고 이후 우리 역사는 더욱 숨막히는 질곡 속으로 떨어지게 된다.

지하실의 기자들—"우리를 위해 기도해주세요"

언론 자유를 수호하기 위해 시작된 동아일보 사태는 국민의 열렬한 격려 속에서 민주화 운동을 촉진하는 계기가 되어 집권 세력에 타격을 입히는 효과를 거뒀지만 사태가 장기화되자 경영진에서는 더 이상 배겨내지 못하고 말았다. 마침내 기자들을 대량 해직하는 쪽으로 결정됨으로써 동아일보 사태는 새로운 국면을 맞게 되었다. 그것은 내가 엉터리 놀음이라고 일갈한 국민투표를 통해 형식적 면죄부를 획득한 집권층의 교활하고도 새로운 반격이었다.

동아일보의 경영주가 언론 자유를 실천하고자 한 기자들을 대량 해직시키려 하자 동아일보사 전체 기자들은 이에 대항해 즉각 농성에 돌입했다. 그러자 당국에서는 경찰을 동원해 농성 기자들을 위협하는 등 상황은 점점 급박하게 돌아갔다. 나는 어떻게든 기자들이 경찰에 끌려가는 사태만은 막아보려는 생각에서 이태영 박사와 함께 경영진과 기자측 양쪽을 찾아다니며 동분서 주했다.

이태영과 나는 우선 동아일보 김상만 회장을 만나 설득하기 위해서 아침에 그의 자택을 찾아갔다. 우리는 함께 기도를 올린 후 얘기를 시작했다.

"회장님, 입장이 어려우신 줄은 알고 있지만 언론 자유를 위해 싸운 기자들을 해직하는 것은 말이 되지 않습니다. 해직이라는 극단적인 길은 피하면서 어떻게든 다른 방법을 찾아보십시오. 동아일보는 자타가 공인하는 전통 민족지 아닙니까? 일제 때도 그 혹독한 탄압에 굴하지 않고 민족 독립과 자유 언론을 수호하기 위해 싸운 자랑스러운 역사를 가지고 있는데, 이제 와서 일을 그런 식으로 처리한다면 지울 수 없는 오점을 남기고 말 겁니다. 그리고 기자들이 경찰에 잡혀가는 일만은 제발 막아 주십시오."

강한 어조로 얘기하는 내 말에 그는 고심 어린 표정이면서도 꽤 긍정적인 반응을 보였다. "어쨌든 고맙다. 최선을 다해 노력해 보겠다"는 말과 함께 "기자들이 잡혀가도록 하지는 않겠다"는 약속도 해주었다.

우리는 이어 김상만과 같은 집안인 고려대 총장 김상협 박사의 사무실을 찾아갔고 동아일보 사장이던 이동욱도 방문해 함께 사태를 해결하기 위한 의논도 했다.

김상협은 "내가 동아일보에 대해서는 집안에서 발언권이 없기는 하나 노력은 해보겠다"는 말을 했고, 이동욱은 "기자들이 용납하기 어렵게 과격한 것도 문제다. 또 내가 무슨 힘이 있겠느냐"고 반문하며 난감한 표정을 지었던 것이 기억난다. 그러나 두 사람 역시 "기자들이 경찰에 끌려가는 일만은 막아 보겠다"고 약속했다.

이태영과 나는 기자들을 격려하기 위해 농성 현장을 방문했다. 그때가 오후 2시쯤이었던 것 같은데, 농성 현장인 세종로 동아일보사 지하실에는 내려갈 수가 없어 1층에서 그들을 내려다봐야 했다. 울분에 찬 기자들이 피곤한 모습으로 모여 앉아 있는 어두운 지하실은 목쉰 소리로 외치는 구호와 노래, 널려 있는 피켓 등으로 마치 전장 같은 비장한 분위기에 싸여 있었다. 우리가 그들에게 먹을 것과 음료를 전해 주자 "여러분, 강원용 목사님과 이태영 박사님이 오셨습니다"라고 하는 소개와 함께 "와" 하는 함성과 박수가 터졌다.

그리고 누군가가 이렇게 외쳤다.

"목사님, 우리를 위해 기도해 주십시오."

나는 1층에서 그들을 내려다보며 기도를 시작했다. 지금 자세한 내용은 거의 다 잊어버렸지만 아마도 "언론 자유를 위한 이들의 힘들고 험한 투쟁은 비록 당장은 실패로 끝날지 몰라도 하나님의 역사 안에서는 결국 승리로 기록될 것이다. 이들에게 좌절하지 않고 앞으로 나아갈 용기와 희망을 달라"는 내용이었을 것이다.

그런데 기도를 올리던 내 목소리에는 나도 모르는 사이 어느새 울먹임이 배어나고 있었다. 그곳의 비장한 분위기가 내 감정을 격하게 만든 탓이었다. 그러면서 보니까 어느 틈에 이태영도 내 옆에서 눈물을 흘리고 있었고 기자들 사이에서도 여기저기서

격한 흐느낌이 터져나오고 있었다. 우리는 기도와 눈물 속에서 어느덧 혼연일체가 되어 독재 정권에 대항해 한 목소리로 외치고 있었던 것이다.

그때 나는 경찰 쪽 인사도 만나 "어떻게든 말로 해결하도록 할 테니 제발 기자들을 강제로 끌어가지는 말라"고 사정을 하여 그러겠노라는 약속을 받아내기도 했다. 그러나 시간이 지날수록 사태는 긴박해지고만 있었다.

3월 17일 새벽이었다. 김상만 회장으로부터 경찰은 개입시키지 않겠다는 약속을 듣긴 했지만 아무래도 마음이 안 놓여 아카데미에서 사태의 추이에 촉각을 곤두세우고 있었는데, 어둠을 가르며 전화벨이 울렸다.

"농성 중이던 동아일보 기자들이 지금 경찰에 의해 강제 연행되고 있다"는 소식이었다.

깜짝 놀란 나는 차를 타고 서둘러 동아일보사로 달려갔으나 이미 기자들은 다 끌려나가고 난 후였다. 텅 빈 세종로 거리만 내 눈에 가득 들어올 뿐이었다.

알맹이가 빠진 채 나온 아카데미 총서

1975년은 크리스챤 아카데미가 설립된 지 10년이 되는 해였다. 16년 전인 1964년 동료 열 몇 명과 함께 백 원씩 회비를 내어 시작한 조그마한 모임이 이제 세계적으로도 주목받는 단체로 틀이 잡힌 셈이었으니, 10주년을 맞는 내 마음은 착잡한 가운데서도 뿌듯함을 느낀 게 사실이었다.

열 살이 된 크리스챤 아카데미는 이미 우리 사회 지성인들의 대화 광장이요, 사회 각 부문을 연구하는 기관으로서, 그리고 중간 집단 교육을 비롯한 여러 대중교육과 훈련의 장소로 그 존재를 뚜렷이 부각시켜 놓고 있었다.

10년 만에 뚜렷한 지향점을 가진 단체로 자리잡은 아카데미는 10주년을 기념해 여러 가지 사업과 행사를 기획했다. 우선 10주년 기념 대화 모임을 여는 한편 그간 아카데미 대화 모임에서 논의된 내용을 정리하여 한국아카데미총서로 묶어내기로 했다. 전 10권으로 된 이 총서에는 민경배 교수(연세대, 신학)가 쓴 「아카데미 10년사」도 포함되어 있었다.

10주년 기념 대화 모임은 '한국 사회의 진단과 전망'이라는 대주제 아래 분야별 모임이 연속으로 진행되었다. 지난 10년 동안의 대화 내용을 정리하며 현재를 진단해 보고 미래를 전망해 보자는 취지로 열린 모임의 결과, '지성인의 선언, 1975'가 나오게 되었다.

이 선언은 "대화 운동을 전개한 지 10년이 되는 오늘의 우리 사회는 초창기에 비해 오히려 대화가 더욱 힘든 상황이 되어 있지만 그 때문에 대화는 더욱 필요하고, 그 대화의 밑바탕이 되는 인간화에 대한 열망과 양극화를 해소하기 위한 결의가 새롭게 요청된다"고 전제한 뒤 종교·문화·과학기술·교육·여성·경제·노동·정치·사회·외교·안보·통일 등 8개 분야에 대한 문제 진단과 함께 처방을 제시해 눈길을 끌었다.

1975년 5월 7일 아카데미 하우스에서는 10주년 기념식이 조촐하게 열렸다. 이 행사에는 독일 아카데미의 에베르하르트 뮐러 박사, 일본 아카데미 대표 이시다테 모리조 박사, 교토 아카데미 대표 이도 기구치 교수, 김수환 추기경, 김옥길 이대 총장, 강신명 목사, 백낙준 박사 등 5백여 명이 참석했다.

나는 그날 기념사에서 아카데미의 활동 연혁과 현황, 그리고 전망과 다짐을 이렇게 밝혔다.

지난 10년 동안 아카데미에서는 2박 3일, 혹은 4박 5일 과정으로 여러 종류의 대화 모임이 200여 차례 열려 참가자 수 6천여 명에 강사 7백여 명이 동원되었습니다. 사회 교육은 2박 3일에서 1주일 정도의 프로그램으로 174회 실시돼 7,420명이 교육을 받았습니다. 특히 1974년부터 5개년 계획으로 진행되고 있는 중간집단 교육은 지금까지 29회에 820명이 참가했으며, 이 중 100여 명이 오늘 이 자리에 참석했습니다. 특히 농번기인 이 시기에 전국 농촌에서 40여 명이나 올라오셔서 이 자리에 참석했다는 사실을 알려드립니다.

조사·연구 활동은 여러 연구위원회를 구성, 활동해 왔으며 출판으로는 월간지 『대화』가 55회, 그밖에 계간지, 단행본 등이 출판되었고 영문으로 *Dialogue*, *Activity News* 등이 발간되고 있으며, 이번에 『내일을 위한 노래집』과 『10주년 기념 전집』이 열 권으로 나왔습니다.

지난 10년 동안 아카데미는 텔레비전, 라디오에 450회, 통신

320여 회, 신문 820여 회, 잡지 457회에 걸쳐 그 활동이 보도되었습니다.

그러나 (아카데미 활동에 필요한) 재원 중 국내 재원은 20퍼센트 정도밖에 조달되지 않았습니다. 앞으로 재정 조달은 국내 주도형으로 바뀌어야 할 것입니다.

앞날을 전망해 보면 우리의 의욕에 비해 난관이 너무도 많습니다. 아카데미 운동의 핵심인 대화 모임은, 경직화된 이 상황에서 양쪽에 다리를 놓고 고장난 전화선을 수선하고, 정체되어 있는 소통을 원활히 해주는 교통 순경 노릇을 하려는 것이지만 오늘의 상황은 그 일을 점점 더 어렵게 하고 있습니다. 또 양극화를 해소하고 인간화를 실현하는 데 큰 몫을 할 일꾼들을 양성하려는 우리의 노력도 날로 심화되는 양극화, 비인간화 현상을 치유하기에는 무력함을 느끼지 않을 수 없습니다.

그러나 우리는 처음부터 쉬운 길을 택한 것이 아니었습니다. 좁고 험한 길일지라도 그것이 주님이 우리에게 맡긴 사명이라면 그 길을 갈 것이며, 이 모든 역경을 헤치고 우리의 과제를 다하는 데 최선을 다하고자 합니다.

이날, 1부 기념식이 끝난 뒤에는 2부 순서로 '내일을 위한 노래' 발표회가 있었다. '내일을 위한 노래'는 아카데미에서 교육생들에게 의식화 교육을 할 때 함께 부를 수 있도록 만든 노래였다.

기존의 국내외 곡을 번역해 부르거나 의식화 교육 내용을 함축한 노랫말로 바꿔 부른 개사곡도 있었다. 필요에 따라 우리가 노래를 새로 만들기도 했는데 일례로 「내일을 위한 노래」는 나인용 곡에 내가 노랫말을 붙였다.

노래를 통한 교육은 정서에 직접 파고드는 직접적인 호소력과 함께 참가자들의 일체감을 형성하는 데 탁월한 효과를 나타내고 있었으므로 아카데미는 노래 작업에 큰 노력을 기울이고 있었다. 의식화 노래는 이른바 가장 뛰어난 '의식화 무기'였기 때문이다. 기념사에서 밝혔듯이 10주년 기념 총서와 함께 의식화 노래를 모은 『내일을 위한 노래집』을 발간한 것도 그런 노력 가운데 하나였다.

하지만 민주 회복 국민회의 활동, NCC 주최 연합 기도회에서 한 설교 등으로 박정권의 미움을 더 받게 된 나는 그 무렵 점점 가중되는 탄압 때문에 하는 일마다 난관을 겪어야 했다. 우선 아카데미 10주년 기념 총서를 발간하는 일부터 그랬다.

우리는 정성스레 원고를 만들어 삼성출판사에 출판을 맡겼는데, 책이 만들어지자마자 이 책을 검열한 관계 당국으로부터 기다란 지시문이 내려왔다. 그 지시문에는 어느 어느 부분을 빼라는 내용이 가득 실려 있었다. 그런데 빼라는 부분 모두가 총서의 핵심을 이루는 중요한 부분들이라 그걸 몽땅 빼버리면 말 그대로 팥소 없는 찐빵이 될 판이었다. 그렇게 되면 총서를 내는 의미 자체가 없어지는 셈이었다.

나는 그 지시문을 보고 너무 화가 나서 '이렇게 낼 바에는 차라리 책을 내지 않겠다'고 결심했다. 그러나 나의 결심은 출판사 사장 김봉규의 간청에 부딪치고 말았다.

"이미 책을 찍어 놓았는데 팔지 못하게 되면 나는 어떻게 합니까. 나중에 원상 복구를 하더라도 지금은 당국에서 하라는 대로 합시다."

책을 출판할 회사 사장으로서 그렇게 사정을 하고 나오니 더 이상 내 고집만 부릴 수는 없었다. 그런 과정을 거쳐 팔이 잘리고 다리도 잘려 병신 모습이 된 채 한국 아카데미총서 10권이 세상에 나오게 되었다. 그런데 비록 상처투성이이긴 해도 어느 정도는 팔리리라고 기대했던 그 책들이 예상 밖으로 잘 팔리지를 않았다. 나는 실망에 앞서 솔직히 좀 의아했지만 잘 안 팔리는 이유를 나로서는 알 수가 없었다.

그런데 아니나 다를까, 그 책이 잘 팔리지 않은 데는 내막이 있었다. 내가 그 내막을 듣게 된 것은 박대통령이 죽고 난 후 김봉규 사장의 입을 통해서였다.

"이제니까 하는 말이지만 그때 당국에서 고치라는 대로 다 고쳐서 우리가 책을 내지 않았습니까? 그런데 그렇게 했는데도 나는 책이 나온 직후 정보부에 불려갔었습니다. 그곳에 사나흘 잡혀 있으면서 책을 내게 된 경위, 목사님과의 관계 등에 관해 조사를 받고 또 그 책들을 판매하지 말라는 협박을 받았지요. 결국 앞으로 그 책들을 판매하지 않겠다, 정보부에서 조사받은 일을 발설하지 않겠다는 내용의 각서를 쓰고 풀려나왔습니다. 그러니 내가 어디 그 책의 판매에 신경을 쓸 수 있었겠습니까?"

아들 대인이의 수난

이런 식의 방해와 협박이야 나와 아카데미 관계자들이 소신에 따라 일하다 당하는 것이니 그러려니 하고 참을 수 있었지만, 아무 상관없는 내 주변 사람들에게까지 미치게 될 때는 참으로 견디기 힘들었다. 그들은 내게 고통을 주기 위해 아들까지 이용했다.

그들이 빌미로 삼은 것은 아들 대인이의 병역 문제였다. 원래 대인이는 타고난 체질도 튼튼한 편이 아닌데다 1960년에 죽은 동생 대영이로부터 그만 간병이 전염되어 사춘기를 병치레 속에서 보내야 했다. 대영이의 간병이 전염되는 것을 몰랐던 우리의 무지가 부른 결과였다.

대인이는 간병 때문에 메디칼센터에 입원하기도 하고 세브란스 병원에서 장기간 치료를 받기도 했는데, 어찌된 셈인지 그러다 폐까지 나빠지게 되었다. 1970년대 초 병역을 위한 신체검사 통지가 왔을 때, 그애는 병원에 입원해 있던 상태였다. 간과 폐가 나쁘고 몸도 허약하니 신체검사 결과는 당연히 병역 면제로 판결이 났다.

나는 그것으로 군복무 문제는 종결되었다고 생각했고 그저 몸이 회복되기만을 기다렸다. 몸이 회복되는 대로 독일에 유학을 보낼 작정을 하고 장학금 관계도 알아보고 준비를 하는 사이에 아들의 몸도 그럭저럭 공부할 수 있을 만큼 회복이 되어가고 있었다.

그러던 어느 날이었다. 느닷없이 국방부 특별 조사대인가 하는 부서에서 보낸 통지가 경동교회로 날아들었다. 무슨 일인가 의아해하며 뜯어보니 나를 병역 부정 혐의자로 조사하고자 하니 어느 날 몇 시에 조사대로 출두하라는 내용이 적혀 있었다.

육순을 바라보는 나를 병력 부정 혐의자로 조사한다니 자다가도 웃을 노릇이었다. 기가 막혀서 아는 사람들에게 수소문해 보니 아들 대인이에게 갈 것이 내 이름으로 잘못 발송되었다는 얘기였다.

그 소식을 들은 아내는 초상이라도 당한 것처럼 안절부절못했다.

"국방부 조사 기관에 병력 부정 혐의로 붙들려 가면 마구 두들겨 맞는다는데, 더구나 당신의 활동이 빌미가 되어 잡혀가는 것이라면 몸도 약한 애가 죽게 되는 것과 진배없잖아요."

아내는 제정신이 아니었다. 때가 때인지라 나도 걱정이 되어 "조사는 하되 심하게는 다루지 말아달라"는 부탁이라도 해보려고 여기저기 손을 써봤으나 별무소득이었다. 조선일보의 선우휘를 비롯한 가까운 사람들도 자기 일처럼 뛰어다니며 애를 써주었지만 결과는 마찬가지였다.

그러고 있는 사이 통지한 날짜가 다가와 대인이는 조사를 받으러 국방부로 들어가게 되있나. 나는 걱정은 되었지만 정당한 절차를 거쳐 면제 판정이 난 이상 큰 일이야 있겠느냐고 자위하고 있었다. 실제로 조사 과정에서 아들은 별로 당하지 않았다고 한다. 부정이 전혀 개입되지 않은 면제에 대하여 그들도 어쩔 수 없었을 것이다.

그들은 대인이가 출두하자마자 차에 태우고 그애가 입원하고 치료받았던 메디칼센터와 세브란스병원에 가서 병력 기록을 모두 찾아내 자세히 조사했다고 한다. 그 결과 모든 것이 사실로 밝혀지자 더 이상 심하게 굴 수 없었던 모양이었다. 게다가 천만다행으로 대인이를 담당한 조사관이 매우 양심적인 사람이었다. 한참 후 그 문제가 해결되고 난 뒤 그를 만나 직접 얘기를 들을 기회가 있었는데 그가 털어놓은 얘기는 내가 예상했던 대로였다.

"아드님을 맡아 조사를 시작하자마자 '이 사람 아버지를 잡느라고 이런 치사한 방법을 쓰는구나' 하는 생각이 금방 들더군요. 그래도 위에서 상당히 신경을 쓰는 문제니 내 판단대로 일을 처리할 수도 없고 그냥 열심히 조사를 해서 사실대로 보고를 했지요."

그러나 그것으로 문제가 끝난 것은 아니었다. 상부에서는 면제 판정에 부정이 없었다는 조사 결과를 보고 "전에는 건강이 나빠 면제 판정을 내렸다지만 지금 건강 상태는 군복무를 할 수 있는 상태인지도 모르니 재검사를 실시하라"는 지시를 내린 것이다.

그에 따라 대인이는 다시 한 번 신체검사를 받아야 했다. 검사 장소는 육군 통합병원이었다. 그들이 작심하고 일을 꾸미는 마당에 검사가 공정하게 이루어지기를 기대하기란 어려운 노릇이었다. 그래서 내과 의사인 동생 형용이가 육군 통합병원장을 찾아가 만났다.

"나는 강대인의 작은아버지 되는 사람으로 간을 전문으로 하는 내과 의사입니다. 내가 보기에는 이 아이의 상태가 군 복무를 할 정도는 못 됩니다. 이미 지난번 신체검사에서 면제 판정이 났는데 왜 지금 와서 다시 검사를 실시하겠다는 것인지 모르겠군요. 정 다시 검사를 해야 한다면 한 번 같이 조직 검사를 해봅시다. 그렇게 하지 않는다면 검사 결과에 승복할 수 없습니다."

그러나 그들은 내 동생의 요구를 완전히 무시하고 자기들끼리 검사를 마쳤다. 그리고 그 결과 해마다 신체검사를 받아야 한다는 판정이 났다. 그러니 대인이는 병역 문제가 해결되지 않은 처지가 되어 외국에는 나갈 수 없게 되어버렸다.

결국 대인이는 징집 가능 연령을 넘길 때까지 그냥 그 상태로 국내에 발이 묶여 있다가 만 31세가 되던 1978년에야 장학금을 얻어 독일 유학길에 오를 수 있었다. 그때 대인이는 혼인을 해서 이미 두 아이를 둔 가장이었다.

대인이가 얻게 된 장학금은 가족도 함께 생활할 수 있도록 되어 있는 것이었으나 나는 가족이 처음부터 함께 가게 되면 학업에 지장을 줄 것 같아 우선은 혼자만 가도록 할 생각이었다. 그러자 며느리가 이에 반대하고 나섰다.

"아버님께서는 저희에게 1년 후에 가라고 하시지만 앞날을 어떻게 보장할 수 있겠습니까? 지금은 상황이 좀 풀려서 여권도 나오고 하지만, 앞으로 아버님이 박대통령과 사이가 좋아진다면 몰라도 그렇지 않은 이상 언제 무슨 일이 생길지 어떻게 알겠습니까? 만약 1년 후에 여권이 안 나온다면 어떻게 하시겠습니까?"

나는 그 얘기에 대답할 말이 없었다. 그래서 아들네는 온 가족이 함께 떠나게 되었는데 그날까지도 나는 혹시 무슨 꼬투리라도 잡힐까봐 마음을 놓지 못했다. 공항에 나가서도 수속 과정에서 말썽이라도 나지 않을까 얼마나 마음을 졸였는지 모른다.

다행히 아들 가족은 큰 말썽 없이 수속을 마치고 비행기를 타게 됐다. 그런데 탑승구로 들어가는 아들의 뒷모습을 보고 돌아서는 순간 나도 모르게 그만 눈물을 흘리고 말았다.

그때 찍힌 사진이 지금도 있는데, 사정을 모르는 남들이야 내가 아들 가족을 멀리 보내고 섭섭한 마음을 이기지 못해 운 것으로 알겠지만 사실은 그 동안 쌓인 울분과 스트레스가 한꺼번에 복받쳐 오르면서 주체할 수 없이 눈물이 쏟아지고 만 것이다.

'나 때문에 그렇게 오래 시달림을 받더니 이제야 겨우 떠났구나.'

아들을 떠나보내는 그 순간 드는 생각은 바로 이것이었다. 오랫동안 미뤄둔 숙제가 드디어 해결되니 내 가슴은 커다란 돌덩이를 내려놓은 듯 긴장감이 풀리고 안도의 한숨이 절로 나왔다. 또한 그 동안 본의는 아니지만 아비로서 아들에게 몹쓸 짓을 했다는 회한이 가슴을 쳤다.

높아진 제3세계의 목소리

1975년 11월 23일에는 1968년 스웨덴 웁살라의 4차 총회에 이어 케냐 나이로비에서 WCC 제5차 총회가 열리게 되었다. 나는 중앙위원으로서 당연히 그 회의에 참가해야 했으나 이른바 긴급조치 시대의 경색된 분위기 때문에 여권을 발급받는 일이 쉽지 않았다. 당국에서는 갖은 핑계를 대며 여권 발급을 미루기만 했다.

이러다간 회의 참석이 불가능하겠다고 거의 체념을 하고 있었는데, 개회 날짜를 불과 이틀 앞두고 중앙정보부에서 오라는 연락이 왔다. 거기 가서 내가 만난 사람은 종교 관계를 담당하는 제2국장이었다. 그런데 그가 하는 말이 참 희한했다.

"목사님은 이 정부의 혜택을 받은 사람 아닙니까? 그런데 왜 정부 일에 협조를 안 해주는 겁니까?"

"아니, 내가 정부 혜택을 받았다니 그게 무슨 소리요?"

"지금 큰따님은 일본에 가 있고 작은따님은 미국에서 살고 있지 않습니까? 그렇게 아무 말썽 없이 따님들을 내보내 줬는데 고마운 줄 아셔야죠."

"그거야 규정된 절차를 밟아 합법적으로 나간 건데 어째서 그런 일이 특혜가 됩니까?"

나는 불쾌하고 어이가 없어 더 이상 그런 사람과 언쟁을 벌일 생각도 나지 않았다. 외국 나가는 일 자체를 특혜로 간주하는 그런 사람들에게 별별 소리를 들어가면서까지 기를 쓰고 외국에 나가고 싶은 생각도 없었다.

그래서 별 말도 하지 않고 앉아 있었는데, 그 국장은 한참이나 되지도 않는 말을 늘어놓더니 불쑥 여권을 내밀었다. 서울과 나이로비만 한 번 왕복할 수 있도록 제한된 여권이었다.

개운치 않은 마음이었지만 어쨌든 여권이 나와 주어 나이로비를 향해 떠나게 되었다. 그런데 함께 가기로 되어 있던 안병무 등

몇 사람은 끝내 여권이 나오지 않아 떠나는 내 발걸음은 무겁기만 했다.

어째 처음부터 별로 마음이 내키지 않더니 나이로비까지 가는 동안 불쾌한 일이 잇따랐다. 경유지인 홍콩에서 하룻밤 묵게 되어 있어 공항에 내렸더니 낯선 사내 네 명이 내게 다가왔다. 알고 보니 그곳에 파견된 정보부원들이었다. 나는 그들의 호위를 받으며 호텔로 들어가야 했다.

다음날 아침 일찍 일어난 나는 평소 습관대로 한 바퀴 산책을 하고 호텔로 돌아왔다. 그런데 호텔은 한바탕 난리가 나 있었다. 내가 산책 나간 것을 몰랐던 정보부원들이 내 행방을 찾느라고 호텔 직원들을 상대로 법석을 떨고 있었던 것이다. 나는 다시 그림자처럼 달라붙는 그들과 함께 비행장까지 와서 나이로비로 향하는 비행기에 올라탔다.

나이로비 공항에서도 나를 맞은 것은 정보부 사람들이었다. 그러니 나는 마치 호송 중인 죄수 같은 기분을 떨칠 수가 없었다. 다행히 그때 케냐 대사로 나와 있던 연하구라는 사람이 나와 잘 아는 사이여서 그가 나서주어 정보부 사람들도 나를 더 이상 귀찮게 하지는 못했다. 그제야 나는 비로소 숨통이 좀 트이는 기분이었다.

나이로비 총회는 전체적인 흐름으로 보아 새로운 것이 많았다. 우선 평신도와 청년, 여성의 목소리가 눈에 띄게 높아졌고 북미와 유럽 대표가 처음으로 전체 대표의 과반수에 못미처 제3세계의 비중이 크게 증대되었음을 보여주었다.

총회는 분과별로 나뉘어 진행되었으나 전체적으로 공통된 흐름은 물론 있었다. 그것은 곧 복음의 전체성(wholeness)에 대한 강조였다. 따라서 선교 문제를 놓고서도 '개인 구원이냐, 사회 구원이냐' 하는 문제에 대해 사회 구원 쪽으로 기울어졌던 방콕 선교대회 때와는 달리 '둘 다'(both)라는 말과 '모든 분야에 걸쳐서'(at all levels)라는 말이 강조되었다. 이 두 표현은 전체 보고문의 밑바탕을 흐르는 일관된 사상이기도 했다.

나이로비 총회에서는 이같은 사상이 주축이 되어 선교 부문에서는 전도와 사회적 실천이 함께 중요하게 다루어졌고, 구원의 문제에 대해서도 정치·사회적 차원과 개인의 영적인 차원이 모두 강조되었다. 그리고 문화 부문에서도 토착성과 보편성이 똑같이 존중되었다.

이같은 맥락에서 교회는 정치적 대립이 있을 경우 강자와 약자에 다 관심을 가져야 한다는 주장이 제기되었다. 이러한 경향은 결국 어느 한쪽 편에 서서 양극화를 조장하는 것이 아니라 다양성 속에서 일치(unity)를 추구하는 것으로 받아들여졌다. 이 총회에서 부각되었던 말은 "그리스도는 하나가 되게 하고 자유케 한다"였다. 이 말은 바로 다양성으로 나타나는 '자유'와 그 자유 속에서 대화를 통해 옳은 길로 함께 나아가는 '일치' 사상을 함축적으로 드러내주고 있었다.

내가 나이로비 총회에서 가장 관심을 갖고 달려든 문제는 문화 문제였다. 문화를 다룬 분과에서는 문화의 특수성과 보편성에 대해 중점적으로 논의를 하였는데, 특히 내가 집중적으로 문제를 제기한 것은 언어 문제였다.

사실 내가 언어 문제를 본격적으로 제기한 것은 1972년 네덜란드 유트레히트에서 열린 중앙위원회 모임부터였다. 그때 나는 WCC 모임에서 영어, 프랑스어, 독어만 공용어로 사용되는 현실에 대해 강한 불만을 토로하고 다음과 같은 대안을 제시했다.

우선 현실을 고려해서 공통어는 영어로 정하자. 그러나 어디서 회의가 개최되든 개최국의 언어를 제1언어로 하도록 하자. 통역 문제가 어려워지겠지만 각 나라에서 통역할 사람들을 데려오면 될 것이다. 언어 문제는 이제 커뮤니케이션의 문제라기보다 문화의 지배 관계를 나타내는 상징적인 문제가 되었다.

이같은 내 제안은 열띤 토론 과정을 거쳐 마침내 투표에 부쳐졌다. 하지만 투표 결과 내 제안은 부결되고 말았는데, 부결된 원인은 아이러니컬하게도 아프리카 사람들이 반대하고 나섰기 때문이었다. 그들은 이미 자기네 고유의 언어를 상당 부분 상실한 탓에 내 제안을 받아들일 수 없었던 모양이다.

네덜란드에서는 비록 부결되고 말았지만 나는 나이로비 총회에서도 언어 문제를 집요하게 제기했다. 그 무렵 내가 얼마나 그 문제에 매달렸는지, 1972년 제3세계인으로서는 처음으로 WCC 총무에 뽑혀 세계를 놀라게 한 인도인 필립 포터의 부인은 나를 볼 때마다 웃으며 이렇게 말하곤 했다.

"강박사를 보면 꼭 떠오르는 말이 두 가지 있는데 그것은 언어라는 말과 문화라는 말이에요."

언어와 문화에 관해 세계 사람들을 상대로 내가 제기한 내용은 대략 이런 것이었다.

창세기를 보면 하나님이 만물을 창조하실 때 말씀으로 하셨다. 또 하나님은 다른 동물과 다르게 인간만은 '말하는 존재'로 창조하셨다. 창세기에 나타나 있듯 언어란 통치와 지배의 문제다. 일례로 아프리카 여러 나라가 고유의 말을 잃고 영어나 프랑스어를 쓰고 있는 현실은 그들이 과거 제국주의의 지배를 받았을 뿐만 아니라 현재도 문화적으로 그 제국주의 국가들의 지배 아래 있는 상황을 그대로 드러내는 것이다. WCC가 유럽 언어만 사용하고 있는 현실은 WCC 역시 유럽 지배 아래 있는 집단이라는 것을 반영하고 있는 것이 아닌가?

결국 언어를 바꾸지 않는 한 우리는 문화적 제국주의에서 벗어날 수 없을 것이다.

이같은 주장은 다른 참가자들로부터도 적잖게 제기되었고 또 지지도 많이 얻었다. 나이로비 총회의 전체적인 분위기가 제3세계 주도였으므로 그럴 수밖에 없기도 했다.

그런데 언어와 관련해 이런 일도 있었다. 총회에서 주제 강연을 맡은 브라운이라는 미국인 교수가 강연을 영어로 하다가 갑자기 "영어는 제국주의 언어"라고 하면서 스페인어로 말을 바꿔 나머지 강연을 해버렸다. 그래서 나는 그에게 "스페인어도 제국주의 언어 범주에서 벗어날 수 없다"고 면박을 준 일이 있다.

나는 그런 경우를 통해서도 이른바 제국주의 국가에서 온 사람들과 우리 제3세계 사람들 사이에 놓인 엄청난 시각 차를 느끼지 않을 수 없었다. WCC 안에서도 제3세계 사람들이 타파해야 할 벽은 그렇게 많았다.

나이로비 총회에서 크게 부각된 또 다른 문제는 기독교와 다른 종교와의 대화 문제였다. 그런데 이를 다루면서 혼합 종교에 대한 우려가 제기되었는데, 나는 "다른 종교와 대화하면 혼합 종교가 된다"는 주장에 대해 아시아인의 입장에서 이런 반박을 폈다.

기독교 역사를 한 번 보자. 팔레스타인 히브리 문화권에서 생긴 기독교는 그리스에 들어가서 그리스 문화와 융합, 토착화했고 유럽에 가서 다시 유럽 문화와 어울려 뿌리를 내렸다. 그런데 왜 기독교가 동양 문화에 들어와 토착화되는 것만 유독 문제삼는 것인가?

또한 나이로비 총회는 장소가 아프리카였던 만큼 인종 차별을 포함한 인권 문제가 격론 속에 광범위하게 다루어졌고, 여성 문제도 크게 부각되었다. 인종 차별 철폐 문제와 관련해 특기할 만한 점은 그간 논란이 되어 온 폭력 허용 여부에 대하여 폭력을 정당화하는 쪽으로 기울어져 일부 국가의 반발을 부른 사실이다.

나는 나이로비 총회에서도 해외에서 활동하던 이른바 운동권 사람들과 정부측 사람들 사이에서 곤란한 경우를 겪어야 했다.

문제가 된 사안은 한국 정부가 안병무 등에게 여권을 내주지 않은 일이었다. 운동권 사람들은 내게 그 일을 가지고 총회에서 한국 정부를 강력하게 비난해야 한다고 강권했다. 그러나 밖에 나와서는 미우나 고우나 우리 정부이니 가능한 한 필요없는 비난은 하지 않는다는 내 원칙도 있는데다 나는 다시 정보부의 감시가 번득이는 국내로 돌아갈 사람이니 그들의 요청을 그대로 받아들이기가 쉽지 않았다.

　반면에 정부측 인사들은 내가 WCC 중앙위원이니까 나더러 정부 입장을 변호하는 발언을 해달라고 종용했다. 그러나 그 역시 받아들이기 힘든 요청이었다.

　그래서 한국 정부가 일부 대표에게 여권을 발급해주지 않은 문제가 총회에서 제기되었을 때 나는 어느 한쪽 편에 서서 비난을 하기보다는 되도록 이 일이 시끄럽지 않게 처리되도록 노력했다. WCC는 양쪽 입장을 다 들어야 했으므로 나는 정부측 인사로 연하구 대사를 포터 총무에게 소개해 만나도록 주선했다.

　문제도 많고 탈도 많았던 나이로비 총회가 끝나자 나는 곧바로 귀국길에 올랐다. 그런데 김포공항에 내리니 보통 때와 달리 사람들이 잔뜩 나와 있었는데, 그 중에는 운동권 사람들도 끼여 있었다. 의아해서 이유를 물었더니 그 대답이 기가 막혔다.

　"우리는 혹시 목사님이 잡혀 가실까봐 이렇게 나온 겁니다. 신직수 정보부장이 목사님을 공항에서 잡아가겠다고 했다는 거예요."

　"나를 왜?"

"신직수 부장 딸이 서울대 대학원 사회학과를 졸업하게 되었답니다. 그래서 며칠 전 신부장이 사회학과 교수들을 초청해 저녁을 냈는데, 그 자리에서 '강원용이란 자가 나이로비에서 반정부 활동이나 하고 다녔으니 이번에 돌아오는 대로 공항에서 잡아다가 가만두지 않겠다'고 했다는 겁니다. 그 자리에 있던 한완상 교수가 그 말을 듣고 '강목사는 WCC에서 한국의 매카시라고 불리는 사람인데 그게 무슨 소리냐'고 했지만, '반공이고 뭐고 그냥 두지 않겠다'며 기세가 등등했답니다. 그러니 보통 걱정이 돼야지요."

그러나 그날 공항에서는 아무 일도 없었고 그 이후에도 나이로비 총회건으로 내 신변에 무슨 일이 일어나지는 않았다.

후에 알고 보니 정보부장이 그런 말을 한 건 나이로비 대사관에 있던 정보부원이 나를 비방하는 보고서를 올렸기 때문이었다. 내 앞에서는 그렇게 친절하게 굴던 그들이 뒤에서 그런 양두구육의 짓거리를 한 것이었다. 그런데 연하구 대사가 그 사실을 알고 대통령에게 나를 변호하는 보고서를 올려 내가 무사할 수 있었다고 한다. 어쨌거나 한숨이 절로 나오는 그 시절 정보부의 작태였다.

크리스챤 아카데미, 탄압의 올가미가 내려지다

탄압의 신호탄, '노래집' 사건

우리가 그 동안 심혈을 기울여 이끌어 온 한국 크리스챤 아카데미는 크게 세 가지 사건을 겪으면서 위기를 맞게 된다. 처음은 『내일을 위한 노래집』 사건이고, 두번째는 1970년대 언론들의 가려진 눈과 막힌 입을 대신하여 현장의 목소리를 전했던 월간 『대화』지 폐간 사건, 세번째가 마침내 대대적인 검거로 시작된 '크리스챤 아카데미 사건'이다. 1970년대 유신 체제가 속으로 곪아가면서 아카데미 운동에 대한 탄압 역시 그 강도를 더해간 것을 알 수 있다. 그러므로 노래집 사건은 크리스챤 아카데미에 대한 탄압의 신호탄이었던 셈이다.

문제가 된 노래집은 1975년 대화출판사에서 출판한 『내일을 위한 노래집』이었다. 그 노래책에는 크리스챤 아카데미가 오랜 시간 공을 들여 외국 가요를 번역하거나 아예 새롭게 곡을 만들어서 모은 129곡이 수록되어 있었고, 가격은 400원이었다.

1976년 초여름 어느 날, 빠른 속도로 보급되고 있던 이 책이 고발되었다는 소식이 들려왔다. 나는 이 일로 중부서 경찰서에 여러 차례 출두하여 조사를 받아야 했다.

그들은 나에게 이런 의식화 노래를 만들고 가르치게 된 배경과 의도, 그리고 노래의 출처를 물었고, 이 책을 내는 데 관계한 사람들에 대해 집중적으로 추궁을 했다. 아카데미 중간집단 교육을 마치 혁명 세력의 온상으로 여기는 듯한 태도였다.

당국이 그 노래집을 문제삼게 된 것은 거기에 실린 많은 노래들이 아카데미에서 교육받은 사람들을 중심으로 노동운동, 학생운동, 농촌운동 등 각종 운동과 시위 현장에서 불리고, 또 엄청난 전파력을 가지고 퍼져나갔기 때문이었다. 급기야는 양심수들이 갇힌 감방 안에서도, 그리고 그 가족들 모임에서도 애창되었다. 『내일을 위한 노래집』이 어느새 의식화 노래의 교과서처럼 인식되어 퍼져나가고 있었으니 당국이 그것을 문제삼아 촉각을 곤두세우는 것은 어찌 보면 당연한 일이었다.

그들이 문제삼은 노래는 세계 여러 곳의 집회에서 흔히 불리던 마르틴 루터 킹 목사의 「우리 승리하리라」를 비롯하여 「혼자 소리로는 할 수 없겠네」, 「흔들리지 않게」, 「많이 많이 좀더 많이」, 「오, 자유」, 「정의파」, 「자유로운 노동자」, 「세상에 외치고 싶어」 등이었다.

그밖에도 시인 신석정이 작사한 「동학의 노래」 같은 것은 가사 중에 '죽창도 들었다'라는 부분이 있다는 이유로 적잖은 문제가 되었고, 악보의 여백에 들어간 불끈 쥔 주먹 삽화까지도 시비의 대상이 되었다.

이 사건은 결국 검찰로 넘어가게 되어 나는 다시 두 번 출두하여 조사를 받았는데, 한승헌 변호사의 노력으로 다행히 불기소 처분을 받아냈다. 그러나 "그 노래집을 전부 소각하고 더 이상 쓰지 말라"는 조치와 함께였다.

많은 사람들의 호응에도 불구하고 이렇게 없어져야 했던 그 노래집이 개정판으로 다시 출간된 것은 그 이듬해인 1977년이었다. 그러나 이 개정판은 당국에서 문제삼은 노래는 모두 제외시킨 것이었을 뿐 아니라 비매품이라는 제약을 감수해야만 했다. 그러나 『내일을 위한 노래집』은 그후 무수히 많은 새 노래와 노래책이 나오도록 자극하는 동기가 되었다.

1970년대 민주화 운동은 노래와 함께였다고 해도 과언이 아니고, 아카데미 교육 역시 늘 이런 노래로 이루어졌다. 즉 노래를 함께 부름으로써 교육을 받기 위해 모인 참가자들이 함께 느끼고 그 동질성을 잘 의식할 수 있었고, 이러한 공동체적인 느낌을 역사의식, 사회의식으로 승화하여 사회 전체의 구원에 나서도록 정서적으로 고양하고 표현해내는 작업이 아카데미 교육의 주안점이었다.

내가 작사하고 나인용이 작곡한 「내일을 위한 노래」는 바로 이러한 성격을 잘 말해준다고 할 수 있다.

1. 하나님 모습대로 창조된 우리

누구나 사람답게 살도록 하자

억압과 폭력 없는 내일을 위해

손에 손을 굳게 잡고 일터로 가자

2. 사랑이 햇빛같이 퍼지게 하고

정의가 강물처럼 흐르게 하자

불의와 부정 없는 내일을 위해

손에 손을 굳게 잡고 일터로 가자

3. 인간을 얽어매는 쇠사슬 끊고

자유의 종 울리자 메아리치게

속박과 체념 없는 내일을 위해

손에 손을 굳게 잡고 일터로 가자

4. 참 소망 새벽처럼 동트게 하고

평화가 대지 위에 꽃피게 하자

좌절과 전쟁 없는 내일을 위해

손에 손을 굳게 잡고 일터로 가자

이 책을 제작할 당시 아카데미 강사였던 김문환 교수(서울대, 미학)는 "강의나 설명으로 교육생들에게 지적으로 접근하는 것도 중요하지만 노래를 통한 정서적인 순화 과정으로 참된 역사의식을 확인하는 것이 중요하다"면서 스스로 작사와 작곡을 하기도 했다. 음악가 나영수와 유경환, 황철익, 그리고 의식 있는 주제로 노랫말을 썼던 이경렬 등이 이 책을 꾸미는 데 큰 힘을 보탰다.

지금 생각하면 이 작은 노래 모음집이 문제가 된 것은 노래가 노동자·농민·여성·학생 등 각계 각층을 의식화하는 데 효과적인 무기로 이용되고 있다는 판단을 당국이 하게 된데다, 실제로 운동권에서 불리는 노래 대부분이 이 책에서 나왔기 때문이었다.

노래가 문제가 되는 경우는 대개 두 가지였다. 첫째는 가사를 바꿔서 부르는 경우다. 우리가 아는 쉬운 곡에다 상황에 따라 가사를 바꾸어 넣어 부르는 것인데, 예를 들어 「많이 많이 좀더 많이」와 같은 노래는, 산업교육에 참가한 노동자들일 경우는 많이 많이 좀더 많이 임금과 휴식을 달라는 뜻으로 새 노랫말을 지어 부르고, 농민 교육생의 경우는 많이 많이 좀더 많이 비료와 배상을 달라는 뜻으로 노래했다.

또 본래 가사 자체가 문제가 된 경우도 있었다. 위에서 예로 든 신석정 작사, 김철우 작곡의 「동학의 노래」 같은 경우가 그랬다.

징을 울렸다.
죽창도 들었다.
이젠 앞으로 앞으로 나아가자
눌려 살던 농민들이 외치던 소리
우리들 가슴 속에 연연히 탄다.
갑오동학 혁명의 뜨거운 불길
받들고 나아가자.
겨레의 횃불, 오늘도 내일도
더운 피 되어

태양과 더불어 길이 빛내자.

이 노래는 동학 농민혁명의 원동력이 된 저항 정신을 기리기 위해 지은 것이었다. 1979년 8월 18일자 『경향신문』은 크리스챤 아카데미 수원 사회교육원(내일을 위한 집)을 도시 산업 선교회의 교육 기관이라고 뒤집어씌우는 허위 기사를 보도했다. 이 기사 내용 가운데는 교육생들에게 「많이 많이 좀더 많이」, 「정의파」와 같은 불온한 노래를 애창시켜 의식화한다는 지적도 있었다.

도대체 노래가 불온하면 얼마나 불온한 것인지 이해하기도 힘들거니와 『경향신문』이 지적한 그 노래들은 1975년부터 1977년 3월 사이 간혹 부른 일이 있었는지 모르겠지만 애창하는 노래는 아니었고 1977년 개정판이 나오면서부터는 노래집에서 아예 빠졌던 노래였다.

이 노래집 사건이 있고 3년 뒤에 일어난 크리스챤 아카데미 사건의 발단도 노랫말이었다. 중간집단 교육인 농촌여성 교육 시간에 옛 가요인 「희망가」에다 각자 노랫말을 지어 불렀는데 한 교육생이 지은 가사가 불온했다는 것이었다.

농민운동·노동운동·여성운동이 지닌 본질은 어디까지나 인간화다. 이 작은 노래 모음집에는 인간의 존엄과 인간의 권리를 열망하는 절실한 의식과 정서가 고스란히 담겨 있었고 그 노래들을 부름으로써 서로가 하나임을 확인할 수 있었다.

캐나다로 급히 걸려온 전화

1977년 10월 나는 세계 기독교 사회운동단체 협의회에 참석하기 위해 캐나다에 가 있었다. 나는 이 회의에서 특별한 발표를 하기로 되어 있었다. 1972년 크레타 회의에서 결정했던 대로 크리스챤 아카데미가 시범으로 실시해온 중간집단 교육의 내용과 현황을 보고하는 자리였던 것이다.

나의 보고에 대하여, 아니 중간집단 교육에 대하여 회의 참가자들이 보인 관심은 정말 대단했다. 나의 보고가 끝나자마자 여기저기서 열띤 질의가 들어왔는데, 특히 관심을 보인 사람들은 아시아와 아프리카 지역에서 온 사람들이었다.

그런데 회의 도중 서울에서 급한 전화가 왔다는 전갈이 왔다. 무슨 일인가 싶어 받아보니 아카데미에서 발행하고 있는 월간 『대화』 편집진이 지금 막 잡혀가고 있으니 어서 귀국해 달라는 소식이었다.

'그예 말썽이 생기는구나.'

암담한 생각이 들었지만 그 사태는 예견된 것이기도 했다.

나는 서둘러 귀국할 준비를 했다. 그 소식을 전해들은 WCC 간부들은 나의 귀국을 말리고 나섰다.

"지금 돌아가면 아무래도 위험하지 않겠습니까? 당분간 이곳에 머물고 있으면 우리들도 힘을 써볼 테니, 일이 어느 정도 해결된 후에 돌아가는 게 어떻습니까?"

한국을 지옥처럼 보던 외국 사람들은 내게 망명을 권하기도 했다. 그러나 나는 억압과 압제의 나라에서 태어나 자라온 사람이 아닌가. 그런 일로 망명이라니, 그들의 사고 방식과 나의 삶은 얼마나 다른지, 그 격차를 보여주는 제안이었다. 나는 한국에서 벌어지고 있는 사태를 하루라도 미뤄둘 수가 없어 회의를 마치지도 못하고 서울로 돌아왔다.

내가 정보부에 불려간 것은 귀국한 바로 다음날이었다. 정보부 조사실에 들어가 앉아 있으려니 50대 남자가 들어와 조사를 시작했다. 책상 위에는 그간 발행된 『대화』지가 수북히 쌓여 있었다.

『대화』지는 크리스챤 아카데미가 설립된 1965년부터 회원들을 위한 뉴스레터 성격으로 발간되기 시작하여 자연스레 우리 아카데미의 기관지로 발전해온 잡지였다. 활자 매체를 통하여 아카데미 운동의 대화 모임, 연구, 교육 활동을 널리 알리고 한국 사회의 여러 문제점을 제기하고 해결책을 모색하기 위해서는 단순한 회원 소식지가 아닌 잡지로 성장하는 것이 필수적인 과정이었다.

발간한 1965년부터 폐간당한 1977년 10월까지 『대화』지는 형식과 내용면에서 두 차례 탈바꿈을 하며 발전해왔다. 첫 변화는 뉴스레터에서 월간으로 성장하여 1976년 10월까지 통권 70호까지 발행한 것이다. 두번째 변화는 1976년 11월호(통권 71호)부터 대폭 증면하고 사회 문화 종합지로 다시 태어나면서 종래의 무가지에서 유가지로 전환한 것이다.

이같은 변신 배경에는 두 가지 큰 이유가 있었다. 하나는 크리스챤 아카데미의 자체 매체가 있어야 한다는 절실한 필요 때문이었다. 아카데미에서 주최하는 대화 모임, 혹은 강연이나 토론 가운데는 일반인에게 자세히 알릴 만한 가치 있는 것들이 많은데, 그것들이 기존 신문이나 방송 매체를 통해서는 단편적으로밖에 보도되지 않으니까 충분히 알릴 수 있는 매체가 필요했다.

다른 하나는, 한국에는 에큐메니컬 운동에 대한 정보가 극히 빈약하니 WCC 활동이나 관계 자료를 고정적으로 실을 매체로 『대화』지를 이용하겠다는 생각이었다.

이 같은 생각에서 사회·문화 종합지로 변신한 월간 『대화』가 첫 모습을 드러낸 것은 1976년 11월호였다. 김수환 추기경과 나의 기념 대담이 실리기도 한 이 혁신호는 내가 원래 의도했던 내용과 크게 다르지 않게 잘 만들어졌다.

그런데 문제는 12월호부터였다. 그때부터 편집진은 당국이 가장 예민하게 신경을 곤두세우고 있는 노동자·농민·빈민 등 이른바 기층 민중들의 현장에 주된 관심을 쏟기 시작했다.

"1970년대 한국 사회는 경제 성장에 역점을 두고 무리하게 양적인 확대를 꾀해왔다. 여기에서 파생하는 국민의 생존권이나 최소한의 복지 문제는 아예 고려 대상에 넣지도 않았다. 또한 지식인을 포함한 중산층은 고도 성장으로 인한 부를 일정 부분 향유하고 있어 안일주의와 기회주의에 젖기 쉬웠다. 이에 『대화』지는 경제주의로 일관돼 오는 과정에서 경제 발전의 주역이어야 할 생산 현장이 외면당하고 짓밟히는 모습을 묵과할 수 없었다. 『대화』지는 기층 민중의 삶의 현장에서 들리는 목소리를 되도록 원음 그대로 담고자 했고 이를 학생이나 지식인, 그리고 중산층에 널리 확산시켜야 할 시대적 책임감을 느꼈다."

편집진의 이런 생각이 그른 것은 아니지만 나는 우려를 느끼지 않을 수 없었다. 암울하고 억압적인 시대에 그렇게 직접적으로, 또 조급하게 일을 해내려다 보면 아예 손발이 잘리는 경우가 있기 때문이다.

아니나다를까 잡지 내용이 기층 민중의 삶의 현장과 노동운동 등 투쟁 현장 보도에 기울어지면서 즉각 당국의 경고가 날아드는 한편 광고 탄압이 시작되었다. 원래 나는 혁신호를 준비하면서 아카데미는 잡지를 만들 돈이 없으니까 광고를 실어서 운영하려는 계획을 세우고, 아카데미를 아끼는 몇몇 기업인들로부터 지속적으로 광고를 실어주겠다는 약속까지 받아놓고 있었다. 그러나 정부의 압력으로 약속된 광고가 모두 취소되고 말았다.

이 때문에 1976년 1월호부터는 광고가 거의 떨어져 나갔고 급기야는 표지 뒷면까지 텅 빈 채로 나오게 되었다. 그 하얀 면 하단에는 '이 난은 광고를 게재하는 난입니다. 그러나 광고를 게재하지 못하였습니다'라는 글귀가 한숨처럼 조그맣게 쓰여 있었다.

광고가 전면 취소되고 나니 무엇보다도 우리는 재정난에 허덕일 수밖에 없었다. 거기다 편집진과 갈등까지 빚어져 더욱 힘들었다.

어느 날 나는 편집진을 불러놓고 나의 입장을 밝혔다. 당시 편집장은 임정남 시인이었고 편집진 중에는 동아일보 해직 기자도 있었다.

"나는 여러분의 의견에 대해 반대하는 것이 아닙니다. 하지만 우리 잡지 제호가 언필칭 '대화'라면 그렇게 일방적으로 과격한 한쪽 목소리만을 대변하지 말고 반대편 소리도 전해야 하지 않겠습니까. 한쪽만을 대변하는 것은 우리 아카데미의 기본 입장에도 어긋납니다. 그리고 시사종합지와 다를 바 없는 내용으로만 나가지 말고 원래 취지대로 잡지를 만들어갑시다."

나는 1977년 2월호 『대화』지 권두언을 통해서도 잡지 방향에 대한 입장을 분명히 했다.

『대화』지의 성격은 설명할 필요도 없이 제호 그대로 '대화'라는 것임을 명백히 해둔다. 대화가 단절되고 독백만 있을 때 모든 것은 파괴된다. 민주주의가 위대한 점은 그것이 대화의 윤리 위에 세워져 있기 때문이다. 인간이 주체성을 상실함이 없이 공동체를 창조해 나가는 힘은 오직 대화에서 나온다.

어느 누구의 의사에도 정당성과 함께 오류도 있게 마련이다. 편견에 사로잡힌 흑백이론은 오류와 오류의 대결로 몰고 간다. 대화는 인간과 집단을 흑백 이론에서 해방해 오류를 제거하고 정당한 공통성을 창조한다.

이런 우리의 주장을 본지를 통해 실현해 보려는 일이 쉽지는 않을 것이다. 양편에서 불만과 오해가 제기될 것이고 나아가 적대시당할 가능성도 있다. 또 편집 과정에서 본의 아닌 시행착오를 범할 가능성도 인정한다. 그러나 우리는 이런 모든 난관을 각오하고 대화를 창조해 가는 일에 최선을 다할 것을 다짐한다.

처형당한 월간 『대화』

그러나 이같은 나의 주장에도 불구하고 편집진은 아무런 변화도 보여주지 않았다. 내 말은 듣지도 않고 일방적으로 급진적인 방향으로 책을 만들어 갔다. 『대화』지를 만드는 사람들 사이에서도 전혀 대화가 되지 않는 상황이 벌어진 것이다. 이같은 상황은 우리 사회의 양극화가 얼마나 심한지를 보여주는 것이 아니고 무엇이겠는가. 실제로 그즈음 나는 나와 입장을 달리하는 사람들을 대할 때면 둘 사이의 간극이 점점 더 현격해짐을 느끼곤 했다. 중간에 놓여 있는 전화기가 고장났을 정도가 아니라 이제는 아예 전화선이 끊어져버린 듯 답답하기만 했다.

조금 벗어난 얘기이기는 하지만, 그 무렵에 있었던 경동교회의 '동화 모임' 건만 해도 그렇다. 동화 모임은 경동교회 근처 청계천 동화시장에서 일하는 노동자들을 대상으로 경동교회가 교육과 봉사 프로그램을 실시하는 과정에서 결성된 노동자들의 모임이었다.

이 활동은 전태일 사건이 일어난 직후 교회가 책임을 자각하여 지역의 노동자들에게 눈을 돌림으로써 비롯된 것이었다. 처음에는 경동교회 대학생과 청년들이 열의를 가지고 노동자들에게 공부를 가르치며 지도를 했고, 노동자들 역시 교회 청년들을 잘 따라 목적했던 대로 일이 잘 되는 듯싶었다.

그런데 점차 시간이 지나면서 하나둘 문제가 일어나기 시작했다. 시장 노동자들이 경동교회를 주무대로 노동운동을 벌여 교회가 농성장으로 변하면서 교회의 일상적인 활동까지 지장을 받는 일이 종종 일어나게 되었다. 그렇게 되자 교회 장로들은 노동자들을 가르치는 것은 좋으나 교회가 정치 투쟁의 장소가 되는 것은 받아들일 수 없다고 문제를 제기하고 나섰다. 그러자 이번에는 노동자들을 가르치는 교회 젊은이들이 즉각 그에 반발하고 나서 교회 내부에서 보수와 혁신의 갈등이 생기게 되었다.

나는 노동자들과 청년들을 불러 설득할 수밖에 없었다.

"교회 본연의 업무에까지 지장을 줄 수는 없으니 더 이상 교회를 농성장으로 쓰지는 말아야 한다."

그러나 나의 설득은 효과를 거두지 못했다. 청년들과 노동자들은 도대체 말을 들으려고 하지를 않았다. 각자가 자기들만 절대적으로 옳다고 생각하고 있으므로 상대방의 말에 귀를 기울인다는 것은 불가능해 보였다. 그 결과 교회에서는 당분간 노동자 교육을 중지하는 것까지 검토하기에 이르렀다.

그 무렵의 어느 토요일 저녁이었다. 나는 다음날인 주일 설교를 준비하느라 목사실에 앉아 있었는데, 노동자들을 가르치던 교회의 청년 하나가 불쑥 방으로 들어왔다. 그리고는 동화 모임에 관한 교회의 방침을 비난하고 목사실을 나가는데, 엉뚱하게도 목사실 문을 밖에서 잠가버리는 것이 아닌가.

"목사님이 굴복할 때까지 이 문을 열어주지 않겠습니다."

졸지에 갇힌 신세가 된 나는 참으로 어이가 없었다. 그 청년은 우리 교회에 나오는 천상경 군으로 이상주의적 열정이 강한 사람이었다. 해군에 들어가 경리 사무를 보다가 군이 썩어 있는 것을 보고 사회 문제에 관심을 가져왔는데 전태일 사건으로 충격을 받고 노동운동에 헌신하였다. 당시에는 전태일의 어머니인 이소선 씨를 양어머니로 삼고 평화시장에서 살다시피 하고 있었는데, 교회가 자기들 뜻을 받아들이지 않자 그런 감정적인 행동을 보인 것이었다.

나는 그의 입장을 충분히 이해하면서도 '나만이 옳다'는 독선으로 세상을 대하는 그 편벽함에서 또 다른 압박감과 구속을 느끼지 않을 수 없었다. 비록 그 독선이 기득권 세력과 억압적인 사회에 저항하려다 보니 어쩔 수 없이 나온 것이라 할지라도 그런 독선과 편벽함은 또 다른 억압을 낳게 된다.

그들의 말과 행동이 틀리다고 생각해 본 적은 없다. 다만 그들이 주장하는 것에는 그들만이 옳다는 독선이 진하게 배어 있었고, 그런 독선은 대화의 길을 포기하는 길 아닌 길이다. 다만 그러한 편벽함으로 열악한 현실을 개선하려 든다면 그 과정에서 인간성이 황폐해지는 현상이 생기게 된다.

그랬다. 그 시절엔 억압을 하는 쪽도, 또 억압에 항거하는 쪽도 모두들 경직되고 편벽되어 있었다. 편벽되어 넓은 시각을 갖지 못하면 자신이 믿는 바를 길게 오랫동안 유지해 갈 수가 없다.

사족이지만 나를 목사실에 가뒀던 그 청년은 얼마 후 노동운동에 환멸을 느끼고는 완전히 방향을 돌려 극단적으로 보수적인 신앙인으로 변해 버렸다. 지금 목사로 활동하고 있는 천상경은 여성 신학자 정현경과 결혼할 때 내가 주례를 서기도 했으나 지금은 이혼하고 혼자 목회를 하고 있다.

다시 얘기를 『대화』지 사건으로 돌려보자. 당국의 광고 탄압과 잇따른 경고 조치에도 불구하고 계속 급진적으로 나가던 『대화』지에 첫 제동이 걸린 것은 1977년 9월호가 나왔을 때였다. 문공부로부터 배포 중지 명령이 떨어진 것이다. 그러나 그때는 이미 배포가 끝났고 시중 서점에 나간 초판 1만 부가 매진되어 회수할 수도 없었다.

9월호에 실린 주요 기사는 '보도되지 않은 사건들', '소외된 사람들의 호소', '노동자의 진정서' 등이었다. 사실 이런 기사들은 순치된 당시 제도 언론들에서는 찾아볼 수 없는 것이었고, 바로 그 때문에 『대화』지는 시중에서 인기를 모으고 있었다. 그러니 편집하는 쪽에서는 더욱 그런 방향으로 가속도가 붙을 수밖에 없었을 것이다. 나는 편집권 침해라는 오해를 받을까봐 편집에 대한 언급을 자제하고 있었으나 아무래도 불길한 예감을 떨치지 못하고 있었다.

그런 와중에 캐나다에 갔던 것인데, 그 사이에 10월호가 발간되면서 그만 일이 터지고 만 것이었다. 10월호가 긴급조치 9호 위반으로 고발되면서 편집장과 필자들이 정보부에 줄줄이 연행되었고 나까지 정보부에 불려가게 되었다.

나는 두 차례 조사를 받았는데, 정보부 조사원이 초점을 맞춘 부분은 내가 편집진과 같은 입장인가 하는 것이었다. 물론 편집진과 나 사이에 입장 차이로 인한 갈등은 분명히 존재했지만 그 자리에서 그런 말을 할 수는 없어 나는 모든 책임이 내게 있다고 주장했다.

"나는 그렇게 일을 함부로 하지 않아요. 물론 다 읽은 것은 아니지만 문제가 될 만한 기사들은 다 읽어보고 내보낸 겁니다. 그러니까 최종 책임은 나에게 있습니다."

『대화』지 사건은 다행히 관계된 사람들은 별로 다치지 않았으나 잡지에 대해서는 폐간이라는 최악의 조치로 결말이 났다. 아카데미의 입이 봉쇄되고 만 셈이었다. 1년간 광고도 없이 잡지를 발행하면서 쌓인 적잖은 빚과 당국의 탄압에 시달리던 『대화』지는 본래 목적했던 역할을 제대로 해보지도 못하고 그만 없어지게 되었다.

그러나 『대화』지가 남긴 의의는 적지 않았다. 독재 권력의 정치적인 탄압과 불균형한 경제 성장으로 시달리던 1970년대의 척박한 상황 속에서 『대화』지는 가려진 현장의 모습과 억눌린 목소리를 전하는 매체로서 소임을 다한 것이었다. 특히 나와는 방법상 차이점을 드러내기는 했지만 당시 편집진들은 신념을 가지고 한국의 기층 문제를 사회적으로 널리 알리고 숨겨진 진실에 대해 사람들이 눈뜨도록 촉구하는 언론 본연의 구실을 충실히 이행하였다.

넓게 잡아 1950년대 이후 출판 문화의 흐름 속에서 『대화』지는 두 가지 면에서 커다란 일을 수행했다고 할 수 있다. 그 하나는, 그 동안 『사상계』나 『창조』, 『창작과비평』등 진보적인 잡지들이 광범위한 민중 문제를 지식인 시각으로 걸러서 보아온 데 반하여 『대화』지는 그런 한계를 극복하여 지식인 입장이 아니라 민중 입장을 직접적으로 대변하는 기동성과 철저함을 보였다는 점이다. 이는 1980년대 이후 사회 분위기가 기층 문제에 더욱 관심과 노력을 집중하게 되었을 때, 민중 중심의 시각을 갖도록 하는 방향타 구실을 했다.

또 하나는 기층 문제에 대한 관심이나 그 확산과 관련된 것인데 노동문학 및 현장문학의 맹아를 틔웠다는 측면이다. 자기가 디디고 서 있는 이 땅, 이 사회에서 진실한 인간으로 성장하기 위해 몸부림치는 인간의 고뇌가 참다운 주제가 될 때만이 살아 있는 문학이 될 수 있다. 이 사회를 떠나 이미 극도로 물질화된 서구 퇴폐주의나 예술 지상주의 등이 문학의 참된 주제가 될 수 없다.

이러한 면에서 『대화』지가 그 동안 게재한 노동현장의 수기나 유동우의 「어느 돌멩이의 외침」, 함평 고구마 사건, 무등산 타잔 사건 등은 살아 있는 현장의 진실한 면을 보여 주었을 뿐만 아니라 나아가 1980년대 이후 활발하게 이어지는 노동문학의 밑거름이 되었다.

고난 가운데 깊어지는 사랑

아카데미 반공법 사건

아카데미에 불어닥친 가장 큰 고난은 1979년 3월에 발생한 크리스챤 아카데미 사건이었다. 아카데미 창립 15년 만에 맞게 된 이 시련을 이야기하기에 앞서 당시의 사회적 분위기와 배경을 먼저 언급할 필요가 있을 것 같다.

크리스챤 아카데미는 기독교 정신에 입각하여 우리 사회의 여러 부문에서 일어나고 있는 부조리한 양극화 현상을 해소하고 대화와 화해의 정신을 심음으로써 자유와 평등을 통하여 인간화가 이루어지도록 활동해온 기관이었다.

앞서 적었듯이 1974년부터 교인·노동자·농민·여성·학생을 대상으로 한 다섯 분야에서 중간집단을 육성하기 위해 교육을 벌여왔다. 그 교육을 통하여 농민운동·노동운동·여성운동 지도자를 양성해냈고, 소그룹을 운용하거나 현장으로 교육을 나가는 등 여러 프로그램을 진행하고 있었다.

크리스챤 아카데미에서 의미하는 중간집단은 우선 자율적이고 민주적으로 형성된 집단을 말한다. 또한 힘없는 민중들의 집단이면서 사회 개혁에 관심을 가진 집단이다. 그리고 이 중간집단은 우리 사회의 양극화 현상을 극복하기 위해 중간매개 구실을 해줄 집단을 의미한다. 이러한 중간집단을 키워냄으로써 아카데미는 그리스도의 부름에 대한 응답으로 자유·평등·인간화를 이룩하고자 하였다.

1970년대는 경제 성장 과정 속에서 극히 일부만이 부를 축적한 반면 그 부의 밑거름이 되었던 농민과 노동자는 수출 제일주의, 무절제한 농산물 수입, 저곡가, 저임금 정책 등으로 일방적인 희생만을 강요당해왔다. 이처럼 정당한 대가를 받지 못한 농민과 노동자가 느끼는 상대적 빈곤감과 사회적 소외감, 무력감은 심각하였다.

그러나 아카데미의 중간집단 교육은 '압력'과 '화해'의 신학에 기초를 두었기 때문에 현상을 유지하려는 측과 과격한 대결주의, 즉 혁명적 방법을 고수하려는 측과는 노선이 달랐다. 화해와 압력을 통해 양극화를 해소하려 한 아카데미는 양편에서 모두 외면당했다. 대결주의를 전술로 삼는 급진적인 편에서는 회색분자라고 비난을 했으며 보수적인 정부로부터는 체제와 정권에 반대하는 세력을 키우는 위험한 집단으로 오해받았다.

그러나 아카데미는 특히 불만이 많을 수 있는 농민·노동자·청년들이 극단적인 편견에 사로잡히지 않고, 비판적이면서도 균형 잡힌 시각을 가지고 우리 사회 발전을 이끌어갈 지도자로 커나가길 원했다. 이렇게 지도적인 역량으로 성장한 중간매개 집단이 행정부나 기업주를 향해 농민과 노동자의 권익을 주장하는 것은 사회를 불안하게 하는 일이 아니라 오히려 노동자와 농민들이 자칫 폭력과 같은 극단적인 방법에 의지하는 사태를 예방하는 일이 되기도 했다.

그런 의미에서 이 중간집단 육성 교육은 크리스챤 아카데미가 국가 발전에 기여해온 중심 프로그램이라고 자부할 수 있다. 아카데미 사건 관련자들은 이 프로그램들을 헌신적으로 운영, 진행해 온 실무 담당자들이었다. 그들은 1970년대 우리 사회가 처한 현실 문제를 기독교적인 방법으로 풀어나가고자 한 크리스챤 아카데미 소속 간사들이었다.

아카데미의 중간집단 교육은 노동자와 농민에 대한 본격적인 의식화 교육이었다. 직접적으로 운동에 뛰어드는 다른 단체들과는 달리 우리는 교육 운동에만 전념해왔다. 이 교육을 받은 노조 간부나 농민들이 스스로 자주적인 노동운동 · 농민운동을 시도해 나갈 수 있도록 자신감과 능력, 가능성을 불어넣어 주기 위해서였다. 말하자면 우리 사회 문제를 건전한 민중 세력이 스스로의 힘으로 해결해나가자는 뜻이었다.

1970년대 전기간을 통틀어 한국 기독교의 현실 참여 운동은 사회 · 정치 · 경제적 접근 등을 통하여 민주화, 인권, 통일운동으로 다양하게 발전하였다. 아카데미 운동은 모여서 대화를 나누거나 사람을 불러다 교육을 시키는 등 어디까지나 간접운동이요,

장기적인 전략이다. 그래서 소극적이고도 비효율적 운동으로 인식될 수도 있었다.

그러나 대중에 뿌리를 둔 중간집단 교육은 일부 지식인들의 운동과는 달리, 민중들을 일깨워 움직이게 하는 운동이었다. 그것은 장기적이고 느린 전략이었지만 가장 확실하고 무서운 전략이기도 했다. 몇몇 지식인이 아니라 일반 대중들의 생각이 바뀌면 그 어떤 것으로도 변화의 흐름을 막아낼 수가 없다. 이렇게 밑에서부터 일어나는 민주화 개혁 운동은 집권자 입장에서 보면 어떤 강력한 운동보다 더욱 위험한 세력으로 보일 수도 있었다.

이러한 상황 속에서 크리스챤 아카데미 사건은 발생하였다.

불길한 예감

1979년 3월 9일 오전이었다. 나는 경동교회 교육관 3층에 있는 아카데미 사무실에서 일을 보고 있었다. 그런데 한명숙이 잔뜩 겁에 질린 얼굴로 주춤거리며 내 책상 앞으로 다가왔다. 그때 한명숙은 아카데미 여성사회 간사로 여성 교육을 담당하고 있었다.

"저, 원장님. 지금 정보부에서 전화가 왔는데 저를 이 옆에 있는 다방에서 만나자고 하는데 어떻게 할까요?"

"그래? 왜 그러지? 뭐 짚이는 게 없나?"

"글쎄요."

하얗게 질려 있는 그녀의 얼굴을 보며 나는 '또 남편 일로 그러나?' 하고 나름대로 추측을 했다. 그녀의 남편 박성준은 통혁당 관계로 수감되어 있었고 그 때문에 그 전에도 수사 기관에 몇 번 불려간 일이 있었다.

어찌 됐든 정보부에서 보자고 하는 이상 피할 수는 없는 노릇이었다. 나는 그녀가 너무 겁에 질려 있어 조금이라도 안심을 시키기 위해 남자 직원 하나를 딸려 내보냈다.

그렇게 비칠거리며 나간 잠시 뒤였다. 함께 나간 남자 직원이 헐레벌떡 뛰어들어왔다.

"원장님, 보통 일이 아닌 것 같습니다. 그 사람들이 한간사를 보자마자 하얀 차에 무조건 태우더니 그냥 달아나 버렸습니다."

나는 그 말을 듣고 깜짝 놀랐다. 아무래도 예감이 심상치 않았다. 하지만 아카데미 일과 관련해서는 별달리 짚이는 일이 없었으므로 나는 틀림없이 남편과 관련된 일일 것이라고 생각하며 애써 마음을 달래고 있었다.

그녀를 도울 방법에 골몰해 있던 그날 오후, 한명숙의 어머니로부터 전화가 걸려왔다. 매우 다급한 목소리였다.

"목사님, 조금 전에 정보부원들이 와서 가택 수색을 한다고 집 안을 온통 뒤지더니 책들하고 공책, 그리고 무슨 서류들을 가지고 갔어요. 이게 무슨 일일까요? 어떻게 좀 알아봐 주세요."

나는 그때까지만 해도 여전히 남편과 관련된 일로 그런 일이 벌어지고 있다고 생각하고 있었다. 어쨌든 보통 일이 아닌 것만은 분명했다. 나는 전화를 끊는 즉시 내가 아는 줄을 모두 동원해서 정보부에 연락을 취하고 무슨 사정인지 수소문하기 시작했다.

그런데 그쪽 대답은 너무나 태평했다.

"뭐, 걱정하지 마십시오. 대수롭지 않은 일이니까 조사 좀 하고 곧 내보낼 겁니다."

일말의 불안감은 있었지만 그런 대답을 들으니 그래도 조금은 안심이 되기도 했다. 나는 한명숙 어머니에게 전화를 걸어 별일이 아니니 안심하고 기다리면 곧 나올 것이라고 알려줬다.

그러나 한명숙은 사나흘이 지나도 나오지를 않았다. 나는 정보부측 얘기를 믿으려고 애쓰며 이제나저제나 하고 기다리면서도 어쩐지 시간이 흐를수록 점점 불길한 예감이 들었다.

그 예감이 현실로 드러난 것은 한명숙이 끌려가고 나흘째 되던 13일이었다.

그날 수원 사회교육원에서 교육을 맡고 있던 농촌사회 담당 간사 이우재(전 민중당 당수), 황한식(현 부산대 교수), 장상환(현 경상대 교수)이 교육을 하던 도중에 끌려갔는가 하면 산업사회 담당 간사 신인령(현 이화여대 총장)과 김세균(현 서울대 교수)은 시내 사무실에서 연행당했다. 교육 실무를 담당하고 있던 간사들에 대한 대대적인 연행이었다.

나는 그 소식을 듣고 바짝 긴장하지 않을 수 없었다. 정보부의 표적이 한명숙 개인이 아니라 아카데미라는 것이 분명해졌기 때문이었다. 그러나 왜, 무엇을 가지고 어떻게 아카데미를 치려는 것인지는 분명하게 잡히지가 않았다.

연행된 6명의 간사들이 반공법 위반 혐의로 수사받고 있다는 정식 통고가 내려온 것은 3월 15일이었다. 그 통고와 함께 한양대 교수 정창열, 건국대 교수 김병태 등 간사들과 친하게 지내던 사람들과 아카데미에서 교육을 받은 노동자, 농민, 여성 등 50여 명도 정보부에 연행되어 조사를 받게 되었다. 그들 중에는 동일방직의 전 노조지부장 이총각, 콘트롤데이타 노조지부장 이영순, 반도상사 노조지부장 장현자, 그리고 그 얼마 후 신민당사에서 벌인 농성으로 유명해진 YH 노조지부장 최순영도 있었다.

사태가 이렇게 일파만파로 확산되어 가자 나는 대처 방안을 찾기 위해서라도 무엇이 도화선이 되어 일이 그렇게 걷잡을 수 없이 비화되고 있는지 꼼꼼히 헤아려 보지 않을 수 없었다. 하지만 아무리 따져보아도 정부가 나와 아카데미의 활동을 오래 전부터 싫어하고 경계해 왔다는 포괄적인 이유 외에는 구체적인 도화선을 찾기가 어려웠다.

탄압이 시작된 중간집단 교육

아카데미에 대한 정부의 감시와 경계가 노골적으로 나타나기 시작한 것은 1978년부터였다. 중간집단 교육의 일환으로 진행되어 온 노동조합 간부 교육과 농촌 지도자 교육은 상당히 원활하게 추진되어 왔고, 교육 성과도 괄목할 만하였다. 그런데 이 무렵 정부 당국은 도시 산업 선교회가 용공적이며 불순하다는 비난을 하며 이들의 활동에 대해 탄압을 가하기 시작했다.

정부는 아카데미의 교육이 그것과는 다른 것을 알고 있으면서도 자칫하면 그런 운동과 맥을 함께하지 않나 하는 오해를 하고 있었다. 그 좋은 예가 뒤에 다시 언급하겠지만 '경향신문 계획 기사 사건'이다.

그후로 당국은 노동조합들에 아카데미 교육에 수강생을 파견하지 말 것과 수강생 명단을 보고할 것을 요구하였다. 특히 아카데미의 후속 교육 활동인 노동사례연구회에 열심히 참가하는 사람들에 대한 조사와 감시도 뒤따랐다.

또한 농촌교육 이수자들이 현장에서 점차 농민의 권익 문제에 관심을 표명하고 이를 행동으로 표현하는 데 대해 정부는 신경을 쓰기 시작했고, 지방에서 아카데미 교육에 참가하러 올라오는 것을 막으려는 움직임이 1978년 후반기부터 두드러지게 나타나고 있었다.

그 당시 노동자 · 농민들의 의식이 일반적으로 높아지고, 1978년 4월의 '함평 고구마 사건'과 1977년 10월 '동일방직 사건' 등에 아카데미 교육 이수자들이 관련되어 있었던 것이 드러나자 자연 당국은 이들의 의식화 교육을 직접 수행하고 또한 영향력을 발휘하고 있는 크리스챤 아카데미를 주목하고 있었다. 그러므로 가까운 장래에 어떠한 형식으로든 제약이 가해질 것이라는 풍문이 적지않게 나돌고 있었다.

수사 당국은 우리보다 급진적 입장을 취하고 있던 도시 산업선교회 등에 대한 탄압을 강화하면서 우리에게도 감시망을 치밀하게 얽어놓고 있었다. 사실 우리는 사건이 터지기 오래 전부터 교육 이수자들 중에 정보부 프락치가 끼어 있다는 것을 얼마간 감지하고 있었다. 그럴 수밖에 없는 것이 한번은 이런 일이 있었다.

수강생들이 그룹 모임에서 얘기를 하다가 박대통령 딸인 근혜를 두고 "야, 근혜야. 시집이나 가라"라는 말을 했었는데, 정보부에서는 그 일을 마치 눈으로 본 것처럼 알고 있었던 것이다. 따라서 나는 우리의 모든 일거수 일투족이 정보부의 눈 아래 공개되어 있으니 절대로 방심하지 말고 꼬투리가 잡히지 않도록 각별히 언행을 조심하라고 직원들에게 수도 없이 당부하곤 했다.

"항상 조심해야 합니다. 저 사람들은 우리가 화장실에 들어가 그 속에서 하는 생리적인 일까지도 다 알고 있다고 생각해야 해요. 절대로 부주의한 언행을 해서는 안 됩니다. 우리는 살얼음판 위에 있는 것이나 마찬가지예요."

우리가 조직을 만들자는 교육 참가자들의 열화 같은 성화를 굳이 받아들이지 않은 것도 당국에 꼬투리를 잡히지 않기 위해서였다. 아카데미 직원들에게 나는 "조그마한 꼬투리도 커다란 재앙의 좋은 빌미가 될 수 있다"고 늘 주의를 주곤 했으므로 정보부에서 가택수사를 해서 책과 서류를 가져갔다는 말에 자꾸만 신경이 쓰였다.

일단 꼬투리가 잡혀 악법에 걸리게 되면 그때는 문제가 심각해지지 않을 수 없기 때문이다. 그것은 마치 잡아먹으려고 입을 벌리고 있는 늑대의 입 속에 제 발로 걸어들어가는 것과 진배없었다. 정보부에서 가져간 책들은 당국에 의해 이른바 불온서적으로 분류된 『현대사상 연구』, 『조선여성독본』 등이라고 했다.

사건의 원인을 이렇게 저렇게 분석해보니 내 개인적인 활동 역시 마음에 걸렸다. 사건이 터지기 며칠 전, 나는 NCC 주최로 연동교회에서 열린 3·1절 60주년 기념 예배에서 설교를 했는데, 그설교 내용을 두고 여러 가지 얘기를 들었기 때문이었다.

해방 후 우리의 비극은 우선 일제의 잔당인 친일파, 민족 반역자들을 우리 역사 무대에서 추방하지 못한 일이다. 오늘날에도 일제의 망령이 정치권에서 득세하고 있는 사실을 못 본 척눈을 감을 수는 없다. 3·1운동은 단순한 독립운동이 아니고 적극적으로 자유와 평등, 정의와 평화를 실현하려는 운동이었다. 일제를 몰아내고 전제 군주제로 복귀하려 했던 것은 아니었다. 분명히 자유 민주주의를 토대로 한 민주 공화국을 수립하고 양반과 상민으로 차별받던 제도를 없애고 평등한 사회를 건설하려 했다.

오늘날 물론 양반과 상민의 신분 차별은 없어졌다. 그러나민주주의적 자유라는 면에서 지난 60년 동안 우리 역사는 과연얼마나 성장했는가? 해방 후 3·1절 행사를 34회나 되풀이해오는 동안 우리는 자유를 향해 전진해 가고 있는지 아니면 오히려 후퇴해 가고 있는지 정말 냉정하게 검토해 보았는가. 빈부 격차로 새로운 형태의 양반과 상민 계급이 자꾸 생겨나고있지 않은가. 사회 각 방면에서 양극의 간극은 좁혀지고 있는가, 아니면 오히려 넓어지고 있는가.

이처럼 설교 내용은 특별히 반정부적인 발언이 들어간 것도 아니었고, 지극히 평범한 3·1절 기념 설교였다. 그러므로 나는 별로 대수롭지 않은 기분으로 설교를 마치고 내려왔는데 교계에서 운동권에 속해 있던 이우정 여사가 걱정스러운 표정으로 내게 다가와 말했다.

"목사님, 그렇게 말씀하셔도 무사할까요?"

"아니, 왜 무사하지 못해요?"

"친일파가 정권을 잡고 있다는 얘기 같은 건 그 사람들 가슴에 비수를 꽂는 일이나 마찬가지 아닙니까? 안 그래도 요즘 조그만 일에도 잔뜩 신경질적인 반응을 보이고 있는 그들 아닙니까?"

그래도 나는 설마 그쯤 가지고 무슨 일이 있으랴 싶었는데, 막상 사건이 터지고 보니 그 설교 내용까지 일일이 반추되면서 내 마음은 영 편하지가 않았다. 실제로 그 설교 내용이 청와대에 보고되어 박정희의 심기를 불편하게 했다는 얘기를 듣기도 했지만 설마 그 정도 내용의 설교가 아카데미 사건을 불러왔으리라고는 생각하지 않는다. 다만 내가 박대통령에게 여러 가지로 밉보였고, 그의 눈에 거슬리는 나를 혼내주고 싶은 마음이 있었을 거라는 건 짐작할 수 있다.

어찌됐든 아카데미 간사들과 관계자들이 줄줄이 연행되어 가면서 이 사건은 입에서 입을 거쳐 교계와 재야 운동권의 관심을 끌게 되었다. 가장 발빠른 움직임을 보인 것은 물론 연행자 가족들이었다. 그들은 가족회를 조직하고 정보부에 끌려간 채 소식이 없는 연행자들을 위해 백방으로 뛰고 있었다.

백방으로 뛰어다니며 손을 쓰기는 나도 그들과 마찬가지였다.

나와 함께 일하던 사람들이 끌려간 것이니 따지자면 나나 그 사람들이나 입장이 별로 다를 바가 없기 때문이다. 그런데도 나는 그들과 마찰을 겪어야만 했다. 애가 탄 가족들은 사건이 터진 즉시 내게 달려와 요구했다.

"내외신 기자들을 불러놓고 이 사건에 대한 책임은 전적으로 당신이 지며, 또 이 사건은 아카데미에 대한 박정권의 탄압으로 만들어진 조작극이니 끝까지 저항하겠다는 발표를 빨리 하시오."

그들이 그렇게 다급하게 요구하는 심정을 충분히 이해할 수 있었지만 그 요구를 그대로 받아들일 수는 없었다. 무엇보다도 그때까지 나를 포함하여 그 누구도 사건의 진상을 정확히 파악하고 있는 사람이 없었고, 그런 상황에서 섣불리 그런 발표를 할 수는 없는 노릇이었다. 그래서 나는 우선 가족들을 설득했다.

"여러분 심정은 이해합니다. 하지만 이런 때일수록 냉정하게 대응해야지요. 우선 조사가 끝나고 정보부에서 발표하는 내용을 본 다음에 대처 방안을 강구하도록 합시다. 공격하는 내용을 알아야 방어도 제대로 할 수 있지 않겠습니까?"

그러나 끌려간 남편과 동생, 혹은 자식의 안위에 가슴이 졸아든 가족들은 막무가내였고 내 말을 선의로 해석하려 하지 않았다. 결국 나는 그 사건을 계기로 가족들뿐만 아니라 급진적인 세력으로부터 "태도가 미지근한 회색분자"라느니, "겁쟁이", 심지어 "뒷거래가 있었을 것"이라는 등의 온갖 비난과 모함을 받아야만 했다.

입장에 따라, 또 생각에 따라 사건을 해결하는 방법은 다를 수가 있다. 나는 되도록 사건을 확대시키지 않고 해결해 보려고 애를 썼고, 그들은 사건을 해결하기 위해 확대하려고 노력하는 것 같았다. 이 사건을 계기로 내가 박정권 타도 운동에 앞장서주기를 바라는 마음에서 그렇게 한다는 것을 이해는 하지만, 나는 투쟁보다는 어떤 식으로든 해결하는 것이 우선이었다.

그런 복잡한 갈등이 빚어지자 나는 정말 일분 일초가 견디기 힘들었다. 물론 나와 함께 고통을 나누고 걱정을 해주는 사람들도 많았지만 언제 또 무슨 일이 이어질지 모른다는 불안감과 끌려간 직원들에 대한 걱정, 그들 가족들과 내 사이에 놓여 있는 안타까운 마찰, 급진 세력들이 내게 쏟아내는 비난 등으로 나는 사면초가에 놓인 처지였다.

잡혀들어간 뒤 오히려 낮아진 혈압

3월 27일. 드디어 내게도 정보부의 손길이 뻗쳐왔다.

그날 아침 아홉 시 수사관 세 명이 사무실로 들이닥쳤다.

"목사님, 잠깐 동행해 주실까요?"

"시간이 얼마나 걸립니까? 정오에 WCC에서 온 이티(C.I. Itty)라는 사람과 점심을 하기로 되어 있는데요. 시간이 많이 걸린다면 약속을 취소해야 하니까 솔직히 말해 주세요."

"아니, 걱정하지 마십시오. 한 시간이면 됩니다."

"그 정도라면 지금 사무실에서 얘기를 해도 되지 않겠습니까?"

"그런데, 저희가 보여드려야 할 것이 있어서 그렇습니다. 잠깐

만 같이 가 주시지요."

이렇게 나오는 이상 나도 더 버틸 수가 없어 그들을 따라나섰다. 나는 내 차를 타고 가겠다고 했으나 그들이 굳이 자기들이 타고 온 차를 타야 한다고 우기는 바람에 그렇게 했다.

오래지 않아 차는 남산 정보부 건물에 도착했다. 그때까지만해도 나는 사태를 그리 심각하게 받아들이지 않았다. 전태일 분신 이후 설교 사건으로 부장실에 불려간 일이 있었으므로 그때처럼 부장실이나 국장실로 들여보낼 줄 알았다.

그런데 그들이 나를 이끌고 간 곳은 어느 조사실 같은 방이었다. 나를 그 방에 들이밀고는 "곧 담당자가 올 테니 기다리라"는 말만 남기고 사라져 버렸다. 그러나 한 시간이 넘게 기다려도 담당자는커녕 사람 코빼기도 보이지 않았다. 불안하기도 하고 화도 나서 안절부절못하고 있는데, 한참 지나서야 웬 남자 하나가 문을 열고 들어왔다. 나는 그를 보자마자 기다리면서 쌓인 화가 터져나와 마구 소리를 질러댔다.

"아니, 이렇게 사람을 속이면 어떻게 합니까? 나를 이렇게 가두려는 것이었다면 처음부터 영장을 가져오든지 했어야지 도대체 이게 뭐요? 담당자가 누구요? 담당자를 데려오시오!"

"지금은 담당자가 없습니다."

그의 말이 떨어지자마자 매우 험악하게 생긴 남자 하나가 불쑥 문을 열며 방으로 들어왔다. 그는 들어오자마자 벼락같이 소리를 질렀다.

"빨리 코트 벗어!"

그 고함에도 모자랐던지 다음엔 마구 욕설을 퍼부어 댔다.

"여기가 어딘 줄 알고 이따위로 소리를 지르고 까부는 거야? 네가 아무리 목사고 미국이 어떻고 해도 여기서는 아무 소용없어. 한 번 혼나봐야 정신을 차리겠나?"

그의 뻔뻔스러우면서도 위협적인 태도에 나는 모든 것을 새롭게 받아들이게 되었다.

'이건 결코 가볍게 넘어갈 보통 일이 아니구나.'

이런 생각이 퍼뜩 뇌리를 스치며 마치 깊이를 알 수 없는 늪에 두 발이 빠져들고 있는 듯한 기분이 들었다.

담당 수사관이 나타난 것은 늪에 온몸이 빠져 의식이 희미해진 듯한 착각이 들 즈음이었다. 그는 예상외로 매우 정중한 태도로 내게 말을 걸어와 나는 다시 한 번 놀랐다.

"아, 원장님. 너그럽게 양해하십시오. 저 사람이 6·25 때 인민군과 싸우다 부상을 입어 공산주의라고만 하면 과격해지는 사람이라 그렇습니다. 그러니 용서하십시오."

나는 그의 이런 말에 다시 한 번 소름이 끼치며 긴장하지 않을 수 없었다. 병 주고 약 주는 그들의 노련한 태도도 그렇거니와 '공산주의'라는 말이 내 의식을 강타했기 때문이었다.

'이것이야말로 본격적으로 걸려든 거구나.'

그는 나를 지하 2층에 있는 조사실로 데리고 갔다. 그때부터 나는 정신을 바짝 차려야만 했다.

조사실에서 책상을 사이에 두고 마주앉자 담당 수사관은 내게 한 가지 부탁할 일이 있다고 했다.

"우리가 조사를 위해서 아카데미 사무실을 수색하고 필요한 문서를 가져와야 하는데, 부원장인 박경서 씨가 원장님의 승인 없이는 절대로 못 내준다고 한답니다. 그러니까 문서를 가져올 수 있도록 얘기를 좀 해 주십시오."

그러면서 내게 수화기를 내밀었다. 수화기를 받아드니 박경서 부원장의 반가운 목소리가 들려왔다. 그의 목소리를 들으니 숨을 쉴 수 있을 것 같은 기분이었다.

"아, 나 원장인데 이 사람들이 우리 문서가 필요한 모양이오. 우리 문서야 원래 비밀 문서도 아니고 다 공개된 것들이니까 필요하다면 보관증을 받고 내주는 것이 좋겠어. 하지만 하나 꼭 알아두어야 할 것이 있어요. 이 사람들이 한마디로 정직하지 않은 사람들이라는 걸 아시오. 내게도 한 시간이면 된다고 해놓고 약속을 어기고 있으니까. 본격적인 수사가 착수된 모양이니 그런 줄 알고 만반의 준비를 하시오."

"그런 일이야 알아서 하겠습니다만 원장님은 괜찮으십니까? 지금 원장님이 잡혀가신 걸 알고 당뇨병에 고혈압인데, 걱정이라고 사방에서 전화가 오고 난리가 났습니다."

"뭐 아직까지 별일은 없어요. 곧 조사가 끝난다니까 걱정하지 마시오. 그래도 오늘밤은 여기서 자야 할 것 같으니까 칫솔하고 약을 좀 보내줬으면 좋겠는데."

"알았습니다. 아무튼 조심하십시오."

전화가 끝나고 나자 곧바로 조사가 시작되었다. 내 담당 조사관은 권씨 성을 가진 사람이었는데 나이가 지긋하고 신사적이었다. 그 사람 양쪽에는 다른 조사관 두 명이 서거나 앉은 채로 수사 과정을 지켜보며 보조 역할을 했다.

그들의 조사는 내가 태어난 후 그때까지의 모든 행적을 시시콜콜 따지는 것부터 시작했다. 나는 지하 2층 조사실에 갇힌 채 식사 시간과 새벽 2시부터 4시까지의 취침 시간을 빼고는 계속 그들의 심문에 시달려야 했다. 그래도 내 연령과 신분을 고려했는지 방으로 침대를 들여놓아 주는 등 예우라고 하긴 했으나 나는 한숨도 눈을 붙이지 못했다.

그런 와중에 이상한 일이 하나 벌어졌다. 그곳에서는 하루에 한 번씩 의사 검진을 받는데, 검진 결과 그 전에는 상당히 높았던 혈압이 정상으로 나오는 것이었다. 하도 이상해서 왜 그런가 생각을 해보니까 내가 잡혀온 뒤에 오히려 편안함을 느끼고 있다는 결론이 나왔다.

잡혀오기 전에는 연행된 직원들이 겪고 있을 엄청난 고통을 함께 나누지 못하는 데서 오는 가책과, 나에게 쏟아지는 갖가지 억측과 비난, 모함으로 마음고생을 하다가 이제 나도 함께 잡혀와 고생을 하게 되었으니 오히려 마음이 편해진 것이었다.

"당신 사상이 뭐요?"

출생부터 내 이력을 하나하나 파헤쳐 나가던 심문이 처음으로 특별히 초점을 맞춘 부분은 해방 직후 시기였다. 조사관은 김규식과 나의 관계, 그리고 해방 정국에서 벌인 나의 정치 활동에 대해 꼬치꼬치 캐물은 후 여운형과의 관계에 대해 물었다. 나의 사상도 여운형과 같은 것이 아니냐는 추궁이었다.

"여운형에 대해 어떻게 생각하시오?"

"여운형은 자유주의자, 민족주의자, 사회주의자라고 생각하오."

그리고 나는 또 한마디 덧붙였다.

"당신들은 그를 사회주의자라고만 보는 것 같은데 내가 보기에 여운형 같은 사회주의자라면 사회주의에 대해 악착같이 반대할 이유가 없다고 생각하오. 그는 자유주의적 사회주의자이기 때문이오."

이 말에 조사관은 갑자기 소리를 질렀다.

"한마디로 공산주의자면 되지 무슨 잔말이 많소?"

그들은 그런 식으로 나를 윽박질렀다.

그들의 조사 방식은 이랬다. 즉 처음에는 질문에 대해 내가 답한 내용을 자기들이 정리해서 나에게 보여주며 "사실과 틀림없냐"며 확인 과정을 거친다. 틀림없다고 하면 서명을 하라고 한 뒤에 다시 똑같은 내용을 자필로 쓰라고 한다. 내가 쓰기를 마치면 그것을 자기들이 쓴 것과 자기들이 가지고 있는 나에 대한 자료들과 대조해 가며 틀린 부분을 묻기도 하고 보완 심문을 하기도 했다.

짧은 시간도 아니고 지나온 60평생에 일어났던 일들을 한숨도 자지 못한 채 모두 반복해 진술하려니 진이 빠져 죽을 노릇이었다. 그들의 조사 태도는 전반적으로 신사적이었으나, 맨 처음에 나를 보고 고함을 질러대던 그 험상궂은 얼굴의 사람이 하루에 세

번씩 내려와 고함을 지르다 올라가고는 했다. 그것은 회유와 협박을 병행하는 그들의 의도된 술책이었다.

그런데 화통을 삶아먹은 듯한 목소리로 떠드는 그 사람의 말이 참 기가 막힌 것들이었다. 한번은 그가 방에 들어오더니 불쑥 내게 물었다.

"당신, 국립묘지에 한 번도 가본 일이 없지?"

나는 깜짝 놀랐다. 그런 일은 내 가까운 사람들도 알기 힘든 사실인데 어떻게 그가 알고 있는지 참으로 경탄해마지 않을 노릇이었다. 어쨌든 나는 그의 물음에 사실대로 시인해야 했다. 그랬더니 그는 파렴치한이라도 대하는 것같이 도덕적 우월감에 가득 찬 모습으로 나를 힐난했다.

"뭐, 당신이 나라를 위해 일을 해왔다고? 국립묘지도 한 번 가보지 않은 자가 무슨 애국자연하고 그래? 이거 순 엉터리 아니야?"

그들은 내 해외 활동에 대해서도 촉각을 곤두세웠다. 그들이 특히 관심을 갖고 조사한 나라는 일본과 독일이었다. 그때 일본에는 강봉제라는 이종사촌이 살고 있었다. 내가 1948년에 일본에 갔을 때 그가 동경 교회로 찾아와 딱 한 번 만난 일이 있었을 뿐 그 이후에는 소식이 끊겨 만나보지 못했는데 정보부에서는 내가 1948년에 그를 만난 사실을 알고 있었다.

그들이 강봉제를 주목하는 이유는 분명했다. 조총련에 속해 있었기 때문이었다. 물론 그를 만났을 때 나는 그 사실을 전혀 모르고 있었다. 하지만 그들은 강봉제와 내 관계에서 어떤 식으로든 빌미를 만들어 보려고 혈안이 되어 있었다.

"그때 강봉제를 만나 무슨 얘기를 했습니까?"

"인척간이라 그냥 사사로운 얘기를 했습니다."

"이러지 마세요. 그 사람을 통해서 이북에 연락한 것을 다 알고 있습니다."

나는 너무 기가 막혀 말도 제대로 나오지 않았다. 그러나 조사관은 이북과 나의 관계에 대해 쉽게 포기할 기미가 아니었다.

"이북에 계신 부모님 소식은 알고 있습니까?"

"아직 생사도 모르고 있습니다."

"그렇지만 당시 일본에 갔을 때 이북에 있는 부모님 소식을 일본에 있는 사람들을 통해 알아보려고 한 것은 사실이 아니오?"

"그런 일이 있기는 합니다."

"언제 어디서 누구랑 그 일을 얘기했습니까?"

결국은 내가 그들의 유도심문에 걸려든 셈이었다. 할 수 없이 나는 언젠가 일본에 갔을 당시 한 한국 음식점에서 이인하 목사를 만나 그런 부탁을 했던 일을 털어놓았다. 그랬더니 그들은 즉시 이목사에 대한 조사에 착수하는 것이었다.

나와 이북을 어떻게든 얽어보려는 그들의 노력은 내 독일 여행에까지 미쳤다. 이미 적었듯이 내가 1963년에 독일 정부 초청으로 그곳에 갔을 때 베를린 시내 관광 버스를 탔던 일을 그들은 빌미로 삼았다. 그때 내가 동베를린을 지나면서 북한 대사관에 들러 사람을 만났다고 계속 억지를 부리는 것이었다.

그들의 조사 방향을 가만히 보자니, 이 사람들이 뭔가 심상치 않은 일을 꾸미고 있다는 낌새를 분명히 알 수 있었다. 즉 그들은 나를 북한과 내통한 공산주의자로 몰아가고 있었다. 아카데미의 의식화 교육도 내가 공산 혁명을 염두에 두고 장기적으로 벌이고 있는 적화 공작의 하나라는 식이었다. 그 때문에 그들은 무슨 틈이라도 보이면 나를 사상적으로 몰아세우는 데 열을 올렸다.

나중에 알게 된 바로는 그 험상궂게 생긴 사람이 대공과장인가 하는 사람이었는데, 한번은 이렇게 물어왔다.

"당신 사상이 뭐요?"

"나는 민주주의 신봉자요. 당신들이 나를 혁명주의자로 몰지만 나는 지금까지 혁명이란 궁극적인 해결책이 될 수도 없고 또 성공할 수도 없다고 믿어온 사람이고 기회가 있을 때마다 그런 내 생각을 표명해 왔소. 나는 혁명주의자가 아니라 민주적 개혁주의자요."

내 말이 끝나기가 무섭게 갑자기 소리를 질렀다.

"거짓말하지 마! 당신은 민중 혁명, 공산 혁명을 바라는 혁명주의자야!"

그러면서 그는 1971년 대통령 선거 후 내가 사석에서 김대중의 장충단 유세를 화제로 삼아 했던 대화 내용을 마치 그 자리에 있기라도 했던 것처럼 그대로 말하는 것이었다. 나는 그의 말에 충격과 경악을 금치 못했다.

앞에서도 말했듯이 1971년 대통령 경선에 나가기 전에 김대중은 나와 만나서 이야기를 나누었다. 그때 나는 그에게 박정희가 군사 혁명으로 얻은 정권을 투표 때문에 내놓겠느냐고 물었다.

그는 그 자리에서 이렇게 대답했다.

"투표로는 안 됩니다. 국민의 힘으로 해야 합니다."

"무슨 수로, 어떻게 국민의 힘으로 한단 말인가?"

"선거 마지막 때가 되면 사람들이 많이 모이게 될 겁니다. 그때 모여든 국민들을 모두 이끌고 청와대로 가는 겁니다."

그런데 그후 장충단 집회에서 100만 정도 인파가 모였다. 나는 그 광경을 보고 김대중이 했던 이야기가 떠올라 그가 국민들을 이끌고 청와대로 갈 줄 알았더니 군중을 진정시키며 해산시켜버렸다. 나는 이를 이상하다고 생각하며 그 이야기를 가까운 주변 사람들에게만 한 적이 있었다. 그런데 그 이야기를 정보부에서 마치 본 것처럼 이야기하고 있으니 충격을 받지 않을 수 있겠는가. 어쨌든 그 대화 내용 때문에 나는 한동안 시달려야 했다.

그곳에서 조사를 받으면서 나는 가슴에 이름표를 붙이고 그들이 하라는 대로 포즈를 취하면서 사진 촬영을 당하기도 했다. 그동안 신문에 발표된 간첩들의 사진이 이렇게 찍혔겠구나 하고 생각하니 고약해지는 기분을 떨쳐버릴 수 없었다. 일이 그들의 뜻대로 풀려간다면 이렇게 찍히는 나의 사진이 신문에 간첩 수괴 같은 꼴로 실려나가겠구나 하고 생각하니까 기가 막혔다.

희망 없이 부르는 희망가

정보부의 조사는 아카데미의 중간집단 교육으로 옮겨가면서 내 숨통을 더욱 조여오기 시작했다. 조사관은 연행된 여섯 명 간사들과 나의 관계를 집요하게 캐물었다.

"그들이 비밀 서클을 만들어 혁명 모의를 하고 있었는데 당신은 그 사실을 알고 있지 않았소?"

나는 그 말을 듣고 비로소 그들이 어떤 방법으로 아카데미를 옭아매려는지 확연하게 알 수 있었다. 아카데미 전체를 혁명 조직으로 만들 속셈인 게 뻔했다.

"우리 간사들은 결코 그런 일들을 할 사람들이 아니오."

그러나 그들은 내 말은 들은 체도 하지 않았다.

"그렇게 부인해도 소용없어요. 이미 그들이 다 시인한 일들이란 말이오."

그러면서 그들은 내게 종이뭉치를 건넸다.

"이게 다 그 사람들이 쓴 자술서요."

나는 그 자술서라는 것을 읽으면서 그들이 고문에 의해 허위 자술서를 썼다는 것을 금방 알 수 있었다. "사회주의 혁명을 기도했다"는 등 고문이 아니라면 도저히 시인할 수 없는 내용들. 한마디로 정보부의 주장을 그대로 시인하는 내용이 적혀 있었기 때문이었다.

그래도 설마 했는데 그들이 심한 고문을 받았다는 심증이 들자 나는 견딜 수가 없었다. 이미 정보부는 고문으로 악명을 떨치고 있었고 내가 조사를 받는 동안에도 옆방에서는 누군가 고문을 당하는지 고통스러운 비명을 내지르는 것이 종종 들려왔다. 나는 그 소리를 들으면서도 우리 직원과는 상관이 없다고 생각해왔는데(만약 상관이 있다면 그들이 내게 협박용으로라도 그 말을 했을 터이다), 막상 그 어이없는 자술서들을 대하자 솟구쳐 오르는 분노를 억누를 수가 없었다.

"당신들, 똑바로 말하시오! 우리 직원들 데려다가 고문했지? 고문이 아니고서는 이런 터무니없는 자술서를 쓸 리가 없어요."

"아닙니다. 우리가 왜 사람을 고문합니까? 우리가 언제 원장님을 고문하던가요?"

"그렇다면 우리 직원들을 만나게 해주시오. 내가 그 사람들을 직접 만나보기 전에는 믿지 못하겠소."

"지금은 조사 중이라 안 됩니다. 이제 그만 우리 얘기로 돌아갑시다."

그들은 다시 아카데미 활동에 관해 취조하기 시작했다. 그런데 그 과정에서 다시 한 번 나를 어이없게 만든 것은 그들이 내게 보여준 도표였다. 그들 말로 내가 꾸민 혁명 조직이라는 그 도표를 보니 가운데 내 이름이 쓰여 있고 나를 중심으로 부챗살 모양으로 선이 뻗어져 나가는데, 각각의 선 끝에는 군·기업·교회·정당·중간집단 교육 대상자 등이 분야별로 이어져 있었다.

정계에는 김대중 부부, 군에는 정일권, 업계에는 이양구, 최태섭 등 나와 가까운 사람들의 이름이 거의 망라되어 있었다. 그뿐만 아니라 도표 아랫부분에는 그 터무니없는 조직의 지방 조직까지 다 짜여 있었다.

조사관은 그 도표를 가리키며 뻔뻔스레 말했다.

"당신은 김대중 같은 반체제 정치인들을 포섭해 교계와 재계, 그리고 군의 불순분자들과 손을 잡고 민중 혁명을 일으켜 대한민국을 전복하려 했소. 그렇지 않소?"

결론적으로 내가 공산 혁명 조직의 총책이라는 것이었다. 나는 차라리 입을 다물고 싶었다.

"당신들 내가 아는 사람들은 모두 끌어다 놓았구만. 나에 대해 당신들이 나보다 더 잘 아니 내가 무슨 말을 더 보탤 수 있겠소. 이왕 당신들이 만든 거니까 당신들 마음대로 하시오."

"이미 증거가 모두 확보되어 있으니 부인해도 소용이 없을 것이오."

그렇게 으름장을 놓더니 난데없이 「희망가」라는 노래를 아느냐고 물어왔다.

"당신네 아카데미에서 몇 달 전에 농촌여성 교육을 실시한 적이 있지요? 거기서 「희망가」라는 노래를 개사해서 부르게 했는데, 그것이 매우 불온한 내용이었다는 것을 우리가 다 알고 있어요. 이것도 모두 교육을 빙자해 당신이 시킨 일 아니오?"

나는 농촌여성 교육에도 관계했기 때문에 그들이 말하는 「희망가」라는 노래가 거기서 불린 것을 알고 있었다. 교육 참가자들은 소그룹으로 나뉘어서 '이 풍진 세상을 만났으니 너의 희망이 무엇이냐' 하는 가사 앞부분에 대해 그 대답이 되는 뒷부분의 가사를 각자 마음대로 지어 벽에다 붙여놓고 돌아가면서 불렀다.

그런데 그 내용이라는 것이 대부분 '얄궂은 세상에 태어났으니 이 한을 어이 풀까', '유신 하에서도 절망을 딛고 중간집단 일어나자'는 등 그들이 말하는 '불온'한 것들이 많았다. 그런데 이런 내용 역시 그대로 정보부에 들어간 것이었다.

나는 그들의 얘기를 들으면서 어쩌면 이 사건의 발단이 그 노래가 아닌가 하는 추측을 해보기도 했다. 맨 처음에 잡혀간 한명숙이 농촌여성 교육 담당자라는 사실이 그런 추측을 뒷받침해 주고 있었다. 어쩌면 그 교육 참가자들 사이에 정보부 프락치가 끼여 있었는지도 몰랐다. 어찌됐든 나는 그 자리에서 그 노래를 안다고 시인해 쓸데없이 곤란한 처지에 빠지기는 싫었다.

"거기서 그런 노래가 불렸는지 어쩐지 나는 모르는 일입니다. 나는 그날 그들과 얘기를 나눈 후 그냥 내 방으로 내려왔으니까요. 우리 교육은 일방적으로 시키는 것이 아니라 자발적으로 이루어지는 것이므로 교육 참가자들이 하는 행동을 다 알 수는 없습니다."

"그렇지만 그 사람들이 큰 소리로 노래를 불렀으니 당신 방에도 들렸을 것 아닙니까?"

"하지만 나는 그런 내용의 노래를 들은 일이 없습니다."

내가 계속 부인하자 그들은 수원 사회교육원에 사람을 보내 정말 내 방에서 노래가 들리는지 안 들리는지 현장 검증까지 하도록 했다. 그것이 그들에겐 매우 중요한 사안인 모양이었다.

나는 그곳에 있는 동안 국장이라는 사람과도 얘기를 나누었다. 그가 가끔 내려오는 밤 10시경이면 나를 다루던 사람들이 "높은 분이 오신다"면서 방안을 치우고 면도도 하고 부산을 떨었다.

국장은 주로 나와 사상적인 얘기를 하기를 원했다. 그는 마르크스-레닌 이론, 김일성의 주체사상 등에 관해 얘기를 하기도 했는데, 나와 대화를 하면서 내 사상을 탐색하는 한편 설득도 해보려는 의도가 숨어 있는 듯했다.

그가 나를 설득할 때는 으레 이런 말을 했다.

"당신 같은 사람이 왜 불순 세력에 이용당하시오?"

그야말로 병 주고 약 주고, 빰치고 어르는 수법이었다.

유치한 거짓말쟁이들

내가 그곳에서 일하는 사람들을 겪으면서 가장 놀랍게 생각했던 것은 그들의 천연덕스러운 거짓말이었다. 그들은 '사람이 어떻게 저럴 수 있을까' 할 정도로 거짓말을 밥먹듯 해댔다. 처음 나를 잡아갈 때부터 시작된 거짓말은 조사가 끝날 때까지 그대로 계속되었다. 그들은 언제나 나를 곧 내보내 줄 것처럼 능청을 떨며 내 말이나 요구를 가로막곤 했다.

그곳에 붙잡혀서 조사를 받은 엿새 동안 내게는 결혼식 주례가 세 차례나 잡혀 있었다. 그러니 나는 약속된 시간이 닥칠 때마다 그 일로 걱정을 하지 않을 수 없었다.

"내일이 내가 주례를 서기로 한 날이오. 만약 이 조사가 그때까지 끝나지 않는다면 다른 사람을 대신 찾으라는 연락이라도 해야 하니 솔직히 말해 주시오."

"아니, 걱정 마십시오. 결혼식에 가실 수 있습니다."

그렇게 해놓고 막상 그 시간이 되면 그들은 '내가 언제 그랬느냐'는 얼굴로 영 딴청이었다. 그런 일을 당할 때마다 나는 기가 막혔다. 내용이야 어쨌든 그래도 명색이 국가를 위해 일한다는 사람들이 머리끝부터 발끝까지 거짓말로 똘똘 뭉쳐 있으니 나라 꼴을 생각할 때 한숨이 절로 나왔다.

「요한복음」 8장에는 "악마는 거짓말쟁이다. 그런데 악마가 하는 거짓말은 거짓말인 줄 알고 하는 거짓말이 아니라 본심으로 하는 거짓말이다"라는 말이 나오는데, 나는 그들을 보며 저 사람들이야말로 정말 본심으로 거짓말을 하는 것이 아닌가 하는 생각을 갖지 않을 수 없었다. 자기네들이 거짓말한다는 걸 의식하고 한다면 저렇듯 천연덕스럽고 뻔뻔하지는 못했을 것이기 때문이다.

그런데 그들은 거짓말쟁이일 뿐 아니라 추잡하고 유치하기까지 했다. 그들은 조사를 하면서 이 사건과 아무 관계도 없는 남녀 성관계까지 뒤집어씌워 우리에게 도덕적으로 먹칠을 하려 들었다.

조사관은 나를 보고 연행된 직원들에 대해 이런 공격을 해댔다.

"그 사람들이 비밀 서클을 만들어 무슨 짓을 했는지 아십니까? 같이 혼숙하면서 서로 서로 성관계를 가졌어요. 그건 변절을 막고 결속을 다지기 위한 공산주의자들의 수법입니다."

물론 그 말은 새빨간 거짓말이었다. 나중에 알게 된 것이긴 하지만 연행된 여자 간사 두 명은 나와도 성관계를 가지지 않았느냐는 추궁을 당했다고 한다. "어느 여관에 들어갔는지도 다 알고 있으니까 바른 대로 말하라"고 고문을 하며 자백을 강요했다니, 정말 사람의 탈을 쓰고는 할 수 없는 일을 자행했던 것이다. 게다가 그들은 원하는 자백이 잘 나오지 않자 아카데미의 어린 여직원까지 불러다 나를 비롯해 연행된 사람들의 남녀 관계를 주로 캐물었다고 한다.

마치 지옥에서 악마들에게 시달림을 받는 것 같은 상황 속에서 나는 엿새째 되는 날을 맞았다. 그날은 토요일이었는데 그 동안 잠도 못 자고 진을 빼는 조사에 시달려 기진맥진해 있었다. 탈진된 정신 상태에서도 분명하게 의식하고 있었던 것은, 조사 내용이야 어떻든 그들이 우리를 이미 만들어놓은 대로 사회주의 혁명 조직으로 몰아붙일 게 틀림없다는 것이었다. 이 유신 정권이 아카데미의 중간집단 교육을 오래 전부터 문제삼아 왔고, 그것을 파괴하기 위해 관계 당국이 장기간에 걸쳐 치밀한 공작을 꾸며왔다는 것을 알 수 있었다.

그날 아침 나는 정보부의 가시방석에 앉아 있으면서 차라리 마음이 편안해지는 묘한 기분을 느꼈다. 마침 그 다음날인 주일은 부활절을 앞둔 고난절 주일이었다. 나는 생각을 가다듬었다.

'지금까지 몇 번이나 죽을 고비가 있었는데도 이만큼 살았으니 이제 죽어도 여한이 없다. 만약 여기서 죽어나간다 하더라도 괜찮다. 비록 예수와 같이 십자가에 못박혀 죽는 것은 아니지만, 십자가가 바라보이는 이곳에서 예수의 고난을 생각하며 죽는다면 목사로서 영광스러운 일이 아니겠는가.'

나는 내게 닥칠 모든 일들을 담담하게 받아들일 각오를 하고 있었다.

그런데 그날 오후였다. 그 동안 나를 조사해온 사람들이 전보다 한결 풀어진 태도로 방에 들어오더니 서약서를 쓰라고 했다.

그들이 요구하는 내용은 '그간 이곳에서 있었던 모든 일을 일체 비밀에 부치고 누설하지 않는다. 만약 누설하면 응분의 책임을 감수하겠다'는 등등의 요식적인 것이었다. 내가 그들이 요구하는 대로 서약서를 쓰자 곧 국장이라는 사람이 내려왔다.

"그 동안 수고했습니다. 아직 조사에 미진한 부분이 있지만, 당신 나이도 있고 또 몸도 좋지 않고 하니까 일단 귀가 조치하기로 했습니다. 이제 준비가 다 되면 조금 후에 나가게 될 겁니다."

"우리 직원들도 같이 나갑니까?"

"아닙니다. 그 사람들은 아직 조사가 다 끝나지 않았습니다."

"언제쯤 끝나게 됩니까?"

"곧 끝나니 너무 염려하지 마십시오."

"내가 원장으로써 분명히 말하는데 그 사람들 절대로 비밀 서클을 만들어 혁명 같은 거 할 사람들 아닙니다. 그 사람들도 한시라도 빨리 내보내 주십시오. 부탁입니다."

그날 밤 드디어 나는 엿새 동안의 악몽 같은 정보부 조사에서 풀려나와 집으로 돌아올 수 있었다.

내가 그곳에 들어가 있는 동안 가족과 친척들은 초죽음이 된 채 나보다 더 꼴들이 말이 아니었다. 아카데미와 친지들도 나 때문에 난리가 나 있었고 외국에서도 내 안부를 걱정하는 전화와 전문이 쇄도했다는 얘기였다. 나는 바로 이들의 진심 어린 염려와 기도 덕분에 풀려나올 수 있었던 것이다.

다음날이 주일이어서 나는 아침 일찍 교회로 나갔다. 교회에서는 내가 정보부에 갇혀 못나올 줄 알고 나 대신 박동화 목사를 설교대에 세우기로 하고, 항의의 뜻으로 순서지를 백지로 해놓은 채 침통한 가운데 예배 준비를 하고 있었다. 그런데 나타났으니 사람들은 놀랍고 반가워서 나를 잡고 눈물을 흘리며 한바탕 감격의 해후를 가졌다.

그 다음 주일에 설교를 통해서 정보부에서 조사를 받으며 느꼈던 점과 나의 심정을 솔직히 고백했다.

그 무시무시한 지하 2층에서 억울한 심문과 협박을 계속 받으면서 병들고 나이 든 사람으로서 육체적 고통도 컸으나 그보다 더욱 괴로웠던 것은 나 때문에 걱정할 사랑하는 사람들에 대한 생각이었다.

그러나 나는 그런 고난을 몸으로 경험하면서, 병든 내 몸이 고통을 지고 죽을 수 있다는 생각에 한편으론 마음이 편하고 기쁘기까지 했다. 그것은 수십 년 동안 십자가에서 죽은 예수에 대해 얘기하고 우리도 그 고난에 동참하자고 설교해온 내가, 비록 그리스도의 십자가의 고통에는 비교할 수 없지만, 이제야 비로소 십자가에 달린 그리스도가 바라보이는 곳에 있다는 것을 실감할 수 있었기 때문이었다.

생명에 대한 애착 때문에 갈등을 일으키기도 했지만, 서른셋의 젊은 나이에 죽은 예수에 비하면 이제는 죄송할 정도로 오래 살았다고 생각했다. 문제는 언제 죽느냐가 아니고 어떻게 죽느냐이다.

바울은 「빌립보서」에서 죽어서 그리스도의 곁에 가는 것과 살아서 사랑하는 사람들 사이에 있는 것을 선택해야 할 때 그 선택이 얼마나 어려운지 얘기했다. 솔직히 말해 그에 비해 부족한 신앙인인 나는 내 작은 고난에 대해 우리 교회, 한국 교회, 세계 교회의 관심이 집중된 것에 영광을 느끼면서도 하루빨리 풀려나와 그들의 염려를 덜어주고 싶었다. 이제 비로소 풀려나와 여러분을 대하고 보니 고난을 통해서 우리가 서로 마음 깊은 곳에서 사랑으로 유대를 가지게 된 것을 몸으로 경험하며 감사한다.

어둠을 가른 한 발의 총성

샤프 주교와 로잘린 카터

내가 풀려난 것과 동시에 정창렬 교수와 아카데미 간사 6명은 정보부에서 서대문 구치소로 송치되었다. 그리고 일체의 면회가 금지된 상태에서 4월 3일 그들이 반공법 위반 혐의로 구속되었다는 사실이 가족들에게 통지되었다. 결국 정보부는 사건을 자신들이 의도한 대로 밀고 나가려는 게 확실했다.

직원들이 중세의 마녀 재판과도 같은 반공법이라는 금기의 족쇄에 걸려 영어의 몸이 되었으니, 혼자만 풀려나와 돌아다니는 나는 그렇게 고통스러울 수가 없었다. 차라리 그들과 함께 구속되었다면 마음은 훨씬 편했을 것이다.

그 고통에서 벗어나기 위해서라도 나 혼자 바깥에 나오게 하신 하나님의 섭리는 무엇인가를 살펴야 했다. 아마도 갇혀 있는 그들을 위해 바깥에서 무언가를 하라는 뜻일 터였다. 나는 지친 심신을 이끌고 그들을 구해내기 위해 사방팔방으로 뛰어다녔다. 이미 아카데미 활동은 간사들의 구속과 교육 수료생들에 대한 대대적인 연행 조사로 전면 마비된 상태였다.

이렇게 정식 구속이 결정되자 연행 때부터 큰 관심을 보여온 NCC 등 종교 단체와 인권 사회단체들은 그들의 석방을 위해 다각적인 노력을 기울였다. NCC가 주축이 되어 조직된 '크리스챤 아카데미 사건 대책위원회'는 연일 모임을 열며 대응책을 강구했으며, 사건을 해결하기 위해 국내외 사회 단체와 연대하는 방안을 찾아 바쁘게 움직였다.

4월 16일 중앙정보부는 마침내 언론에 크리스챤 아카데미 사건을 자신들이 꾸민 내용대로 발표하고 사건을 검찰에 송치했다. 당시 『동아일보』에 '크리스챤 아카데미 간사 등 7명, 용공 활동 혐의 구속, 비밀 서클 결성……사회주의 국가 건설 획책'이라는 표제 아래 보도된 기사를 요약하면 아래와 같다.

중앙정보부는 16일 크리스챤 아카데미 사회교육원의 간사 등이 불법 비밀 용공 단체를 만들어 북괴 노선에 적극 동조하는 불온 활동을 해온 사실을 적발하고 이 서클 대표인 이우재(43, 크리스챤 아카데미 농촌 간사)와 한양대 사학과 조교수 정창열(42) 등 7명을 반공법 위반 혐의로 서울지검에 구속 송치했다.

이우재를 포함한 크리스챤 아카데미 간사 6명은 사회주의 국가 건설을 실현한다는 목적 아래 비밀 서클을 결성, 북괴 평양 방송 및 통혁당 목소리 방송을 청취, 학습하는 한편, 북괴에서 발행한 마르크스-레닌의 유물사관 및 사회주의 건설을 위한 혁명 전술 등의 내용이 수록된 『현대사상연구』라는 불온 책자를 비롯, 50여 종의 각종 불온 책자를 탐독하면서 공산주의 사상을 학습하고 북괴 노선을 동조하는 활동을 해왔다는 것이다.

중앙정보부는 이우재 등이 관계하고 있던 크리스챤 아카데미(원장 강원용)와 이 사건이 직접적인 관련은 없다고 밝혔다. 이우재 등은 농민·근로자·청년·학생·여성 등을 대상으로 이른바 민중 계층에 기반을 둔 비밀 조직을 확대해 나가면서 이들을 활성화시켜 반정부 활동을 선동함으로써 그들이 목적한 사회주의 국가 건설을 획책했다는 것이다.

이우재 등은 그들의 비밀 서클을 크리스챤 아카데미 밖으로 끌어내 핵심 참모부를 결성한 뒤 서클 조직의 비밀 유지를 위한 행동 강령 등을 제정, 결의하고 농촌, 도시 근로자 및 여성 사회 등에 침투해 조직 확대를 꾀하다가 중앙정부부에 검거되었다.

검찰에 구속 송치된 사람들은 다음과 같다.

이우재, 한명숙(35. 여. 크리스챤 아카데미 여성사회 간사), 장상환(28. 크리스챤 아카데미 농촌사회 간사), 황한식(31. 크리스챤 아카데미 농촌사회 간사), 신인령(36. 여. 크리스챤 아카데미 산업사회 간사), 김세균(32. 크리스챤 아카데미 산업사회 간사), 정창열(42. 한양대 사학과 조교수).

정보부의 발표는 국내외에서 비등하는 비판적인 여론을 의식해 간사들의 반공법 위반 사건과 크리스챤 아카데미가 직접적인 관련은 없다고 언급하고 있었지만, 발표문 자체에서 드러나듯 그들이 문제삼고 있는 것이 아카데미의 중간집단 교육이라는 것을 분명히 알 수 있다.

정보부 발표가 나가자 NCC 등 기독교 단체는 이 사건이 조작된 것이 아닌가 하는 우려를 표명하고 "이들이 아카데미의 프로그램 담당자라는 점에서 결코 아카데미와 분리해서 생각할 수는 없다"는 입장을 발표했다. 아카데미와 그 사건을 분리해 비난 여론을 피해 보려는 정보부의 유치한 술책에 대한 반격이었다. 또한 구속된 사람들에 대한 조속한 석방 요청과 정부의 탄압에 대한 비난이 교계와 각 사회 단체에서 잇따라 제기되어 국내는 이 사건의 파장으로 연일 시끌시끌했다.

국제적으로도 이 사건은 아카데미 활동에 대한 정부의 탄압으로 인식되어 WCC, CCA, 세계 아카데미운동연합회, 독일 교회연합회, 미국 기독교연합회 등이 깊은 관심을 표명하여 우리 정부에 대한 항의와 아카데미에 대한 격려가 세계 곳곳에서 쏟아져 들어왔고 조사단이 파견되기도 했다.

이 사건에 특히 관심을 보인 나라는 아카데미 운동의 본원지인 독일이었다. 사건 관련자들이 검찰에 의해 반공법 위반으로 정식 기소된 후 20여 일이 지난 5월 27일에는 독일에서 샤프 주교가 팔순 노구를 이끌고 방한하여 세계의 관심을 모았다.

독일 교회연합회 총회장을 지냈고 독일 국민의 존경을 받고 있던 그는 환영회에서 크리스챤 아카데미 사건을 언급하며 격려의 뜻이 담긴 연설을 했다.

"이 사건은 한국 법정의 공정한 법과 뚜렷한 절차에 의해 밝혀질 것이지만 무죄임을 확신합니다."

그는 이우재를 비롯한 구속자의 가족들을 만나 얘기를 나눈 후 이우재를 직접 만나보기 위해 법무부 장관에게 면회 신청을 했다. 그러나 면회 허가가 나온 것은 그가 일정을 마치고 독일로 떠난 직후였다.

그런데 그는 프랑크푸르트에 도착해 면회 허가가 나왔다는 소식을 듣자마자 곧바로 발걸음을 돌려 다시 한국에 옴으로써 이 사건에 대한 깊은 관심과 뜨거운 열의를 몸으로 입증했다. 두번째로 한국을 방문한 그는 손에 성경을 들고 주교복을 입고서 구치소로 이우재를 면회하러 갔는데, 그 모습이 외신을 타고 세계에 보도되기도 했다.

샤프 주교 외에도 당시 독일 교회연합회의 총회장이던 폰 하일도 방한해 사건의 진상을 묻고 우리에게 지지를 약속하고 갔으며, 미국에서도 저명한 교계 인사들이 여러 차례 아카데미를 방문해 우리를 격려했다.

6월에는 인권 문제에 관심이 높았던 미국 대통령 카터가 한국을 방문했다. 나는 카터 대통령과 국내 기독교계 인사들이 만나는 자리에서 그와 인사할 기회가 있었으나, 긴 얘기를 나눌 수는 없었으므로 카터 대통령과 동행했던 홀부르크 국무부 아시아 · 태평양 지역 담당자에게 면회 신청을 했다.

홀부르크가 묵고 있던 호텔에 가서 만났는데 그는 나를 보자 "그렇지 않아도 한번 만나보려 했다"며 적극적인 태도로 맞아들였다. 그 역시 크리스찬 아카데미 사건에 대해 높은 관심을 갖고 있었던 모양이었다.

내가 사건에 대해 자초지종을 얘기하자 유심히 듣고 있던 그는 "알겠다"며 고개를 끄덕이더니 잠시 후 뜻밖에도 카터 대통령의 부인인 로잘린 여사를 이끌고 나와 인사를 시켰다. 로잘린 여사는 사회 문제에 관심이 많은 퍼스트 레이디였던 만큼 나는 그녀와 인사를 한 후 다시 한 번 우리 사건의 성격을 얘기하고 "우리 정부에 강하게 얘기 좀 해달라"는 부탁을 했다. 그들 둘은 적극적인 관심을 보이며 "그렇게 해보겠다"는 뜻을 표명했다. 후일 홀부르크를 다시 만날 기회가 있었는데 그는 "그때 우리가 한국 정부에 우리 뜻을 분명히 전달했다"고 말했다.

고문과 거짓말 그리고 재판

이같은 외국의 격려와 관심은 공판이 시작된 후에 더욱 높아져 공판 때마다 외국에서 관계자들이 파견되어 법정을 지켜보곤 했다.

갖은 우여곡절 끝에 첫 공판이 열린 것은 7월 9일이었다. 그 이후 대략 닷새에 한 번꼴로 공판이 이어졌는데, 사건에 대한 국내외의 관심이 높았던 만큼 공판 때마다 법정에는 사람들이 구름처럼 몰려들었다.

사건을 맡은 변호인단은 이세중, 황인철, 이돈명, 조준희, 홍성우, 정춘용 등이었다. 사건의 수사를 총지휘한 검사는 조모라는 사람이었는데, 나중에 서울지검의 부장 검사로 올라갔다. 사건 담당 검사들 중에는 후일 6공의 실세로 위력을 떨쳤던 박모씨도 포함되어 있었다.

나는 공판 때마다 빠지지 않고 쫓아다녔다. 죄수복을 입고 초췌한 얼굴로 법정에 서 있는 직원들을 볼 때마다 내 가슴은 타들어가는 듯했다. 내가 정보부에서 읽은 진술서로 이미 짐작은 하고 있었지만 우리 직원들이 조사 과정에서 심한 고문을 받았다는 사실은 면회한 가족들의 입을 통해 이미 5월부터 사람들에게 알려져 있었다.

나는 공판 과정을 지켜보면서 박정권이 얼마나 조직적으로 치밀하게 우리 아카데미를 공산 혁명의 소굴로 몰려고 했는지를 다시 한 번 확인할 수 있었다. 법정에서 검사는 아카데미의 중간집단 교육을 민중 혁명을 획책하는 공산주의 의식화 교육으로 몰면서 그에 대해 집중적으로 추궁을 했다.

그런데 좀 다른 얘기이긴 하지만, 그 과정을 지켜보면서 내가 착잡함을 느꼈던 것은 기소된 직원들 중 황한식을 제외한 나머지는 중간집단 교육의 이념에 대해 제대로 이해하지 못하고 있다는 점이었다. 나는 그런 모습을 보며 사태가 거기까지 이른 데 대해 원장으로서 뼈아픈 책임을 통감해야 했다.

조사 과정에서 자행된 지독한 고문 사실이 피고인들의 입을 통해 직접 폭로된 것은 변호사 반대 심문이 시작된 8월 6일 공판에서였다.

"무릎을 꿇린 채 종아리와 허벅지 사이에 각목을 끼우고 위에서 마구 밟아댔다."

"벌거벗긴 채 거꾸로 매달려 마구 매질을 당했다."

"담뱃불로 등을 지졌다."

고문이 얼마나 끔찍했던지 우리 직원들은 "차라리 자살하고 싶었다", "다시는 생각조차 하기 싫다"며 울먹였다.

결국 고문을 견디지 못해 내가 정보부에서 보았던 터무니없는 허위 진술을 할 수밖에 없었던 것이다. 나는 그런 진술을 들으면서 내가 조사받고 있는 동안 옆방에서 들려오던 고통스런 비명 소리와 "절대로 고문한 일이 없다"고 장담하던 정보부원의 천연덕스러운 얼굴을 떠올리고 다시금 소름이 끼쳐왔다.

이렇게 재판을 통해 고문 사실이 폭로되고 사건 자체가 고문에 의해 조작되었다는 비난과 구속자 석방 요구가 비등해지자 정부는 통제 아래 있던 언론을 이용해 아카데미를 지하 용공세력의 교육 기관처럼 공격하고 나섰다. 8월 18일자 『경향신문』에는 '도시산업 선교회의 정체'라는 기사가 실렸는데, 그 기사에는 얼토당토않게 수원의 아카데미 하우스가 도시 산업 선교회의 교육 기관이라고 되어 있었다.

허위로 일관된 그 기사는 수원의 사회교육원이 자료 반출도 일체 금지하면서 특수 비밀 교육을 시켜온 것처럼 보도하고 있었다. 교육 기간 중의 연회 프로그램인 봉산탈춤도 계급 투쟁을 선동하기 위한 것이라는 주장이었다. 그 터무니없는 기사에는 수원 사회교육원의 사진까지 큼지막하게 박혀 있었다.

그 기사가 나오자 우리는 이를 그대로 둘 수 없어 기사 내용을 일일이 반박하고 우리의 입장을 밝히는 해명서를 발표하고, 박준규 공화당 의장 서리에게 탄원서를 제출했다. 그러자 박준규 의장이 나를 만나자고 해서 신라호텔에서 만났다.

그는 내 얘기를 듣더니 무슨 마음에였는지 그날 밤 정창화(현 한나라당 의원)를 우리 집에 보내왔다. 그런데 정창화가 하는 말이 보통 엉뚱한 게 아니었다.

"이제 웬만하면 '전향'하고 정부에 협조하시지요. 왜 이런 고생을 사서 하십니까? 공화당 당보에 정부에서 납득할 만한 글을 하나 기고해 보면 어떻겠습니까?"

나는 하도 어이가 없어 벌컥 화를 내고 그를 돌려보냈다. 그 사람들하고 얘기를 해보겠다고 한 내가 잘못이었다.

그 얼마 후인 8월 27일 나는 크리스챤 아카데미 사건의 증인으로 법정에 서게 되었다. 돌아가는 분위기로 보아 그들 말대로 '전향'하지 않는 한 구속된 사람들에 대한 판결이 가볍지 않으리라는 것이 일반적인 예측이었으나 어쩌됐든 최선을 다해야 했다.

그날 내가 증인으로 나서 변호인과 검사, 판사의 신문에 답한 내용은 대략 다음과 같다.

변호인 크리스챤 아카데미에서는 사회주의라든지 또는 민주사회주의라든지 하는 정치 사상에 대해 어떻게 생각하는가요?

나 민주 사회주의, 사회주의 사상과 아카데미의 사상을 동일

시할 수는 없지만 전혀 배격하는 것도 아닙니다. 아카데미는 서로 다른 이데올로기를 가진 사람들이 대화를 나누는 가운데 편견과 선입견에서 벗어나 공통의 광장을 찾아가도록 하기 때문에 그런 이념을 배격한다고는 할 수 없습니다.

변호인 (중간집단의 이념이 양극화된 사회 모순을 압력과 화해로, 대화를 통해 해소하고 자유와 평등이 동시에 실현되는 인간화된 사회를 지향하는 것이라고 했는데) 빈부의 양극화 문제 같은 걸 생각해 볼 때 크리스챤 아카데미에서 실현하고 있는 해소 방안과 공산주의 방식과는 어떻게 다른가요?

나 공산주의자들은 노사 대립을 주장하고 계급 의식을 조장하여 계급 투쟁을 통한 프롤레타리아 독재를 꾀합니다. 그러나 우리는 노사간의 대립을 지양하고 상호 협조를 위해 노력합니다. 우리 아카데미의 기치는 '함께 사는 사회를 만들자'는 것입니다. 저는 오히려 우리 아카데미 운동 같은 것이 비록 그 근본적인 목적이 반공은 아니지만 결과적으로 가장 효과적인 반공 운동이 아닌가 생각하고 있습니다.

변호인 그래서 교육 시간에 그런 교육을 하고 있었다는데 그런가요?

나 예. 제가 생각하기에 우리가 구체적으로 김일성 체제의 침략을 막는 길에는 세 가지가 있다고 봅니다. 우선 물리적 힘에서 우리가 우위에 서는 일, 그리고 지하 세력을 뿌리뽑는 일인데, 이 두 가지 일은 행정부가 주관해서 할 수 있는 것입니다. 그러나 제일 중요한 세번째 것, 즉 사회의 불평 불만을 해소하는 일은 우리 같은 사람들이 나서야 합니다. 현재 우리 사회는 불평 불만이 굉장히 심한데, 그런 곳에 공산 세력이 침투하지 못하도록 교회 같은 조직이 역할을 다해야 한다는 말입니다. 우리 같은 사람들이 나서서 정당한 불만은 법의 테두리 안에서 해결하도록 도와주고 오해에서 오는 불평은 설명을 통해 오해를 풀어주어 알지 못하는 사이에 불순 세력의 유혹에 넘어가지 않도록 예방해야 하는 것이지요. 저는 우리 아카데미가 그런 일을 하고 있다고 자부하고 있습니다.

변호인 증인은 정치적인 이데올로기에 관해 특별한 관심을 가진 일이 있습니까?

나 예.

변호인 무슨 주의다, 라는 것은 생각하지 않았습니까?

나 저는 주의자를 제일 싫어합니다.

변호인 아카데미에서 벌이고 있는 교육이나 운동이 정부의 새마을 운동이나 노총과 충돌이 생긴다거나 하는 그런 일은 없었습니까?

나 우리는 참가자를 통제하지 않습니다. 그래서 참가자들 사이에서 그런 얘기가 나올 수도 있습니다만 참가자 중에는 새마을 지도자로 훈장을 받은 사람도 많습니다. 또 노조 교육 참가자는 노총에 의뢰해 추천받고 있습니다. 노총에 문제가 많은 것은 알지만 알력은 없습니다. 우리는 기본적으로 교육 참가자들에게 정부 시책을 전부 따르라든지 반정부 운동을 벌이라든지 하며 일방적으로 지시하고 주입하는 게 아니라 자기들이 스스로 문제를 깨닫고 합리적으로 해결 방안을 찾도록 돕는 데 그치고 있습니다.

변호인 상 피고인들 중 정창열을 제외한 아카데미 간사들은 각 분야에서 각자 크리스챤 이념을 충실하게 이행한 것으로 봅니까?

나 예, 굉장히 충실하게 해왔습니다.

변호인 증인과 피고인 간사들 사이에 이념적인 갈등 같은 것은 없었는지요?

나 그런 사실은 없습니다. 우리는 자유롭게 토론을 많이 하는데, 피고인들 나이가 본인보다 젊기 때문에 평소 진보적인 점이 있으나 그렇게 차이가 나지는 않습니다.

변호인 개인적인 사상면에서 피고인들이 좀 의심스러웠던 적이 있습니까?

나 그런 의심은 한 적이 없습니다. 이우재의 경우, 하루는 제 방에 와서 "앞으로 공산주의가 교묘하게 침투될 때 사상적으로 막을 수 있는 공산주의 비판 교육을 시켜야겠다"고 해서 좋다고 한 일이 있습니다. 그래서 양호민 선생이 와서 강의를 한 것으로 알고 있는데, 그후 이우재가 다시 나를 찾아와서는 "그런 강의는 우리같이 공부를 많이 한 사람들한테는 잘 이해가 되지만 교육 수준이 낮은 사람들은 알아듣기 힘듭니다. 그러니 원장님이 해방 직후에 실제로 공산당이 농촌에 어떻게 침투해서 활동했는지를 실감나게 말씀해 주십시오" 하고 부탁을 해왔습니다. 그래서 제가 직접 겪었던 부안·김제 농민 소요 사건을 구체적으로 얘기해준 적이 있습니다. 그후 이우재는 저에게 와서 "원장님, 그 얘기가 잘 먹혀 들어갑니다. 앞으로도 그런 얘기 좀 많이 해주십시오"라고 말한 일이 있습니다.

변호인 그래서 이 사건의 공소장 내용과는 달리 이우재 피고인조차 평소에 반공 교육에 관심을 갖고 있었다는 말인가요?

나 예.

변호인 공소장을 보면 피고인들이 공산주의에 관한 몇 가지 서적을 읽었다는 사실이 중요하게 취급되고 있는데, 반공 사상 함양을 위해서나 교양을 위해서나 그런 책을 읽는 것에 대하여 지식인으로서 어떻게 생각합니까?

나 우리 직원들은 거의 대학원을 졸업한, 사상이 확실한 사람들입니다. 저는 공산주의가 침투될 가능성이 있는 계층의 사람들을 교육하자면 그것을 극복하기 위해서라도 공산주의 이론을 알아야 한다고 생각합니다. 저는 평소에도 교수나 성직자, 대학교 이상 졸업자들은 공산주의 관계 서적을 읽어도 좋지 않느냐고 생각하고 있었고 또 그런 내 생각을 당국에 건의한 일도 있습니다. 그때 제가 듣기로는 그런 사람들이 연구를 목적으로 하여 읽는 것은 위법이 아니라고 들은 것 같은데, 그렇다면 저는 법을 잘 모르지만 피고인들의 경우는 문제될 것이 없지 않은가 하고 생각합니다.

변호인 증인은 크리스챤 아카데미의 책임자로서 실무를 맡고 있는 간사들이 반공법으로 재판을 받고 있는 점에 대해 소감이 있다면 말해보시오.

나　첫째로 (아카데미 활동에 관련된) 정보부의 발표나 검찰의 기소 내용이 우리 아카데미와는 아무런 관계가 없다는 것을 명백하게 법적으로 심판할 줄 믿습니다. 그러나 3월 9일 이래 아카데미의 활동 전 분야가 수사를 받아왔고, 그 결과 우리의 모든 프로그램이 완전 중지되어 있습니다. 그 동안 우리가 하는 일이 나라를 건전하게 발전시키는 길이고 공산주의를 막는 길이라는 소신을 가지고 많은 애를 써왔는데, 이제 이렇게 완전히 풍비박산이 났으니 뭐라고 표현할 수 없을 만큼 착잡합니다.

검사　상 피고인 한명숙과 이우재가 실정법 위반으로 재판받은 일이 있는데, 그 사실을 알고 그들을 간사로 채용했나요?

나　이우재의 경우는 이번 사건 후에 알았으며 한명숙은 그 남편 박성준이 재판받을 때 본인이 증인으로 나간 일이 있어 그 당시에 알았으나 사상적으로 의심할 만한 일은 아니라고 생각했습니다. 이우재도 유죄 판결은 안 받은 것으로 압니다.

검사　아카데미에서 노동조합 간부와 농촌 지도자들에게 어떤 교육을 시켰고, 그들이 현장에 가서 어떤 식으로 해야 양극화 현상이 해소되는지 그 점에 대해 말하시오.

나　양극화를 해소한다는 것은 압력과 화해로 서로 대등한 관계에서 협조하도록 한다는 겁니다. 노사간에도 대립 아닌 협조를 찾는 것, 노동자·농민만이 못사는 사회가 되어도 안 되고 그들만이 권리를 누리는 사회가 되어서는 안 되는, 다시 말해 함께 사는 사회를 지향하는 게 우리의 교육 방향입니다.

검사 지난번 법정에서 나온 노래를 보니까 재벌이나 농협에 대한 적개심을 부추기는 내용으로 되어 있던데, 그것이 과연 균형을 지키도록 하는 것인지, 또 약한 자에게 힘을 길러주는 것과는 어떤 관계가 있는지요.

나 우리 교육은 주입식 교육이 아닙니다. 그런 노래는 교육생들이 스스로 가사를 만들어 붙인 것이지 우리가 가르친 것이 아닙니다. 그리고 우리는 기본적으로 그들의 자발적 활동을 통제하지 않습니다.

판사 아카데미의 중요 실무자들이 북괴에서 대남 선전용으로 만든, 따라서 불법적으로 반입되었을 책들을 돌려가면서 보고 공부를 했다면 이것은 아카데미 교육과 관련하여 당연히 할 일을 한 것인가요, 아니면 그 점은 좀 잘못된 것인가요?

나 어떤 가정, 즉 '만일에 ……이 되었다면' 하는 가정에 대해서는 답변할 수 없습니다.

판사 책의 내용이 남조선과 북조선을 비교해서 남조선의 자본주의는 반드시 멸망하게 되어 있고 미 제국주의는 몰아내야 되고 김일성 수령의 영도 아래 통일이 되어야 한다는 그런 책을 보고 노트하며 공부했다면 어떻게 생각하는가요?

나 위 내용의 그 책이 바로 『현대사상연구』라는 것을 제가 직접 읽어보기 전에는 시인할 수 없습니다. 그리고 저는 그들이 과연 그런 내용의 책을 읽었는지 의심하지 않을 수 없습니다.

말썽 많은 재판 과정을 거쳐 1심 선고 공판이 있던 날은 9월 22

일이었다. 재판이 진행되는 동안 NCC를 비롯한 종교·사회 단체들은 고문을 문제삼아 구속자 석방 청원 운동을 활발히 벌였으나, 선거 공판에서 대부분의 공소 사실이 그대로 인정되어 피고인들에게 중형이 언도되었다. 이우재는 징역 및 자격 정지 7년, 한명숙은 징역 및 자격 정지 4년, 장상환과 신인령은 징역 및 자격 정지 3년 6월, 황한식과 김세균은 징역 및 자격 정지 2년, 정창열은 징역 및 자격 정지 1년 6월이었다.

이처럼 무거운 형량이 떨어지자 변호인단은 곧 항소에 착수했다. 그런데 그런 와중에 YH사건과 부마사태 등 극단적 말기 증상을 보이던 박정권에 결국 조종이 울리고 말았다. 박정희 대통령이 김재규 중앙정보부장에게 피살된 10·26사건이 발생한 것이다.

독재자의 비극적인 죽음

10월 27일 아침 나는 새벽잠에 빠져 있었다. 갑자기 전화벨 소리가 요란하게 울렸다. 받아보니 조향록 목사의 흥분된 목소리가 울렸다.

"빨리 라디오를 틀어봐!"

박대통령이 서거했다는 급보가 아나운서의 다급한 목소리에 실려 반복 보도되고 있었다. 나는 느닷없는 소식에 정신이 멍하면서도 그것을 어떻게 받아들여야 할지 몰라 한동안 생각의 갈피를 잡지 못했다.

우선은 하나님이 우리 민족을 독재에서 해방시켜 주시는구나 하는 생각에 기쁘면서도 다른 한편으로는 대통령이 총에 맞아 죽었다는 사실에 이 나라가 앞으로 어떻게 될 것인지 걱정부터 앞섰다. 아카데미 사건으로 우리가 당한 것을 생각하면 속이 시원하기도 했으나, 18년간의 장기 집권 후 갑자기 도래한 무질서의 공백을 어떻게 헤쳐나갈 것인가 하는 게 가장 큰 문제로 느껴졌다.

그런 생각을 하자 나는 아카데미 사건으로 우리의 모든 활동이 중지되고 그간 쌓아온 성과마저 깨져버린 현실이 그렇게 분할 수가 없었다. 사실 중간집단 교육을 포함한 아카데미의 모든 활동은 예측할 수 있는 독재 정권의 비극적 종말에 대비해 장기적으로 그 대처 방안을 구축해온 것이라고 할 수 있었다.

만약 아카데미가 타격을 입지 않고 그때까지 제대로 활동을 벌였다면 10·26 이후의 공백기에 의미 있는 역할을 할 수 있었을 것이다. 극좌와 극우 세력을 배제하고 민주화의 질서를 잡는 데 견인차 노릇을 할 수 있었을 것이라는 게 지금도 변함없는 내 생각이다.

그러나 안타깝게도 10·26 당시 우리가 쌓아온 중간집단 교육의 성과는 아카데미 사건을 계기로 그 싹이 완전히 잘려나간 상태였다. 수백 명의 노조 간부, 농촌 지도자들이 연행되어 조사를 받고 다시는 아카데미와 관계하지 않겠다는 서약서를 쓰고 풀려났을 뿐 아니라, 그후 정부의 탄압으로 현장에서 영향력을 많이 상실하고 있었다. 그런 것을 생각하면 안타까움에 더욱 심한 허탈감을 느끼기도 했으나 이왕 벌어진 일을 돌이킬 수는 없는 노릇이었다.

나는 박정희 대통령의 빈소에 조문도 가고 장례식에도 참석했다. 그러면서 그와 나의 관계에 대해, 특히 그에 대한 나의 태도를 조용히 반추해보게 되었다.

그와 나는 동갑으로 같은 시대를 살아온 사람이다. 최고 집권자와 일개 목사로 만난 그와 나의 인연은 처음에는 그리 나쁘지 않았지만 갈수록 악화되었고, 결국 내가 재판정을 드나드는 사이 그는 술자리에서 살해당하는 것으로 끝이 났다.

물론 나는 그를 독재자로 규정하고 그에 대해 시종 부정적인 태도를 견지해왔던 만큼, 그의 업적에 대한 평가도 우리 역사에 적자로 기록될 것이라는 믿음에는 흔들림이 있을 수 없었다.

하지만 그의 죽음을 보면서 냉정하게 나 자신을 반성해 보니 내 시각에도 오류와 편견이 없었던 것은 아니었다. 비록 민주화를 후퇴시킨 장본인으로 군사 독재와 빈부 격차, 환경 오염 등 숱한 문제를 낳기 했지만 그래도 기적에 가까운 경제 발전과 국민들에게 '할 수 있다'는 자신감을 갖게 한 일 등은 그가 남긴 업적이었다. 그 자신 가난한 농민의 아들로 태어나 민족을 기아선상에서 해방하고 산업화 시대에 최저 소득 국가를 세계가 주목할 정도로 발전시킨 공로 등을 고려하면 그 당시의 나의 판단에도 편견이 있었음을 인정하게 된다.

그런데 나는 그의 업적을 인정하는 데는 너무 인색했고 비판에만 쏠려 있었던 것은 아니었나 하는 것이 기독교도로서 내가 했던 반성이었다.

아카데미 반공법 사건 그후

내가 걱정했던 대로 박대통령의 갑작스런 죽음 이후 12·12사태 등으로 정국이 온통 혼란 속에 빠져든 가운데 1980년 1월 30일, 아카데미 사건 항소심 판결이 있었다.

항소심에서는 불법 용공 비밀 서클 결성 부분이 무죄로 판정되었으나 황한식, 정창열에게만 무죄가 선고되었고 이우재는 징역 및 자격 정지 5년, 한명숙 징역 및 자격 정지 2년 6월, 장상환 징역 및 자격 정지 2년, 신인령 징역 및 자격 정지 2년에 집행유예 3년, 그리고 김세균은 선고 유예로 판결이 내려졌다. 그로써 네 명은 석방되었으나 나머지 세 명은 계속 구속된 상태에서 재판은 대법원으로 올라갔다.

대법원 판결을 앞두고 아카데미와 가족회는 대법원장 앞으로 무죄 석방을 요청하는 진정서를 보내기로 하고 각 정당과 사회단체, 그리고 이 사건에 관심 있는 사람들에게 서신을 보내 진정서에 서명해 줄 것을 요청했다.

이러한 광범위한 각계 인사들의 진정에도 불구하고 5·17 열흘 후, 즉 광주 항쟁이 끝나가던 5월 27일에 있었던 대법원 판결은 항소심대로 형을 확정짓고 말았다. 이로써 아카데미 사건은 법적으로 완전히 마무리되었으며 이후 이어진 격동의 역사 속에 묻혀 버리게 되었다.

대법원에서 형이 확정된 후 장상환은 1981년 4월 형기를 마치고 출소했으며, 한명숙은 형기를 두어 달 앞둔 1981년 8월 15일

석방되었다. 그리고 그로부터 1년 후인 1982년 8월 15일에는 마지막으로 남아 있던 이우재도 석방됨으로써 관련자 모두가 자유의 몸이 되었다.

직원들의 구속과 함께 우리한테 교육을 받고 현장에서 활동하던 수강생 700여 명도 불려가 조사를 받고 서약서를 쓰는 등 더 이상 활동을 못하게 되면서 우리 중간집단 교육도 중단되고 말았다. 나는 우리 교육이 계속되었더라면 1980년 봄의 혼란을 피하고 5·18비극과 군사 정부의 등장을 막는 역할을 할 수 있지 않았을까 생각하며 흥분하기도 했다.

이 사건으로 고문당하고 옥살이를 했던 여섯 명이 오늘도 현장에서 중요한 몫을 다하고 있는 것을 보면 나는 참으로 흐뭇함을 느낀다.

제일 중형을 받았던 이우재는 그후 정치에 뛰어들어 민중당 대표, 신한국당 부총재를 거쳐 지금은 한나라당 국회의원으로 활약하고 있다. 다만 농촌운동에서 손을 뗌으로써 우리 농촌교육 수강생들의 맥이 끊긴 것이 유감이다. 김세균, 황한식, 장상환은 대학 교수로 활동하고 있다.

여섯 사람 중에서 신인령과 한명숙에 대해서는 남다른 가시밭길을 걸어온 여성이기에 좀 자세히 소개하고 싶다. 두 사람 모두 그 살아온 이야기가 드라마 같고 소설 같은 이야기의 주인공이다.

한명숙(전 여성부 장관, 현 환경부 장관)은 대학생 시절 우리 교회에 다니다가 역시 우리 교회에 나오던 서울대 상과 대학생

박성준과 결혼했다. 결혼하자마자 남편은 통일 혁명당 사건으로 15년 형을 받고 긴 수감 생활에 들어갔다. 그 남편을 뒷바라지를 해온 한명숙은 크리스챤 아카데미 사건이 일어났을 때 가장 먼저 끌려가서 '반공법 위반 혐의'로 지독한 고문과 공포를 견뎌낸 여걸이다. 그러나 성품 자체는 그녀의 인상만큼이나 부드럽고 온유하며 감성도 매우 풍부하다.

결혼하자마자 감옥으로 들어간 남편을 의리 있게 뒷바라지해 왔던 한명숙은 남편이 출감한 후 오랜 고생에 지친 탓인지 지병으로 시달리면서도 늦게 귀한 아들을 낳았다.

여성민우회 등을 통해 여성운동에 전력해온 한명숙은 김대중 정부 들어와서 우리나라 최초의 여성부 장관으로 발탁되어 열심히 일해왔으며 노무현 정부 들어와서는 환경부 장관으로 일을 계속하게 되었다.

그 고된 시련을 겪고도 항상 미소를 잃지 않고 큰 일을 잘해내는 그를 볼 때마다 무척이나 자랑스럽다.

현재 이화여대 총장으로 있는 신인령은 1964년 이대 법대 학생회장이었던 시절 내가 이대 법대에서 닷새 동안 했던 강의를 듣고 나를 따르게 되었다. 신인령은 개교 기념일 행사에서 5·16을 비난하는 내용의 연극을 준비하여 발표함으로써 일대 파란을 일으킨 인물이다.

그때까지 이화여대에서는 정치적인 활동을 거의 보여주지 못했기 때문에 이 사건이 일으킨 파장은 대단했다. 신인령은 정부의 압력으로 학교에서 제명되고 수배를 피해 도피 생활을 하기도 했다. 그때 나는 대전 근교의 산에 있는 한 절에 몸을 피하도록 주선해주기도 하고 YWCA에서 일하는 그녀의 친구를 통해 몰래 만 원, 2만 원 정도의 적은 용돈을 건네기도 했다.

신인령은 나중에 제적이 풀려 어렵게 복학하여 졸업을 했지만 진로 때문에 고민을 했다. 그가 졸업하던 무렵 나는 제네바에서 회의에 참석하고 있었는데, 난데없이 그곳으로 편지가 날아왔다.

'목사님 덕택에 졸업은 하지만 갈 데가 없습니다.'

나는 제네바에서 답장을 띄웠다.

'졸업하면 무조건 아카데미에서 일하도록 해라.'

처음 신인령이 아카데미에서 한 일은 사람들의 명단을 조사하는 것 같은 지루한 작업이었다. 그러다 수원 사회교육원에서 중간집단 교육을 실시하게 되면서 나는 여성교육을 맡아보라고 권했다. 그러나 그의 생각은 다른 모양이었다.

"저는 여성교육보다는 노동조합 교육을 맡고 싶습니다."

가녀린 체구에 몸도 약한 그가 거친 남성 노동자들을 어떻게 상대할까 싶어 놀라기도 하고 걱정도 되었지만, 본인이 원했으므로 노조교육을 맡기기로 했다.

그리하여 1970년대 우리 사회에 여러 사건을 불러일으킨 노조 간부 교육을 신인령이 맡게 되었는데 체구도 작은데다 실제 나이보다도 어려 보이는 여성이었지만 주로 남자들이 많은 노조 간부 교육을 아주 훌륭히 이끌어 나갔다.

그녀의 지도력은 노동자들을 열성적으로 교육시키고 격려하면서도 노동자가 주인공임을 결코 잊지 않는 겸손함과 헌신성에 나왔다고 할 수 있다.

아카데미에서 교육을 받았던 노동자들은 교육이 끝난 뒤에도 후속 프로그램으로 '노동 사례 연구회'를 만들어 연구 활동을 계속해나갔는데, 이들의 뒷바라지 역시 신인령 간사의 몫이었다.

1979년 크리스찬 아카데미 사건으로 잡혀들어가 혹독한 고문을 받은 신인령은 1년여 재판을 치르면서 검사와의 논쟁으로 방청석을 놀라게 하기도 했다.

노동법을 전공한 신인령은 미국 유학을 다녀온 후 이대 교수가 되어서도 노동자의 대모 노릇을 게을리하지 않았고 학생들에겐 존경받는 교수가 되었다. 이화여대 총장이 된 후 자기 몸에 안 맞는 옷을 입은 것 같다고 하지만 다만 몸이 약한 것이 걱정이지 나는 그가 훌륭한 업적을 남기리라고 믿는다.

크리스찬 아카데미 사건의 배후는 박대통령?

이 사건이 끝난 후 나는 나름대로 사건의 배후를 알아보려고 무척 노력을 했다. 그 결과 정확한 시나리오는 알아내지 못했어도 믿을 만한 소식통으로부터 몇몇 정보를 얻어들을 수는 있었다.

정보에 의하면 박대통령은 크리스찬 아카데미 사건에 직접 지시를 내리는 등 적극적으로 개입을 했다고 한다. 정보부장 김재규를 불러 나를 철저하게 조사하라는 지시를 내려 김재규가 그 지시를 받고 "그 사람의 국내 위치도 그렇고 국제적으로도 WCC나 독일과 긴밀한 관계가 있어 사건이 나면 곤란할 것"이라고 재고해줄 것을 요청했다고 한다. 그런데도 박정희는 듣지 않았고 나를 반공법이 아니라 국가보안법으로 처리하라고 지시했다는 것이다.

그래서 김재규가 별로 내켜하지 않으면서도 공작을 꾸며 일을 진행시켰는데, 나와 잘 아는 사이로 당시 청와대 비서실장으로 있던 김계원이 그 일에 다시 제동을 건 모양이었다.

내가 정보부에 잡혀가 조사를 받고 있을 때 그는 박대통령에게 이렇게 보고했다고 한다.

"아무리 그 사람을 조사해도 반공법으로 잡을 만한 증거를 찾지 못하고 있습니다. 공연히 국내외적으로 시끄러워지기만 하고 있습니다."

그러자 박대통령의 대답이 묘했다.

"천만 다행이군. 그럼 풀어주지."

무엇이 다행이라는 건지 나는 아직도 그 뜻을 제대로 짐작하지 못하고 있지만 어쨌든 그 사건으로서 그와 나의 길고 긴 악연은 끝난 셈이었다.

지금 돌이켜보면 아카데미 사건이 인혁당 사건처럼 크게 확대되지 않고 우리 직원들이 더 이상 다치지 않고 그 정도로 마무리된 데는 국내외 민주 단체들과 민주인사들의 성원이 제일 컸지만 김재규와 김계원, 이 두 사람이 박대통령 옆에서 어떻게든 제동을 걸어보려고 노력한 점도 작용한 것 같다.

돌이켜 보면 박대통령과 나는 같은 해에 이 땅에서 태어나 묘한 인연으로 서로 만나게 되었다. 그는 무소불위의 권력으로, 나는 그 권력에 대항하는 처지로 같은 시대를 다르게 살았으며, 그는 나를 감옥에 잡아넣기 위해 발버둥치다 자신이 먼저 이 세상을 하직하고 말았다.

그가 통치했던 18년간은 내 머릿속에 전형적인 빈들로 남아 있다. 경제 만능주의, 권력 지상주의가 활개를 치는 빈들. 그는 그 빈들에서 권력과 황금을 좇는 사냥꾼이었다. 그가 지배하는 빈들에서 많은 사람들이 고통으로 신음했고, 억울하게 죽어갔다. 그러나 가장 외롭고 비참하게 죽음을 맞이한 사람은 다름 아닌 그 자신이었다.

잔인한 5월공화국

신군부세력의 등장

10·26 이후 전국에 비상 계엄이 선포되고 정국은 권력의 공백으로 갈피를 잡을 수 없는 상태였지만 민주화에 대한 국민의 기대는 점차 높아만 가고 있었다. 그렇게 충격과 기대 속에 1979년이 저물어 가고 있었다.

대통령직에는 총리이던 최규하가 통일주체 국민회의에 의해 후임으로 선출되어 직무를 맡고 있었으나 최규하 정부는 통치력의 결여로 위기 관리에 역부족이라는 게 일반적인 인식이었다. 따라서 정국은 권력의 향방이 분명치 않은 채 계속 안개 속이었다.

그러던 12월 12일 밤이었다. 그때 나는 집에 있었는데 연세대의 이기택 교수로부터 전화가 왔다.

"목사님, 지금 중대한 일이 벌어지고 있습니다. 보안사령부에서 정승화 참모총장을 치러 들어갔다는데 상황이 심상치 않습니다."

"뭐라고요? 그게 무슨 소리요?"

"저도 자세한 내막은 아직 잘 모르겠습니다. 다른 전화는 받지 말고 기다리시면 제가 소식을 듣는 대로 연락 드리겠습니다."

이기택 교수는 국방 관계 정보에 정통하기로 이름이 난 사람이었다. 분위기를 보니 평소 가깝게 지내던 군 관계자로부터 급보를 받고 사태가 심상치 않다고 느껴 전해준 것 같았다.

이교수에게서 다시 전화가 온 것은 바로 얼마 후였다.

"지금 막 총소리가 났습니다. 거기도 들립니까? 정승화측과 전두환 보안사령관측 사이에 총격전이 벌어졌습니다."

그날 밤 이기택 교수는 다급한 목소리로 사건이 전개되는 내용을 속속 전해 주었다. 그 사건이 바로 민주화의 기대를 여지없이 무너뜨리고 신군부 세력이 등장하는 계기가 된 12·12사태였다. 나는 그날 밤 이교수의 전화를 받으며 뜬눈으로 밤을 새웠다.

'마침내 군이 나섰구나.'

나는 난감함과 절망감을 느끼며 13일 새벽을 맞았다.

서울의 봄과 양 김씨

박대통령의 갑작스러운 죽음으로 당시 정국이 충격과 혼미 속에 있다고는 해도 10·26사건 수사는 순조롭게 진행되고 있었고, 12월 8일에는 악령 같던 긴급조치 9호도 해제되어 민주화 논의가 활발하게 전개되기 시작하는 등 희망이 없지는 않았다. 그런데 갑자기 12·12사태가 터졌으니 나는 그것을 '군의 반란'이라고 생각할 수밖에 없었다.

뚜렷한 명분도 없이 권력욕에 사로잡힌 정치 군인들에 의해 다시 18년 전의 비극이 되풀이되는 것은 아닌가 하고 생각하니 견디기가 힘들었다. 군부 독재의 긴 터널을 지금 막 빠져나온 우리 앞에 다시 새로이 군부가 기다리고 있다는 건 너무나 잔인한 운명처럼 보였다.

'과연 이 나라가 어떻게 될 것인가.'

걱정과 두려움으로 가슴이 답답했던 사람은 나만이 아니었을 것이다.

다음날인 13일이 되자 12·12사태에 관한 노재현 국방장관의 발표가 있었다. 그는 12월 12일 저녁 7시경 박대통령 시해 사건의 조사 과정에서 김재규가 숨기고 있던 새로운 사실이 발견되어 그 진부를 확인하기 위해 육군 참모총장 공관으로 출동하여 정승화 계엄사령관을 연행, 조사 중이라고 밝혔다.

노장관은 또 시해 사건과 관련된 일부 군장성도 구속 조사 중이며, 13일 새벽 2시 국방부 청사에서 계엄군 초병 사이에 충돌이 있었다고 밝히고, 군은 새로운 지휘 체제를 확립하여 임무 수행에 만전을 기하고 있다고 말했다. 정부는 새 육군 참모총장 겸 계엄 사령관에 이희성 육군대장을 임명했다.

군부 내에 중대한 변화가 일어난 것이 틀림없었다. 나는 아무래도 앞날이 심상치 않아 수수방관만 하고 있을 수가 없어 13일에 김영삼 신민당 총재에게 전화를 해 그를 남산의 모처에서 만났다.

나는 그에게 우선 지난밤의 사태에 대해 얘기해 주었다.

"지금 군의 움직임이 심상치 않아요. 아무래도 군이 나서려고 하는 것 같으니 이럴 때 정치인들이 군에게 구실을 줘서는 안 됩니다. 우선 김총재 당신과 김대중 씨, 그리고 김종필 씨 셋이서 공동 전선을 취해야 합니다. 그런 다음에 학생과 시민들에게 '군인들에게 다시 정권을 넘겨주지 않으려면 우리를 믿고 기다려 달라'고 호소를 하십시오. 그리고 정부에 대해 계엄령 해제를 강력히 요구하세요. 계엄령을 해제시킨 다음엔 우선 학생들을 진정시키고 가능한 한 빨리 개헌을 한 후 대통령 선거를 실시해야 합니다.

선거가 실시되면 김종필 씨와는 갈라서게 되겠지만 김대중 씨와는 절대로 갈라지면 안 됩니다. 두 사람이 반드시 힘을 합쳐야 하는데, 그 방법은 한 사람은 당권을 맡고 다른 한 사람은 당적 없이 대통령 후보로 나서는 겁니다. 그러면 틀림없이 당선이 될 겁니다. 그렇게 한 사람은 대통령이 되고 또 한사람은 당권을 맡아 한 2년 간 정치 안정에 주력한 다음에 당권을 맡았던 사람이 그 다음 선거에 입후보하면 좋지 않겠습니까? 그리고 한 가지 더 덧붙인다면, 그런 일을 시작하기 전에 4·19 이후 민주당 구파였던 김총재와 신파였던 김대중 씨가 대립함으로써 군사 혁명을 초래한 구실이 되었다는 것을 국민 앞에 함께 밝히고 사과하면서 다시는 그런 과오를 되풀이하지 않겠다는 약속을 하는 것이 좋을 것 같습니다."

"좋은 말씀 고맙습니다."

"이런 내 제의를 받아들일 수 있다면 내가 두 분 사이에서 일이 성사되도록 적극적으로 돕겠습니다."

"목사님, 김대중 씨나 나나 지난 18년간 어떻게 살아왔습니까? 우리는 다 하나님의 은혜가 없었다면 죽었을 목숨들입니다. 우리가 그 은혜를 저버릴 수 있겠습니까? 그러니까 우리 두 사람 사이는 너무 걱정하지 마십시오."

"총재님의 그런 말씀을 들으니 기쁩니다. 그렇다면 만약 하나님의 뜻이라면 김총재께서 먼저 대통령 후보를 포기하고 당권을 맡을 수 있겠습니까?"

"그건 여기서 내 마음대로 결정할 문제가 아니지요. 그런 건 전당대회를 열어 그 결정에 따라야 하는 겁니다."

"물론 옳으신 말씀입니다. 하지만 노파심에서 드리는 말인데 전당대회에서 경쟁이 과열되면 또 1963년 선거에서처럼 야권이 분열되어 비극적인 결과가 나오지 않을까 걱정이 앞서서 하는 말입니다."

"충분히 알아들었습니다. 앞으로 제가 김대중 씨하고 깊이 상의해서 잘 결정해 보겠습니다."

그 다음날인 14일은 매섭게 추운 날이었다. 나는 그날 김대중과 만나기로 약속을 하고 동교동으로 찾아갔다. 그는 그때 긴급조치 9호 해제와 함께 가택 연금이 풀려 정치 활동을 자유롭게 재개한 참이었다. 이미 그의 집에는 수많은 지지자들이 버스까지 타고 몰려와 발 디딜 틈을 찾기 어려울 지경이었다.

나는 이희호의 안내로 그를 주방에서 만나 얘기를 시작했다.

김대중은 그의 스타일대로 처음부터 얘기를 정치적으로 끌고 나갔다.

그런데 그는 12·12사태에 대해 별로 심각하게 생각하지 않고 있었다. 그날 그가 내게 얘기한 요점은 간단히 말해 "계엄령이 해제되면 개정된 헌법에 따라 곧 대통령 선거에 들어갈 것이고, 그렇게 되면 내가 대통령에 당선될 것"이라는 것이었다. 나는 그의 발언에 제동을 걸지 않을 수 없었다.

"그런데 당신이 착각을 하고 있는 건 아닌지 모르겠습니다. 당신이 나보다 잘 알겠지만 박정희 정권은 당신을 탄압하면서 갖은 방법을 동원해 당신을 공산당으로 몰았고 그게 상당한 효과를 봤어요. 특히 군에서 갖고 있는 당신에 대한 거부감은 상당합니다. 그런데 군이 당신을 대통령이 되게 내버려두겠습니까? 당신을 아껴서 하는 얘기인데 내 말을 잘 들어보시오."

그리고 나는 김영삼 총재에게 했던 말을 그대로 해주고 이렇게 덧붙였다.

"우선 당신이 당권을 맡고 김영삼 총재를 후보로 내세워 그를 적극 지지하십시오. 특히 호남 지역을 다니면서 그의 지원 유세를 해야 합니다. 이겨도 압도적으로 이겨야 하는데 그렇게 하지 않으면 김영삼 씨는 당선이 어렵습니다. 이번엔 전력을 다해 김영삼 총재를 돕고 다음에 당신이 나서면 좋지 않겠습니까?"

"그런데 목사님이 군 얘기를 하셨지만 군의 생리를 잘 모르시는 것 같습니다. 군인들은 통수권자에게 절대 복종하는 사람들입니다. 지금까지 박대통령이 통수권자였으니까 그에게 충성을 보였지만 이제는 상황이 다릅니다. 군 지휘관들은 이제 누가 통수권자가 될 것인지를 알고 있습니다. 이미 그 사람들이 내게 선을 대서 지지하고 충성하겠다는 약속을 해오고 있습니다. 그 점에 대해서는 걱정하지 마십시오."

가만히 들어보니 '이 사람이 정보를 잘못 들어도 보통 잘못 듣는 게 아니구나' 하는 생각이 들었다. 당시 그 측근 중에는 새로운 군부 실세들과 줄이 닿는 사람이 있었는데, 그 사람이 잘못된 판단을 내리고 있는 것이 아닌가 하는 게 내 짐작이었다.

나는 김대중에게 마지막으로 이런 얘기를 전했다.

"김선생, 내가 여기 오기 전에 양호민, 김점곤 이런 사람들 예닐곱 명과 시국에 대한 얘기를 나눴습니다. 그런데 그 사람들이 입을 모아 하는 얘기가 만약 당신이 지금까지 내가 얘기한 그런 식으로 하지 않고 야권을 분열시킨다면 결과는 뻔하다는 겁니다. 다시 말해 군인들이 그대로 두지 않을 것이고 돌이킬 수 없는 결과를 초래할 것이라는 거죠. 그건 나도 그렇게 생각합니다."

"목사님, 이렇게 찾아와서 좋은 말씀 해주시는 성의는 고맙습니다만 제 말도 들어보십시오. 지금 저보고 김영삼 씨를 먼저 대통령으로 밀고 그 다음에 제가 나서라고 하셨지만 그건 정치라는 걸 몰라서 하시는 말씀입니다. 정권이란 원래 잡는 거지 내놓는 게 아니고, 특히 한국 같은 상황에서 누구든 한 번 정권을 잡으면 쉽게 내놓을 것 같습니까?"

사실 그의 얘기는 정치가로서 틀린 게 아니었다. 나도 현실적으로 그의 지적을 부인하기가 힘들었다. 그러나 두 김씨가 힘을 합치는 방법말고는 군인들을 막을 길이 없는 현실을 생각하니 참으로 답답한 심정이었다.

뜻밖에 찾아온 세배 손님

1980년 1월 1일 새해 첫날이었다. 한치 앞을 내다보기 힘든 혼미한 정국처럼 시야를 가리며 눈발이 휘날리고 있었다. 크리스챤 아카데미 사건 때문에 그랬는지 그해에는 유달리 세배하러 오는 사람이 많았다.

손님들을 맞느라고 정신이 없는데 보안사에서 전화가 왔다는 전갈이 왔다. 도대체 무슨 일일까 의아한 마음으로 긴장한 채 수화기를 받았다.

"강원용 목사님이시지요? 드릴 말씀이 있어서 전화드렸습니다. 저희 전두환 보안사령관께서 세배를 드리고 싶다는데 가뵈어도 괜찮겠습니까?"

나는 수화기에서 들리는 엉뚱한 소리에 내 귀를 의심하지 않을 수 없었다.

"세배를 오신다구요?"

"그렇습니다."

"아니 세배야 누구든 오시면 고맙지만 저는 그분을 알지도 못하고 또 그분이 지금 굉장히 중요한 일을 맡고 있어서 매우 바쁠 텐데 왜 여기까지 세배를 오시겠다는 건지 잘 모르겠군요."

"알겠습니다. 그러면 15시 30분에 세배하러 가겠습니다."

나는 수화기를 내려놓고도 방금 들었던 말이 도무지 이해가 안 가 한동안 정신이 멍했다. 나는 정말 전두환이라는 사람과는 일 면식도 없는데, 왜 나를 찾아오겠다는 것인지 아무리 생각해도 그 이유를 짐작할 수가 없었다. 그가 12·12사태로 새롭게 떠오른 군부 실세라는 사실은 알고 있었지만 10·26 이전에는 이름도 들어본 적이 없었다.

내가 그의 존재를 처음 알게 된 것은 계엄사 합동수사본부장으로서 10·26사건을 수사하고 그 결과를 발표할 때 텔레비전과 신문을 통해서였다. 그때 그는 공수단원들이 입는 옷 같은 것을 입고 나왔는데, 나는 그 모습을 보며 '이제 저런 사람들의 세상이 되는구나' 하는 생각에 기분이 우울했다.

하여튼 오후 세 시가 되자 세검정 우리 집 주변은 상명대학교 입구부터 군인들이 죽 늘어서 경호 태세에 들어가기 시작했다. 동네 사람들이나 세배하러 온 사람들은 내가 잡혀가는 줄 알고 확인하느라고 난리였다. 그러니 공연히 나도 마음이 편치 않았다.

약속 시간이 되자 전두환 사령관이 부하들과 함께 정확히 우리 집에 모습을 드러냈다. 텔레비전에서 본 얼굴 그대로였지만 훨씬 활달한 인상이었다. 나는 얼떨떨한 기분으로 신년 인사를 나누고 그와 마주앉았다.

"바쁘실 텐데 이렇게 와주셔서 영광입니다만 어떻게 제게까지 세배를 오셨습니까?"

"아, 제가 목사님만 찾아 뵙는 건 아니고 나라의 지도자 되시는 분들을 두루 찾아뵙고 인사를 올리고 있습니다. 한양대학교의 김연준 총장을 찾아뵈었더니 목사님을 한 번 찾아뵈라고 하시더군요. 앞으로 잘 부탁합니다."

나는 김연준 총장과 아는 사이기는 해도 자주 만나거나 하는 관계는 아니었다. 그런데 그가 내 얘기를 했다니 그것도 의외였다.

전두환 사령관은 나와 마주앉아 1시간 20분 동안 자기 얘기를 주로 했다. 내용은 대개 개인적인 것들이었다. 자기가 태어나서 어떻게 자랐는가 하는 따위의 얘기를 했는데, 가만히 들어보니 얘기의 핵심은 '나는 정치할 생각이 없다'는 것이었다.

"저는 국민학교 때부터 군인이 좋아 전쟁놀이를 많이 했고, 최고의 꿈은 참모총장 한 번 해보는 것이었습니다. 지금까지 한 번도 정치를 해보려는 생각은 해보지도 않았고 현재도 군인일 뿐 정치에는 관심이 없습니다. 그런데 이상하게 미국은 제가 정치에 욕심이 있는 사람으로 아는 것 같습니다."

그는 특히 미국이 자꾸 자기를 정치에 나서려는 사람으로 봐서 기분이 나쁘다는 것을 강조했다.

그가 떠난 다음 그가 했던 말들을 반추하며 나를 찾아온 이유를 나름대로 추측해 보았다. 크게 두 가지 측면에서 짚이는 것이 있었다. 하나는 내가 미국 대사관과 가까운 줄 알고 자기가 정권을 잡을 욕심이 없다는 것을 나를 통해 미국측에 알리려는 의도가 아니었을까 하는 것이고, 다른 하나는 자신의 그런 입장을 여러 층에 전달하고자 나 같은 사람들을 만나 그런 얘기를 하고 다니는 것이 아닐까 하는 것이었다. 그러나 그 어느 것도 분명한 이유로 잡히는 것은 아니었다.

하지만 한 가지 분명하게 짐작할 수 있는 사실은 전두환 사령관이 나를 찾아오게 된 것은 김연준 총장 때문이 아니라, 황영시 장군 때문이라는 것이었다. 신군부 주역의 하나로 떠오른 황영시 장군은 경동교회의 오랜 교인이고 그 부인은 집사로서 둘 다 나와 가까운 사이였다.

황장군은 12·12사태 때 1군단장으로서 전두환 사령관과 행동을 같이했으나 당시 나는 그 사실을 몰랐다. 그래서 12·12사태가 일어난 직후 그의 부인이 내게 전화를 걸어 "남편이 행방불명되었다"며 안절부절못했을 때 나는 혹시 그의 신변에 무슨 일이라도 생긴 건 아닐까 싶어 무척 걱정을 했었다. 그런데 며칠 후에 보니 전두환 사령관측에서 노태우, 정호용, 유학성 이런 사람들과 함께 중요한 역할을 맡고 있었던 것이다.

전두환 사령관이 느닷없이 우리 집을 다녀갔다는 소문이 퍼지자 사람들 사이에서는 그 사실을 놓고 갖가지 추측이 돌았다. 우선 전두환 사령관이 정치인 중에서는 윤보선 전 대통령에게 세배를 갔고 종교계에서는 카톨릭의 김수환 추기경에게도 세배를 갔으니 개신교 쪽으로는 나를 세배 대상자로 고른 것이 아니겠느냐는 것이었다.

다른 추측 중의 하나는 신군부 세력이 전면에 나서서 정권을 잡으려면 국민적 저항이 크니까 누군가를 내세우고 싶어하는데, 황영시 장군에게서 내 얘기를 듣고 한 번 찾아본 것이 아니냐는 것이었다. 그러나 이 가설은 비약이 심할 뿐 아니라 황장군은 내가 정치에 뛰어들 사람이 아니라는 걸 알고 있었으므로 근거가 희박한 것이었다.

전두환을 다시 보게 된 것은 그로부터 얼마 지나지 않았을 때였다. 그때 기독교계 인사 다수가 1979년 11월 24일에 있었던 이른바 '명동 위장결혼 불법 집회' 사건으로 구속되어 있었다.

명동 위장결혼 사건은 민주 인사들이 결혼식을 가장해 명동 YWCA 강당에서 모여 '통일주체 국민회의에 의한 대통령 선출 저지 국민대회'를 개최하고 유신 철폐와 계엄 해제를 요구하며 가두 시위를 벌인 사건이었다. 교계에서는 그 사건으로 구속된 사람들의 석방을 위해 애를 썼으나 잘 되지 않자 내게 부탁을 해 왔다.

"전두환 사령관이 집에 찾아오기까지 했으니 한 번 그를 찾아 가 사정을 해봐주십시오."

그래서 나는 NCC 김관석 총무와 함께 보안사에 찾아가 전두환 사령관 면회 신청을 한 후 그를 만났다. 그러나 전두환 자신이 직접 우리 얘기를 들은 것은 아니었고, 당시 대공처장인가 하는 직책에 있던 이학봉을 소개했다. 그의 태도는 비교적 호의적이 었다.

이학봉은 대공 정책에 대해 이렇게 설명했다.

"이제 우리 정부는 전처럼 경직된 자세로 반공을 하지는 않습 니다. 전(前) 정부에서는 WCC도 용공이라고 했지만 우리는 그 렇게 보지 않아요. 앞으로 잘못된 반공 정책은 과감하게 수정할 것입니다."

그는 우리의 요청에 대해서도 수용하는 태도를 보였다.

"부탁하신 말씀은 잘 알겠습니다. 그러나 여기는 여기대로 또 절차라는 게 있으니까 당장 내보낼 수는 없고 곧 절차를 밟아서 풀어주도록 하겠습니다. 그러니 너무 걱정하지 마시고 돌아가십시오."

얼마 후 잡혀갔던 사람들 중 몇 명이 실제로 풀려나왔다.

이렇게 내 의도와는 상관없이 그런 일들을 겪으면서 나와 신군부의 관계가 하나 둘 얽혀가기 시작했다.

개헌 논의는 꽃을 피우고

10·26은 박정희 정권의 종말을 가져왔고, 박정희 정권의 종말은 곧 유신헌법을 바탕으로 한 유신 체제의 종말을 의미하는 것이었다. 따라서 10·26 이후 국회를 비롯한 각계에서는 '유신헌법 철폐'라는 재론의 여지없는 국민적 동의 아래 새로운 헌법에 대한 논의가 봇물처럼 터져나왔다.

국회에서는 1979년 11월 26일 헌법 개정 심의 특별위원회가 구성되어 공청회를 통한 여론수집 활동에 나섰고, 공화당과 신민당 등 정당들도 각자 개정 헌법 시안을 만드느라고 바빴다.

1980년 1월이 지나면서 개헌 논의는 더욱 꽃을 피웠다. 각 언론사들과 대한변협 등 사회단체와 종교단체들도 나름대로 개헌에 대한 여론을 모으고 그 바람직한 방향을 제시하느라 활발한 움직임을 보였다. 한마디로 어디를 가나 개헌 얘기라고 해도 과언이 아니었다.

당시 여론은 개헌은 빠를수록 좋다는 것이었고 국민들은 개정된 민주 헌법에 따라 하루빨리 민주정부를 세우고 싶다는 열망에 들끓고 있었다.

이같은 상황 속에서 크리스챤 아카데미는 개헌 작업에 올바른 방향을 제시하기 위해 1980년대 들어 첫번째 대화 모임을 '바람직한 헌법 개정의 내용'이라는 주제로 열게 되었다.

1월 21일, 22일 이틀에 걸쳐 개최된 이 대화 모임에서는 1979년 11월 중순 아카데미가 김철수, 양호민, 장을병, 한정일, 임종률, 양건 등 헌법학자 여섯 명과 정치학자에게 의뢰해 만든 헌법 시안을 놓고 열띤 토론이 벌어졌다.

이 모임은 개헌이라는 '뜨거운 사안'을 다룬데다 그저 의견을 제시하는 데 그치는 공청회와는 달리 구체적으로 개정 시안을 작성해 그것을 바탕으로 토론을 했다는 점, 그리고 시안 작성자들과 각계를 망라한 토론 참석자들의 비중 때문에 언론의 상당한 관심을 끌었다. 당시 주요 일간지들은 거의 우리 모임을 비중 있게 다뤘으며 특히 『중앙일보』는 그 시안의 전문을 싣기도 했다.

전문 128조, 부칙 6조로 구성된 이 시안은 권력 분산형 대통령 중심제를 채택, 대통령의 권한을 대폭 축소하고 국민의 기본권을 크게 강화하며 국회의 권한을 확대하고 사법권 독립을 보장하는 것 등을 골자로 하고 있었다.

이는 대통령 중심제와 내각 책임제의 절충형이라고 할 수 있었는데 이 점이 참석자들 사이에 토론의 초점이 되어 절충형을 반대하는 사람들 중 상당수가 내각 책임제를 지지하기도 했다. 그런데 이것은 국민 대다수가 대통령 중심제, 더 구체적으로는 대통령 직선제를 원하고 있던 당시 실정에 비추어 볼 때 의외의 결과로서 주목을 받았다.

개헌 문제는 그 주도권을 놓고 국회와 신경전을 벌이던 최규하 정부에게도 초미의 관심사였다. 그 때문에 정부는 3월 14일 개헌 심의 위원회를 발족했는데, 당시 NCC 회장이었던 내게도 심의 위원을 맡아달라는 요청이 왔다. 그러나 나는 그런 일을 할 생각이 없어 거절하고 대신 김형태 목사를 심의위원으로 추천했다.

서울의 봄과 헝가리의 봄

개헌 논의가 꽃을 피우고 민주화를 재촉하는 바람이 열병처럼 번져가는 가운데 이른바 '80년 서울의 봄'이 시작되고 있었다. 강요된 긴 동면에서 급작스레 깨어나 민주화의 봄바람을 맞게 된 서울은 여전히 불확실한 안개 정국 속에서도 들뜨고 위태로운 분위기였다. 정부도 국회도 정당들도 각자 민주화를 외치며 분주히 움직이고 있었지만, 이가 맞지 않는 톱니바퀴처럼 이들 사이에서는 마찰음이 끊이지 않았다.

1980년 2월 말 정부는 시국에 대한 견해를 모으고 개헌에 대한 의견을 수렴한다는 명분 아래 각계 원로들을 초빙하여 국정 자문 회의라는 대통령 자문기관을 만들었다. 종교계에서는 카톨릭의 김수환 추기경, 불교의 이성철 종정, 천도교의 이영복 교령 등이 국정 자문위원으로 위촉되었는데, 개신교에서는 NCC 회장이었던 내게 요청이 들어왔다. 나는 그 제의를 사양하고 대신 전임 NCC 회장이던 김해득 구세군 사령관을 추천해 그가 자문위원이 되었다.

국정 자문위원직은 비록 사양했으나, 그 무렵 최규하 대통령이나 신현확 국무총리를 개인적으로 혹은 공적인 자리에서 만나 시국 수습 방안에 대해 이야기할 기회는 더러 있었다.

정부는 국정 자문회의를 구성한 후 2월 29일 윤보선과 김대중을 포함한 긴급조치 위반자들을 복권시키는 등 가시적인 민주화 조치를 펴나갔다. 이 복권 조치로 김대중이 정치 현장에 복귀함으로써 김종필, 김영삼, 김대중 이른바 '3김'의 대권 경쟁이 본격적으로 시작되었다.

아직 막후에서 서성이며 그 모습을 드러내지는 않고 있지만 언제든 빌미만 생기면 정권을 탈취할 준비가 되어 있을 것이 분명한 군의 존재를 의식하고 있었던 나는 어떻게든 3김씨가 합심하여 그런 사태만은 막아주기를 바랐으나 전개되고 있는 현실은 내 바람과는 무관했다.

내 우려를 더욱 깊게 한 것은 학원가와 운동권의 움직임이었다. 그 동안 억눌려 왔던 요구들이 한꺼번에 터져나오고 있었다. 학원 자유화와 조속한 민주화를 요구하는 학생들의 시위는 4월 들어 더욱 거세어지고 있었으며, 노동자들의 생존권 보장 요구도 갈수록 커지고 있었다. 그들이 외치는 구호 중에는 군을 자극하고 보수적인 계층에 충격을 주는 것들이 적지 않았으므로 그것을 보는 내 마음은 조마조마하기만 했다. 이처럼 국내 정세는 봄이 깊어가면서 점점 위험 수위에 육박해가고 있었다.

정국이 총체적 혼돈 속에서 언제 무슨 일이 터질지 모르게 불안하기만 하던 4월 초순 나는 특별한 여행을 하게 되었다. 공식적인 기록을 확인해 보지 않아 단언할 수는 없지만 정부 수립 이후 한국인으로서는 최초로 공산국가인 헝가리를 방문하게 된 것이다. 수도 부다페스트에서 열리는 WCC 주최 타종교와의 대화 모임에 참가하기 위해서였다.

당시만 해도 헝가리 같은 공산국가에 간다는 것은 매우 드문 일이었다. 우리와 수교 관계가 없는 이른바 적성국에 가는 것이었으므로 그곳에 가기까지의 절차도 여간 번거롭지 않았다. 우선 우리 정부의 허가를 받은 후 독일에 가서 비자를 신청해야 했다.

나는 독일 유학 중인 박종화 교수를 만나 함께 비자 신청을 했다. 그는 내 주선으로 통역 자격으로 가기로 되어 있었다. 공산국가에 혼자 가려니 아무래도 부담스러운 마음이 없지 않아서 그에게 통역으로 동행해줄 것을 부탁한 것이다.

독일에서 헝가리 비자를 받는 일은 서방의 어느 나라에 들어갈 때보다 오히려 쉬운 편이었다. WCC에 관계된 일이었으므로 어렵지 않게 특별 비자를 받았다.

헝가리는 공산국가였지만 교회는 형식적이나마 유지되고 있었다. 우리는 그곳에 있었던 일주일 남짓 동안 주로 아름다운 부다페스트에 머물러 있었지만, 마침 그곳의 한 주교가 차를 내주고 다른 지역도 돌아볼 수 있도록 안내를 해준 덕분에 짧은 기간이나마 여러 곳을 돌아볼 수 있었다.

우리를 안내한 주교와 그곳 교회 관계자들은 우리가 외국인이라 그랬는지 안내하는 동안 헝가리 정부의 종교 탄압에 대해 솔직히 털어놓기도 했다. 한마디로 정부의 탄압 때문에 교회가 여러 가지로 많은 어려움을 겪고 있다는 것이었다.

한 번은 어느 시가지를 지나가는 도중이었는데, 갑자기 큰 건물 하나를 손으로 가리키며 불만스러운 태도로 설명을 했다.

"저 건물은 원래 우리의 대표적인 수녀원이었는데 지금은 호치민 센터로 쓰이고 있답니다."

그들은 헝가리 사회에 대해서도 매우 비판적이었다.

"사회주의 국가는 빈부 격차 없이 고루 잘살고 있다고 선전하고 있지만 실상은 달라요. 여기도 엄연히 빈부 격차가 존재하고 있어요."

그 사실을 직접 증명이라도 해보이려는 듯이 그들은 우리를 고급 당간부들이 산다는 부다페스트의 호화로운 거리로 먼저 데려간 뒤 다음에는 그와는 비교가 안 되는 서민들의 주거지로 안내해 주었다. 이렇게 사회주의 사회에도 양면이 숨어 있었던 것이다. 시가를 다니는 사람들의 표정도 전에 내가 동독 시가를 관광버스를 타고 지나면서 보았던 것과 흡사하게 경직되고 활기가 없어 보였다.

종교간의 대화 문제를 다룬 회의가 진행되는 동안 우리는 헝가리 정부의 교육 행정을 책임진 사람과 얘기를 나눌 기회가 있었다. 그 자리에서 그는 이런 인상적인 말을 했다.

"정부에서 성서 교육, 기독교 교육을 없애놓고 보니 역사·문학·예술 등 기독교를 알지 않고는 공부할 수 없는 분야가 너무 많아 다시 허용하는 방향으로 나가고 있습니다."

그것은 어떤 이념도 수천 년 내려온 문화적 토양을 거부하고는 살아남을 수 없다는 좋은 실례였다.

우리는 주일을 맞아 교회에 나가 예배를 보기도 했다. 교인들을 보니 청년은 거의 없고 대부분 노인들이었다. 교회 지하실은 포도주 제조장이었는데, 교회에서 운영하는 포도원에서 수확한 포도로 포도주를 만들어 거기서 나오는 수익금으로 교회를 운영한다는 목사의 설명이었다.

목사가 포도주 공장을 운영하고 있다니 참 재미있는 일이었다. 어쨌든 우리는 그 덕분에 포도주 제조장에서 맛난 포도주를 직접 시음해보는 즐거움을 누렸다.

드디어 길지 않은 일정이 끝나 부다페스트를 떠나는 날이 왔다. 장막에 가려 있던 공산국가를 처음으로 방문했다는 흥분 속에서 여러 가지 뜻깊은 경험을 한 역사적인 여행이었으므로 떠날 날이 되자 섭섭한 기분이 드는 것을 어쩔 수 없었지만, 그래도 섭섭함보다 안도감이 더 컸다.

지금이야 젊은 대학생들이 자유롭게 배낭 여행으로 다녀오는 나라가 되었지만, 그때만 해도 북한 대사관이 있는 헝가리에 머무는 동안 혹시 무슨 일이 생길지 몰라 내내 긴장했던 게 사실이었다. 따라서 부다페스트를 떠나는 비행기를 타자마자 '휴우' 하고 안도의 한숨부터 내쉬었다.

그런데 좌석에 앉아 한참을 기다려도 뒤따라오던 박종화 교수가 나타나지 않는 것이었다. 나는 혹시 무슨 일이 생겼나 하고 안절부절못하고 있는데 잠시 후 모습을 나타냈다. 나는 걱정이 되어 물었다.

"아니, 무슨 일이 있었나?"

"아닙니다. 이민국 관리와 몇 마디 얘기를 나누느라고 늦었어요. 제가 남한에서 왔다고 하니까 그 동안 북한에서 온 사람들은 많이 봤는데 남한 사람은 처음이라며 신기해하더군요. 북한 사람들은 영어도 잘 못하는데 남한 사람은 영어는 물론 독일어도 잘하니 놀랍다며 자꾸 얘기를 걸어와 늦어졌어요."

어쨌든 나로서는 그가 무사한 것이 천만 다행이었다.

마침내 비행기가 이륙하자 나는 메모장에 다음과 같이 적어 박교수에게 보이고 같이 소리를 내어 웃었다.

WCC 한국인 대표 강원용, 박종화가 헝가리 모임에 참석했다가 무사히 탈출했다.

• AP통신

아, 광주!

잔인한 5월은 시작되고

헝가리 방문을 마치고 돌아온 4월 20일경 국내 정세는 몇 가지 심상치 않은 징후와 함께 더욱 혼미하고 혼란스러워 보였다. 정치 일정은 여전히 불투명한 채 정가는 김대중과 김영삼의 결별, 그리고 친정부적 신당이 창당될 것이라는 소문 등으로 갈피를 잡지 못하고 있었으며 대학가에서는 연일 시위가 계속되고 있었다.

주목할 만한 것은 내가 헝가리에 있던 4월 14일에 전두환 보안사령관이 공석 중이던 중앙정보부장 서리에 겸임 발령되었다는 점이다. 이로써 전두환 보안사령관이 최규하 정부의 실질적인 권력자라는 사실이 명백하게 드러난 셈이었다.

그런 가운데 4월 21일에는 강원도 사북읍의 한 탄광에서 광부들의 집단 시위가 발생해 유혈 사태로까지 번지는 등 그 동안 곪아왔던 환부들이 곳곳에서 터져 사회 전체는 일촉즉발의 위기감이 팽배해 가고 있었다.

5월로 접어들자 그 위기감은 하루가 다르게 고조되어 갔다.

5월 중순의 어느 날이었다. 나와 잘 알고 지내던 미국 대사관의 케네스 포게슨(Kenneth Forgeson)이 나를 만난 자리에서 5월 13일에 미국 대사인 글라이스틴이 김대중을 찾아가 일종의 최후통첩을 하게 될 것이라는 얘기를 해줬다. 그는 대사관에 나와 있는 미국 정보부의 부책임자로서 당시 책임자는 디스크에 걸려 미국에 가고 없었다.

그에 의하면 글라이스틴 대사가 김대중에게 "당신이 강경 자세에서 후퇴해 우선 시국을 안정시키고 새로운 자세를 보여야 한다. 지금이 당신에게 주어진 마지막 기회다"라는 말을 하려고 한다는 것이었다.

나는 그 말을 듣고 급하게 동교동에 연락을 했다. 그리고는 김대중에게 "글라이스틴과 만나게 되면 최우선적으로 시국을 안정시키겠다고 부드럽게 말해야 한다"고 간곡하게 부탁을 했다. 내 느낌에 미국은 이미 군의 집권 태세를 구체적으로 인지하고 가까운 시일 안에 무슨 일이 터질지도 모른다는 예측을 하고 있는 듯했다.

그러나 김대중과 글라이스틴이 만나고 난 후 사태는 더욱 걷잡을 수 없이 전개되어 갔다. 14일에는 서울 시내 대학에서 한때 7만 명이 넘는 학생들이 거리로 몰려나와 계엄 철폐를 요구하고 시국을 성토하는 시위를 벌였다. 15일에도 서울과 지방의 대학에서 수만 명의 대학생들이 가두시위를 벌였고, 그날 밤에는 서울역 앞에서 수만 명의 대학생들이 연좌 데모를 벌이고 있는 가운데 신현확 국무총리의 '시국에 대한 담화'가 발표되기에 이르렀다.

나는 시국이 그렇게 극단적으로 치닫는 상황을 보며 애가 탔다. '더 이상 이러면 안 되는데, 이렇게 가다가는.'

이같은 절박한 심정을 그대로 표현한 것이 5월 15일자 『동아일보』에 쓴 칼럼이다. '역사의 소리 귀 기울여 이 난국 슬기로 극복'이라는 표제로 실린 이 글은 "이 어지러운 상황을 극복할 수 있도록 국민들과 학생, 그리고 정치가들에게 호소를 해달라"는 동아일보의 청탁으로 쓰게 됐는데, 원래 김수환 추기경의 글과 함께 1면에 실리기로 되어 있었으나 김추기경이 글을 쓰지 못한 바람에 내 글만 3면으로 옮겨 실리게 되었다.

먼 과거는 그만두고 광복 35년간의 역사만 되돌아보더라도 해방 이후 혼란과 무질서, 독재와 부정, 그리고 6·25동란이라는 몸서리치는 비극까지 겪었으며, 독재를 무너뜨린 4·19 후에도 혼란과 무질서를 되풀이해야 했다. 그 때문에 5·16까지 겪으면서 쓰라린 긴 역사를 경험한 민족이 아닌가?

우리는 이같은 악순환의 역사를 끊고 자유와 정의와 평화가 함께 실현되는 새 역사를 탄생시켜야 할 시점에 와 있다. 지난 역사를 거울삼아 한 차원 높여 새 역사를 창조하는 데 힘을 합해보자.

우선 위정자들은 국민들의 애국심과 슬기를 믿고 비상 계엄령을 하루 속히 해제할 용기를 가져주기 바란다. 현재의 계엄령은 혼란을 막기 위한 언론 검열이 주된 임무 같은데, 이는 언론 기관이나 언론인 자신이 오늘의 시국을 바르게 인식하는 양식만 지닌다면 자율적으로 해결할 수 있다.

그리고 정치 일정을 명백히 밝히되 빠른 시일 안에 새 정부를 탄생시켜야 한다. 과도 정부란 길면 길수록 힘의 공백을 가져오게 마련이다. 한 국가에 힘의 공백처럼 무서운 것은 없다.

또한 정치인들 역시 지금까지 입고 있던 헌 옷을 속히 벗어 던지고 새 옷으로 갈아입어야 한다. 80년대의 새 정권을 담당해 보겠다는 정치 세력들은 성인답게 좀더 성숙하여야 한다. 지금이 과연 정권을 잡기 위해 자기 세력 확장과 상호 중상, 분열의 추태를 국민 앞에 보여야 할 시기라고 생각하는가?

다음으로 학생들에게 진심으로 부탁하고 싶다. 이제 학생들의 요구가 무엇인지는 충분히 알렸으니 즉각 학원으로 돌아가기 바란다. 학생들이 주장하고 있는 정치 문제는 정치인과 행정부가 처리할 수 있도록 기회를 주고 학원 문제는 교수들이 합리적으로 처리하도록 맡겨주었으면 한다. 비록 행동이 느리기는 하나 우리 같은 기성 세대들에게도 기회를 주며 기다려보는 것이 합리적이라고 생각한다.

아무리 정당한 목적일지라도 그 수단이 나쁘면 결과적으로 큰 비극을 초래하고 만다는 것을 우리는 역사를 통해 잘 알고 있다. 데모크라시(Democracy)를 위한 노력이 데모크레이지(Democrazy)로 바뀌면 목적이 전도되게 마련이다.

노사 문제는 우선 기업주들이 입고 있던 옷을 벗고 삼베옷을 두르는 태도를 가지는 데서 문제의 실마리를 풀어나가도록 해야 한다. 노동조합을 민주화하기 위해 현 간부진이 용퇴하고 노동자들도 우리 경제의 취약점을 이해해 계란을 낳는 닭을 잡아먹는 어리석음을 범해서는 안 될 것이다.

내가 이 글을 통해 당부하고 싶었던 것은 우리 사회가 민주화를 향한 기회를 또 다시 놓쳐서는 안 된다는 점이었다. 그러나 사태의 추이는 점점 파국을 향해 치닫고 있었다.

학생들의 대규모 시위로 상황이 심각해지자 당시 중동을 방문 중이던 최규하 대통령은 일정을 하루 앞당겨 5월 16일 밤에 귀국했다. 그는 귀국 즉시 시국 관련 대책회의를 소집했으며, 마침내 5월 17일 밤에는 비상 국무회의를 통해 17일 밤 24시를 기해 비상 계엄을 전국 일원으로 확대하기로 결의하였다. 이른바 '5·17 비상계엄 확대 조치'가 내려진 것이다. 이는 상황이 최악의 상태로 치닫고 있음을 드러내는 것이었다.

비상계엄 확대 조치로 무소불위의 권력을 쥐게 된 계엄사령부는 그 즉시 모든 정치 활동을 중지시키고 대학에 휴교령을 내리는 한편 김종필, 김대중 등 정치 지도자들과 각계 인사들을 부정 축재와 사회 불안 조성 혐의로 연행해감으로써 정국은 일시에 급냉 상태로 들어가고 '서울의 봄'도 종막을 고하고 말았다. 마침내 우려했던 사태가 오고 만 것이다.

그리고 바로 비극의 광주 민주화운동이 터졌다. 철저한 언론 통제로 정확한 진상은 알 수 없었으나 광주에서 무슨 일이 어떻게 벌어지고 있는지는 보지 않아도 훤한 노릇이었다. 나는 여러 통로를 통해 끔찍한 소식을 접하면서 이러다 우리 사회가 정말로 끝장이 나는 것이 아닌가 하는 우려로 잠도 제대로 잘 수가 없었다. 정말로 어지럽고 뒤숭숭한 시절이었다.

나는 답답한 심정을 견디다 못해 김수환 추기경을 찾아가 보기도 했다. 김추기경은 얼굴이 사색이 된 채 머리를 감싸고 앉아 오히려 내게 물어왔다.

"도대체 나라가 어떻게 될 것 같습니까?"

"저도 그게 걱정이 돼서 추기경님을 찾아뵈러 온 것입니다."

"기도하는 도리밖에 없지 않겠습니까?"

사실 당시에 우리가 할 일이라고는 오직 기도하는 일밖에 없었다. 그래도 나는 어떻게든 앞날을 예측해 보고 해결책을 궁리해 보기 위해 미국 대사관에도 연락을 취해봤다. 그들도 광주 사태 때문에 정신이 없어 도저히 시간이 없다고 하는 것을 "한 가지만 물어보겠다"고 졸라대어 간신히 케네스 포게슨을 만났다.

나는 그를 보자마자 다짜고짜 이렇게 물었다.

"앞으로도 우리나라 하늘에 태극기가 계속해서 날릴 수 있다고 봅니까? 미국 정부는 지금 어떻게 판단하고 있습니까?"

"당신이 내게 한달 전에 똑같은 질문을 했다면 나는 '그렇게 생각한다'(I think so)라고 대답했을 것입니다. 그러나 지금 나는 '그러기를 희망한다'(I hope so)라는 말밖에는 할 말이 없습니다."

그는 광주 사태에 대해 얘기하면서 '굉장히 위험한 상태'라는 말을 여러 번 했다. 그러니 더욱 절망적인 심정이 되지 않을 수 없었다.

광주는 온통 신음소리뿐

광주에서 붙은 불은 인근 지역으로 번져가면서 좀처럼 꺼질 것 같지 않아 보였다. 계엄군의 잔인한 유혈 진압에 무기까지 들고 대항하여 한때 군을 시 외곽까지 내몰았던 광주 시민들도 결국은 재개된 계엄군의 진압 작전에 굴복할 수밖에 없어 광주 민주화운동은 27일 무렵부터 진정 국면에 들어가게 되었다.

당시 나는 NCC 회장으로서 그 비극적 사태를 그냥 보고만 있을 수 없어 경동교회에서 2천만 원을 거둬 목사 몇 명과 함께 광주를 방문하기로 했다. 당시 광주를 방문하기란 굉장히 어려운 일이었으나 우리는 어렵사리 당국의 허가를 얻어 광주에 내려갈 수 있었다.

상상했던 대로 광주는 마치 전쟁을 치른 도시처럼 중상을 입고 그 고통에 신음하고 있었다. 우리는 먼저 부상자들이 치료받고 있는 병원들을 찾아다녔는데, 정말 끔찍한 모습의 중상자도 적지 않았다.

우리와 만난 한 외국인 의사는 흥분하여 우리를 보고 외쳤다.

"계엄군이 쓴 무기 중에는 유엔에서 시위 진압용으로 사용이 금지된 무기도 있습니다. 이는 국제 협약에 위배되는 것이에요!"

그러나 나는 광주 사람들을 만나면서 그들이 눈에 보이는 외상보다 이루 말할 수 없이 큰 정신적 내상을 입었다는 것을 느꼈다.

우리는 윤공희 대주교와 몇몇 개신교 지도자들을 만나 얘기할 기회를 가졌는데, 나는 그들의 태도를 보고 광주 사태가 얼마나 심각했는지를 다시 한 번 확인할 수 있었다. 그들은 모두 엄청난 충격과 분노와 공포, 현실에 대한 좌절로 제대로 대화를 나누기조차 힘든 상태였다. 완전히 얼어붙은 태도로 광주 사태에 대한 자세한 얘기는 언급하고 싶지도 않은 듯 그저 고통의 신음 소리만 내뱉을 뿐이었다.

우리는 사망자 가족들을 만나 위로금을 전달했다. 그러나 그들의 크나큰 슬픔과 고통 앞에서 우리의 행동이 얼마나 무색하게 느껴졌는지 나는 시종 죄를 지은 사람처럼 할 말을 찾지 못해 어쩔 줄을 몰랐다.

신학대학에 다니던 아들을 잃은 한 아버지가 실어증에 걸린 듯 아무런 말도 못하고 넋을 잃은 채 앉아 있던 모습이 지금도 내 눈에 선하다. 거리를 다니는 사람들의 표정도 마치 음산한 죽음의 도시를 떠다니는 유령들처럼 표정을 잃은 채 굳어 있었다. 전쟁 가운데서도 너무나 슬프고 끔찍한 전쟁을 겪은 상흔이었다.

광주를 둘러보고 나서 서울로 올라오는 길은 내려갈 때보다 몇 배나 더 무거운 심정이었다. 그 주의 주일날 나는 광주에 다녀온 일을 소재로 설교를 했는데, 도중에 감정이 북받쳐 그만 나도 모르게 울음이 터지고 말았다.

광주의 참상도 그러하거니와 해방 후 35년 동안 고통스런 격동의 시기를 그렇게 많이 거쳤으니 이제 민주화 시대가 열릴 만도 하건만 어째서 광주 사태 같은 있어서는 안 될 비극이 생기고 민주화의 싹이 돋기도 전에 다시 잘려야 하는지, 우리 민족에게 내려진 시련이 너무도 가혹하게 느껴졌기 때문이었다.

광주 민주화운동 이후 정국은 점점 더 경색되고 실권자인 전두환 보안사령관은 이제 누구 눈치도 볼 것 없이 노골적으로 권력의 전면에 그 모습을 드러내기 시작했다. 광주 민주화운동이 무참히 진압된 며칠 후인 5월 31일, 정부는 최규하 대통령을 의장으로 하고 주요 각료 및 군 수뇌 등 26명을 위원으로 하는 '국가보위 비상대책위원회'를 구성했으며 전두환 보안사령관을 그 상임위원장으로 임명했다. 이로써 전두환 국보위 상임위원장은 국정 전반에 대한 실권을 명실상부하게 장악하게 되었다.

김정례의 고민과 선택

김정례가 전두환을 만나게 된 것은 오래 전부터 알고 지내던 송지영의 소개를 통해서였다. 해방 후 김정례와 함께 민족청년단 운동을 했던 소설가 송지영은 육사에서 강의를 하러 나가면서 사관학교 학생이던 전두환과 친하게 되어 둘의 만남을 주선한 모양이었다.

하루는 김정례가 나를 찾아와서 고민을 털어놨다.

"전두환 보안사령관과 만나는 자리가 생겼는데, 만날 수도 없고, 안 만날 수도 없어 고민입니다."

고민 끝에 김정례는 30분만 만나기로 하고 찾아갔다고 한다. 그때가 광주 민주화 운동이 일어난 직후였다. 전두환은 광주 사건에 대해 변명하면서 이렇게 말했다고 한다.

"미국 같은 선진국에서도 플로리다에 흑인 폭동이 생기자 군인들이 진압을 했는데 우리나라도 당연한 거 아닌가요."

묵묵히 듣고 있던 김정례는 천천히 전두환 앞으로 가서 그의 무릎을 탁 치면서 말했다.

"그게 무슨 소리입니까. 미국은 독립한 지 300년도 안 된 나라고, 카우보이가 인디언을 죽이고 노예 사냥을 해온 야만인들인데 그들을 본받자는 말입니까? 적어도 우리는 그들과 비교할 수 없이 긴 전통을 가진 민족입니다."

이 말에 깜짝 놀란 전두환은 정색을 하고 이야기를 더 해보자고 했다 한다. 그래서 두 사람은 두 시간 정도 이야기를 나누었다고 한다.

그후에 전두환이 송지영을 만나 김정례를 가리켜 "그 여자 대단한 여자"라고 칭찬하면서 꼭 함께 일할 수 있도록 설득해달라고 부탁을 했고, 이렇게 해서 김정례는 입법회의 의원이 되어달라는 제안을 받게 되었다.

전두환의 적극적인 제안을 받은 김정례는 다시 날 찾아왔다. 너무 고민을 한 탓인지 얼굴이 홀쭉하게 말라 있었다.

박정희 군사 정부가 들어선 이후 김정례는 계속해서 저항을 해왔는데, 저항 운동을 하면서 두 가지 고민으로 괴로워했다. 하나는 중앙정보부 차가 스물네 시간 그를 따라다녀 하나뿐인 아들

민호가 어머니가 그렇게 사는 것에 대해 상당한 반항심을 가지고 있었다. 이에 대해 김정례는 어머니로서 당연히 안타까움을 지니고 있었다.

다른 하나는 그 동안 반정부 운동을 하는 사람들을 수도 없이 보호하고 집에 피신시켜주고 했는데, 그들을 가까이 접해본 결과 그들의 운동 방식에 상당한 회의를 느끼게 된 것이다.

이런 두 가지 고민 속에 있을 때 마침 그런 제안이 들어왔으니 김정례의 고민은 이만저만이 아니었다.

"지금까지 해온 생활에 회의도 있지만, 광주 사건을 일으킨 군인들에게 협조하는 것도 받아들이기가 쉽지 않군요."

나는 솔직히 그녀에게 그 제안을 긍정적으로 생각해보라고 말해주었다.

"이미 전두환이 정권을 잡았는데, 누군가 옆에서 그를 조금이라도 조절할 수 있는 사람이 있다면 그만큼 다행이 아니겠소? 기분이 좋을 리야 없겠지만 당신이 들어가서 세상을 위해서 좋은 일을 할 수 있다면 에스더가 된 기분으로 갈 수도 있는 게 아니겠소?"

실제로 나는 김정례라면 목숨을 걸고서라도 전두환을 말릴 땐 말릴 수 있는 여자라고 보았다. 어쨌든 깊은 고민 끝에 김정례는 결국 입법의원직을 받아들였다. 이렇게 되자 그 동안 가까이 지내던 사람들은 김정례의 그같은 고민은 염두에 두지도 않고 그를 변절자로 취급하게 되었다.

김정례는 전남 담양에서 태어나서 대학 공부는 하지 못했고,

해방 후 계속 운동에 가담해왔다. 만 스무 살도 되기 전에 조선민족청년단 간부로 들어가 이범석 장군 아래서 이듬해 여성조직 책임자가 되었다. 1949년에는 육군 예비역 소위로 임관되어 남성적인 활동을 했다.

내가 김정례를 처음 알게 된 것은 전쟁 당시 대구에 있던 여자청년단과 친하게 지내면서부터였다. 김정례는 1980년에 입법회의 위원이 되었고, 그 이후에 정식선거를 통한 국회에서 성북구 당위원장을 지냈다. 또 여자로서는 투표에 의해 처음으로 국회의원에 당선되어 11, 12의 2대에 걸쳐서 역임했다.

전두환은 그의 정치 활동을 높이 평가해서 1982년에 보건사회부 장관에 임명해 많은 사람들을 놀라게 했다. 왜냐하면 정식으로 대학을 마치지도 않았고, 정치 활동만 오래 한 여성을 장관으로 임명한 관례가 없었기 때문이었다.

1985년 '청조근정 훈장'을 받았고 그후 사회 운동을 다시 시작해서, 88서울올림픽 뒤에 열린 장애자 올림픽 준비위원장을 맡았다. 이 체육대회를 잘 진행하여 그 공로로 이듬해 훈장을 받았다.

내가 이 자리에서 김정례에 관해 이렇듯 길게 적는 것은 사람들이 그에 대해 품고 있는 오해를 조금이나마 풀어주고 싶은 생각에서다. 내가 아는 김정례는 자신이 정의라고 믿는 바에 대해서는 조금이라도 사심을 가지거나 이해 관계를 따지지 않는 강직한 여성이다. 정의를 위해선 거의 희생이라고 할 정도로 목숨을 걸고 일을 하는 헌신적인 인간이다. 그처럼 사심 없이 강한 의리를 지니고 있는 사람은 내가 알기로도 드물다.

박정희 반대운동을 하다 잡혀갔을 때에도 얼마나 당당했는지, 취조하는 검사들이 혀를 내휘두를 정도였다. 그의 품성과 소질로 본다면 우리 사회가 민주적인 사회였다면 자신의 역량을 충분히 발휘하여 큰 평가를 받을 수 있는 사람이었다.

"대중이를 살려줘"

1980년 8월에는 스위스 제네바에서 WCC 중앙위원회가 열려 나는 그 회의에 참석하게 되었다. 그런데 거기서 가장 크게 다뤄진 문제가 우리 광주 민주화운동과 엘살바도르 문제였다. 그러니 나는 회의 기간 내내 심각한 스트레스를 받지 않을 수 없었다. 다른 나라 사람들이 한국을 야만국으로 보는 것도 견디기 어려웠지만 나를 더욱 힘들게 한 것은 회의장에 설치된 영사실에서 계속 돌아가는 광주 민주화운동 취재 필름이었다.

외국 기자들이 취재한 그 필름에는 보도 통제로 국내에서는 볼 수 없었던 광주의 비극이 적나라하게 담겨 있었다. 예닐곱 살짜리 어린아이를 계엄군이 개처럼 끌고 가는 장면이나 어린 처녀의 젖가슴에 총구를 들이미는 장면들을 보면서 모골이 송연했고 다른 나라 사람들을 보기가 참으로 낯부끄러웠다.

비록 그 필름에 담긴 장면이 광주 민주화운동 이후 국내에서 돌았던 갖가지 끔찍한 유언비어에 부합되는 것은 아닐지라도 왜 그런 소문이 과장되어 떠돌게 되었는가를 이해하는 데에는 모자람이 없었다.

WCC 중앙위원회 회의는 광주 문제를 거론하면서, 끔찍한 인권 유린을 자행하고 시민을 학살하는 한국 정부와 군부에 대해 강경한 결의문을 채택하자는 등 온통 비난 일색이었다. 나는 그들을 이해하기는 하지만 국제적으로 한국의 이미지만 더 실추시킬 뿐 아무런 실효도 없는 그런 감정적인 대응에 함께 장단을 맞출 수는 없어 이렇게 내 의견을 밝혔다.

"여러분이 강경한 결의문을 채택하는 것도 좋지만 그것이 과연 우리에게 큰 도움을 줄 수 있을까요? 그보다는 WCC가 방문단을 구성해 한국에 보내도록 하여 광주 사람들을 위로하고 갇혀 있는 사람들의 석방을 위해 한국 교회와 협력하는 것이 실제로 도움이 되는 방안일 것입니다."

이같은 내 제안은 그대로 받아들여져 그후 WCC 방문단이 실제로 광주를 방문하게 되었다.

그런데 이 회의에 참가하면서 너무 심한 스트레스를 받아서 그런지 회의 도중 내 몸에 이상이 생겼다. 까닭 없이 온몸에 두드러기가 나서 견디다 못해 그곳 병원을 찾아갔더니 알레르기라고 했다.

"하루빨리 서울에 가서 치료를 받아야 할 것 같습니다."

의사의 권고는 그랬지만 나는 굳이 회의 일정을 다 마친 후 쾰른에서 공부하던 아들을 만나보기 위해 독일로 갔다. 그때가 8월 중순이었다.

그런데 아들네 집에서 텔레비전을 보니 최규하 대통령이 뚜렷한 이유도 없이 하야한 사실이 보도되어 나는 깜짝 놀랐다. 그리고 열흘쯤 뒤인 8월 27일에 전두환이 통일주체 국민회의에서 대통령으로 선출되었다는 뉴스가 들려왔다.

'드디어 일이 이 지경으로 되고 마는구나.'

나는 착잡한 마음을 주체할 수가 없었다. 10·26 이후 그토록 우려했던 사태가 광주의 비극을 거치면서 마침내 현실이 되어 나타난 셈이었다.

정권이 다시 군에 의해 탈취되자 나는 솔직히 지난 악몽을 되풀이하기가 싫어 귀국하고픈 마음조차 들지 않았다. 마침 지병인 당뇨병이 크게 악화되어 뒤셀도르프에 있는 병원에 입원하여 치료를 받아야 할 만큼 나의 건강도 좋지 않아 아들도 나의 귀국을 만류했다.

"우선 이곳에서 치료를 하면서 추이를 살펴보다가 정국이 좀 진정되면 돌아가십시오."

그러나 조국을 아주 등질 생각이 아닌 바에야 어차피 돌아가야 할 조국이라면 구차하게 밖에서 눈치나 볼 수는 없다는 생각에서 나는 결국 귀국을 결심했다.

아픈 몸을 이끌고 착잡한 심정으로 김포공항에 내린 것은 9월 중순에 막 접어들 무렵이었다. 공항에 내리니 느닷없이 낯선 남자 세 명이 내게 다가와 인사를 했다.

"어떻게 나오신 분들인지요?"

"청와대에서 왔습니다. 전두환 대통령 각하께서 마중을 나가보라고 해서요."

"그래요? 무슨 일이라도 있습니까?"

"내일 아침 11시 반에 국정 자문위원 위촉장을 받으시고 12시에 각하와 함께 점심을 하도록 되어 있다는 사실을 알려드리러 나온 겁니다."

나는 정말 놀라지 않을 수 없었다.

"무슨 소립니까? 나는 그런 것 한다고 한 적이 없습니다."

"이미 다 결정이 된 일인데 이러시면 곤란합니다."

나는 그들의 일방적인 말에 매우 기분이 상하였다. 아무리 군인 스타일을 벗지 못했다 해도 그런 식의 통고는 예의에 벗어나도 보통 벗어난 것이 아니었다. 자연히 나는 그들을 향해 불쾌한 어조로 말을 뱉었다.

"그거야 당신들 마음대로 결정해 놓은 거지 나와 무슨 상관이 있어요? 내게 한마디 상의도 없이 이럴 수 있습니까? 난 절대로 그런 일 안 합니다."

내 말에 그들은 굳은 표정을 짓더니 불쾌하다는 태도로 사라져 갔다.

돌아오자마자 공항에서부터 그런 일을 당하니 나는 그만 사는 일 자체가 귀찮아지고 말았다. 마침 몸이 좋지 않다는 구실도 있으니 병원에나 들어가 버려야겠다는 생각에서 돌아온 다음날 바로 서울대학병원에 입원해버렸다. 더 이상 그런 사람들에게 시달리기가 싫어서였다.

정보부에서는 내가 공연히 칭병하며 입원을 한 것이 아닌가 하는 의심으로 병원에 와서 내 병세를 확인하기도 했다. 그러나 실제로 검사 결과 혈당이 295까지 나왔으므로 그들도 더 이상 시비를 걸지 못하고 상부에 그대로 보고를 했다.

하지만 그렇다고 해서 그들이 나를 가만히 내버려둔 것은 아니었다. 내가 병원에 있는 동안 국가 조찬 기도회에서 설교를 맡아 달라는 부탁이 왔다. 원래 나는 그런 걸 좋아하지 않아서 못하겠다고 했더니 이번에는 청와대 수석 비서관 하나가 부하 두 명과 함께 직접 병원으로 찾아왔다.

"기도회의 설교를 왜 안 하시겠다는 겁니까?"

"원래 나는 그런 기도회를 좋아하지 않아서 박대통령 때도 한 번도 참석한 일이 없습니다. 그리고 또 그런 게 옳다고 생각하지도 않습니다. 국가 조찬 기도회 같은 것은 미국 같은 기독교 국가에서나 하는 것인데 기독교 국가도 아닌 우리가 왜 그런 걸 합니까? 그렇다면 불교에서도 국가를 위한 조찬 법회를 해야 하고 유교에서도 뭘 해야 하지 않겠습니까? 나는 그런 기도회에는 반대입니다."

그러자 그 사람들은 내 말에 수긍하는 빛을 보이고 그대로 돌아갔다.

최규하 대통령 때도 국정 자문위원이 되어 달라는 요청을 거절했던 나는 원래 그런 자리에 흥미가 없었다. 아무리 자문역이라지만 정치에 발을 들여놓는 것도 싫었고 그런 식의 들러리가 되기는 더구나 싫었기 때문이었다.

그런데 내가 퇴원한 후 차츰 시간이 흐르면서 상황이 미묘하게 전개되고 있었다. 공교롭게도 내 추천으로 기독교계를 대표해 국정 자문위원이 되었던 김해득 구세군 사령관이 11월 초 간암으로 죽게 되었다. 그에 따라 기독교계 대표에게 주어진 자리가 공석이 되자 정부측에서는 자문위원직 수락을 놓고 나를 더욱 주시하게 되었다. 여러 가지 조건으로 봐서 NCC 회장이던 내가 그 공석을 채워야 할 처지였기 때문이다.

그러나 나는 아무리 생각해도 그 자리에 들어가는 게 마음이 내키지 않아 거부하는 태도를 견지하고 있었는데, 그러던 중에 내 마음을 크게 흔든 두 가지 일이 생겨났다.

그 하나는 김대중 구명운동과 관련된 것이었다. 5·17 계엄 확대조치와 함께 계엄당국에 연행된 김대중은 광주 민주화운동 배후 조종자로서 내란을 음모했다고 기소되어 9월 17일 계엄보통군법회의에서 사형을 선고받은 후 그 무렵 계엄고등군법회의에서도 사형을 선고받았다. 대법원에 상고하는 길이 남아 있긴 했지만 당시 분위기로 보아 그는 죽은 목숨이나 마찬가지였다.

나는 그 무렵 이명하로부터 김대중에 대한 사형 집행이 조만간 있을 것이라는 구체적인 정보까지 듣게 되었다. 우리 정치사에서 조봉암 사형만으로도 끔찍하고 부끄러운 일을 겪었는데 또다시 그런 비극적이고 어리석은 일이 있어서는 안 된다는 판단 아래 나는 NCC 회장 자격으로 전두환 대통령에게 김대중을 사형시키지 말아 달라는 호소문을 보냈다.

이에 대해 청와대에서는 아무런 반응도 보이지 않았다. 그러던 어느 날 NCC 인권위원회 사무국장이던 이경배가 그 호소문 때문에 보안사령부에 불려가 조사를 받고 나온 일이 생겼다. 김대중을 살려달라고 탄원을 했다가 혼만 난 셈이었다.

그때 김수환 추기경도 카톨릭 신자인 유학성 정보부장을 통해 김대중 구명 운동을 벌이느라 애를 많이 썼으나 그 역시 별 신통한 반응이 없었던 것으로 알고 있다.

그 무렵 나는 정일형 박사를 문병하러 그의 집에 들렀다. 중병에 걸려 몸도 잘 가누지 못하고 누워 있던 정박사는 나를 보더니 내 손목을 꽉 잡고 내 손등에 눈물을 뚝뚝 떨어뜨리면서 간절히 부탁을 하는 것이었다.

"대중이를 살려줘. 대중이를 살려줘."

그 말을 들으면서 나도 울지 않을 수 없었다. 그러나 아무리 생각해도 그를 구할 방법이 보이지 않으니 가슴만 아플 뿐이었다.

그런데 그 얼마 후였다. 케네스 포게슨이 갑자기 내게 만나자는 연락을 해서 만났더니 이런 부탁을 하는 것이었다.

"이제 김대중의 사형은 확정된 것이나 마찬가지요. 하지만 어떻게든 그런 일은 막아야 하지 않겠습니까? 우리 미국도 애를 쓰고 있습니다만 전대통령은 외국 사람들 의견이나 외국 압력 같은 데는 거부감이 강하니까 역시 내부에서 나서주어야 할 것 같습니다. 당신이 한 번 나서주시오."

"나도 김대중을 살리기 위해 애가 타는 사람입니다만 내가 무슨 힘이 있어 그를 살리겠습니까?"

"청와대의 허화평 씨에게 들으니 당신이 국정 자문위원 자리를 거절해서 전대통령이 당신에 대해 섭섭하게 생각하고 있다고 하더군요. 그러니 그 자리를 수락하면서 조건부로 개인 면담을 신청하고 전대통령을 설득해보면 어떻겠소?"

나는 포게슨을 만난 후 그가 한 말을 곰곰이 되씹어 보면서 크나큰 고민에 빠졌다. 물론 처음에는 그의 제의를 듣고 내심 '말도 안 되는 소리'라고 일축해버렸다. 무엇보다 광주를 직접 방문하고 제네바에서 본 취재 필름을 통해 그 비극이 얼마나 끔찍한 것이었던가를 아는 내가 그런 일을 자행한 군부 세력이 탈취한 정권에 협력한다는 사실 자체가 생각하기도 싫은 것이었다.

내 개인적 명예의 손익 계산에서도 그것은 완전한 적자였다. 국내에서 쏟아질 비난은 물론, 전두환 정권에 대한 세계 여론으로 보아 내가 국정 자문위원이 되면 WCC 등 국제 사회에서도 나에 대한 평가가 여지없이 실추될 것임은 불을 보듯 뻔한 노릇이었다. 그뿐 아니라 그때까지 큰일은 못했지만 그래도 돈과 권력 앞에서는 결백하게 살아왔다는 내 자긍심에도 결정적인 손상이 갈 것이었다.

그러나 김대중을 살릴 수 있는 가능성이란 면에서 생각하면 그렇게 일도양단으로 '싫다'고만 할 수는 없다는 데 내 심각한 고민이 있었다. 김대중 이희호 부부와 맺어온 오랜 관계로 보나, 김대중의 정치적 비중과 의미로 보나 그의 사형을 막기 위해서는 무슨 수라도 써야만 했다. 더구나 그의 사형이 우리나라의 앞날에 미칠 파장을 고려해 보면 그 일만은 막아야 한다는 것이 내 입장이었다.

'내 명예가 땅바닥에 떨어진다 해도 김대중을 살릴 수 있는 가능성이 만에 하나라도 있다면 그것만으로도 시도해보고 노력해

보아야 하지 않은가. 그러나……'

나는 이런저런 생각으로 머리가 터져나가는 것 같았다.

그러던 차에 이번엔 또 다른 문제가 생겼다. 기독교 방송이 당국의 언론 통제 정책으로 11월 말부터 보도가 금지되고 광고도 못하게 된 것이다. 광고가 없어지면 자금난 때문에 방송국이 정상적으로 유지되지 못할 것이 뻔했으므로 교계에서는 그 문제를 놓고 난감해하고 있었다. 그러니 나는 NCC 회장으로서 전대통령을 직접 만나서라도 그 문제를 해결해봐야 하지 않겠나 하는 생각을 하게 되었다.

이런 일을 자꾸 겪게 되자 전두환 대통령을 더 이상 피하지 말고 만나야 한다는 쪽으로 내 판단도 기울어지고 있었다. 나는 전두환 대통령을 만나기로 하고 김옥진 국정 자문회의 사무총장을 만나 내 의사를 전달했다.

"국정 자문위원이 되는 것이 나로서는 여러 가지 문제가 있지만 만약 두 가지 전제 조건이 받아들여진다면 그 제의를 수락하겠습니다. 우선 전대통령과 한 시간 동안 단독 면담을 하고 싶고 그리고 이 일을 신문에는 절대로 보도하지 않았으면 합니다. 가능하겠습니까?"

"지금 언론이야 우리 마음대로 하는 거니까 신문에 보도되지 않도록 하는 건 어려운 문제가 아닙니다. 그러나 대통령 각하와 한 시간 단독 면담은 직접 여쭤봐야 하니까 좋다고 하시면 연락 드리겠습니다."

그리고 나서 바로 연락이 왔다.

"각하께서 두 가지 다 좋다고 하십니다. 곧 청와대로 오셔야 할 겁니다."

만약 내 제안이 받아들여지지 않았다면 마음 편히 손을 뗄 수 있었을 텐데 막상 일이 그렇게 결정되니 나는 새삼 그 자리가 부담스럽고 또 다시 거부감이 일어났다. 마음이 몹시 불편하여 고민을 하던 끝에 나는 NCC 회장이라는 직책을 가진 사람으로서 단독으로 그 일을 결정할 수는 없다는 판단 아래 NCC 임원들을 불렀다.

나는 그 자리에서 김대중 이야기는 하지 않고 내가 어떻게 했으면 좋겠는가 하고 물었는데, 대부분의 사람들이 "이 상황에서는 어쩔 수 없는 일이 아니냐"는 반응을 보였다. 다만 조승혁 목사만이 "안 하는 게 좋겠다"는 의견을 보였고, 조용술 목사는 "그거야 본인이 생각해서 결정하십시오"라고 했다.

이미 청와대에 연락하여 결정이 난 것이었지만 그 모임 후 나는 내 마음을 진정시키고 다잡을 수 있었다. 김대중을 살리는 데 도움이 되고 기독교 방송국을 정상화시킬 수 있다면, 그런 역할이 내게 주어졌다면 나의 개인적인 명예와 편안한 처신 때문에 그 기회를 버릴 것이 아니라 최소한 시도는 해보아야 한다는 것이 나의 최종 결론이었다.

게다가 더 욕심을 부린다면 어찌되었든 이왕 새로운 정권이 들어선 이상, 내가 그런 능력이 있고 없고의 문제를 떠나 새 통치 세력이 최악의 선택을 하지 않도록 말릴 수만 있다면, 그 기회를 가지는 것도 아주 의미 없지는 않겠다는 생각이었다.

들끓는 세계여론

"새 정부의 출발을 사형으로 시작하렵니까?"

이같은 우여곡절을 거쳐 나는 1980년 11월 25일 오전, 청와대에 들어가 전두환 대통령으로부터 국정 자문위원 위촉장을 받았다. 공식적인 절차가 끝난 후 전대통령은 약속대로 "들어가서 차나 한잔하자"며 나를 자기 방으로 안내했다.

그 방에서 그와 독대하게 된 나는 1시간 10분 동안 얘기를 하였다.

먼저 얘기를 시작한 것은 전대통령이었다. 그는 내게 새해 첫날 세배 와서 했던 말처럼 자기는 원래 정치에 뜻이 없었으나 어떻게 하다 보니 다른 사람들의 뜻에 밀려 대통령까지 되었다는 얘기로 말문을 열었다.

"대통령이 되어 청와대에 들어오니까 정말 잠을 제대로 잘 수가 없을 만큼 걱정이 큽니다. 내가 정치를 해본 사람도 아니고 또 경제니 외교니 하는 것들도 잘 모르는데, 이런 상태에서 국가를 운영하려니 밤잠을 설칠 수밖에 없지요. 내가 새벽에 혼자 버스 터미널이나 시장 등을 돌아다니는 것도 사실은 잠이 안 오기 때문입니다. 그렇게 혼자 새벽에 다니면 경호니 뭐니 해서 번거롭게 따라다니는 사람들이 없어 편하기도 하구요. 앞으로 여러 가지로 좀 도와주십시오."

"사람이란 자기가 부족하다고 확실히 알고 있는 한 실패가 없는데, 대통령께서는 스스로 부족하다고 느끼고 다른 사람들의 도움을 청해서 듣겠다고 하니 참 듣기 좋습니다. 하지만 앞으로 어느 정도 일을 해나가시다 보면 자신이 붙을 테니 그때를 조심하셔야 합니다. 권력을 가지면 주위에서 자꾸 잘한다는 칭송만 들려주기 쉬운데, 처음에는 그게 아첨인 줄 알다가도 자꾸만 그런 말을 듣다 보면 자신도 모르게 그 말이 사실인 줄 착각하게 됩니다. 그래서 자기가 모든 것을 잘 안다고 자만하게 되면 그때는 누구도 도울 길이 없게 되는 거지요. 박대통령의 경우가 그 좋은 예가 될 것입니다. 그러니 늘 지금처럼 자신이 부족하다는 생각을 견지하십시오."

"정말 좋은 말씀입니다."

"우리나라 5천 년 역사를 살펴보면 아무리 여러 나라가 흥망을 거듭했어도 끊이지 않고 일관되어 내려온 정치철학이 있습니다. 그것은 바로 '민심은 천심'이라는 것이지요. 백성의 지지를 받지 못하면 아무리 뛰어난 인물이라도 통치를 해낼 수 없고 백성이 등을 돌리면 결국 무너질 수밖에 없다는 것이 역사의 교훈 아닙니까?

허균 선생은 백성을 세 종류로 나누었습니다. 순종을 잘하는 순민(順民), 원한을 품은 원민(怨民), 그리고 건전한 비판의식을 갖고 시시비비를 가릴 줄 아는 호민(豪民)이 그것입니다. 그런데 순민은 어느 정권이든지 잘 순종하며 일신의 안일을 찾는 사람들 이니까 별로 신경을 안 써도 잘 따라오게 되어 있습니다. 반면 원 민은 아무리 선처를 해도 그 원한을 다 풀지 않는 사람들이니까 무엇보다 인내심으로 대처해야 합니다.

가장 중요한 것이 마지막 남은 호민입니다. 호민은 나라의 정 치를 냉철하게 지켜보며 지지와 비판의 태도를 분명히 하는데, 만일 이들이 등을 돌리는 날엔 그 정권은 더 이상 희망이 없는 것 입니다.

역사에서 왜 세종대왕은 성군이 되었고 연산군은 폭군이 되었 습니까? 연산군은 개인적인 자질이나 심성 면에서 결코 세종에 게 뒤떨어지지 않는 인물이었습니다. 앞으로 대통령께서는 통치 자로서 우리 역사를 돌이켜보며 올바른 역사 의식을 가지도록 하 는 데 노력을 많이 기울이시기 바랍니다."

이런 얘기를 하고 나서 나는 박대통령의 통치에 대한 내 생각 을 솔직히 피력했다.

"대통령께서는 박대통령의 신임을 받으셨고 또 그분의 뒤를 잇고 있지만 그분이 잘못하신 점은 분명히 알고, 잘한 것은 계승 하되 그렇지 못한 것들은 과감하게 고치십시오.

사람들이 박대통령을 평가할 때 크게 네 가지 잘못을 이야기합니다. 장기집권과 독재, 그리고 부정부패와 지역감정 조장이 그것입니다. 이런 지적은 물론 맞는 얘기지요. 그러나 나는 박대통령의 중대한 과오로 여기에다 세 가지를 덧붙이고 싶습니다.

첫째는 반공 정책을 잘못 펼쳤다는 것입니다. 그분은 5·16 직후 혁명 공약에서부터 반공을 국시의 제일로 삼는다고 선언했지만 사실은 양공(養共)을 했습니다. 반공을 하는 방법이 대단히 잘못되었기 때문이지요.

예를 들면 빈부 격차를 심화시켜 공산주의라는 세균이 잘 번식할 수 있게 해놓았고, 또 지구촌이라는 말이 운위되는 세상에서 공산주의가 무엇인지 제대로 알지도 못하게 사람들의 눈과 귀를 막아놓고 반공을 했으니 제대로 반공이 되었겠습니까? 허깨비를 유치하게 그려놓고 하는 반공은 사상누각이나 마찬가지라는 것을 저는 여러 번 느껴왔습니다.

앞으로 대학 도서관 같은 데서는 북한의 노동신문을 볼 수 있도록 해놓고 평양방송도 자유롭게 들을 수 있도록 만들어 놔야 오히려 튼튼한 반공이 될 것입니다. 온통 눈과 귀를 가려놓으니 대학에서 학생들이 지하 서클을 통해 편협한 공산주의 책자를 읽고 엄청난 충격 속에서 사상적으로 흔들리게 되는 부작용이 발생하는 것입니다."

박정권이 행한 반공정책의 과오를 지적하는 내 말을 전대통령은 처음에 잘 알아듣는 것 같지 않았다. 그런데 그 얼마 후인 1981년 1월 전대통령이 김일성을 처음으로 주석으로 칭하며 김주석을 서울에 초청한다는 발언을 했던 무렵, 청와대에 사람들을 초청해 점심을 함께하는 자리에서 그는 "박대통령의 반공 정책이 결국은 양공을 하고 말았다"고 한 내 말을 그대로 원용했다. 나는 그것을 보고 그래도 내 말이 아주 헛고생은 아니었구나 하는 생각을 했었다.

박정권의 반공 정책에 대해 비판을 한 나는 이어 문화재 관리에서도 전문성을 결여한 채 많은 과오를 저질렀다는 점을 경주를 예로 들며 구체적으로 지적했고, 마지막으로 공업화에만 신경을 쓴 나머지 환경 오염과 공해 문제에 대해서는 대책이 전무했던 환경 정책 부재에 대해서도 열심히 얘기했다.

박정권에 대한 얘기를 마치면서 나는 마침내 본론에 들어가 먼저 기독교 방송국 얘기부터 꺼냈다. 그런데 광고 금지 조치를 풀어 달라고 말을 꺼내자마자 전대통령은 대뜸 마땅치 않은 표정을 지었다.

"아니, 기독교인이 천만 명이 넘는다면서 조금씩 돈을 모아 경영하면 되지 않습니까? 종교 방송이 꼭 광고를 해야 합니까?"

그의 말은 사실 옳은 지적이었다. 그러나 나는 현실론을 펴며 그를 설득했다.

"옳으신 말씀이지만 일년만 시간을 주십시오. 지금 갑자기 우리가 어떻게 하겠습니까? 우선 일년만 광고를 하게 해주시면 그 후엔 우리가 돈을 모아 운영하겠습니다."

"노력해 보지요."

그러나 이 부탁은 결국 받아들여지지 않았다.

기독교 방송 얘기를 끝낸 뒤, 나는 조심스럽게 김대중 얘기를 꺼냈다. 그의 얼굴은 김대중이란 이름을 듣는 순간 이미 굳어져 있었다.

"저는 김대중은 물론 그의 부인과도 수십 년 동안 알고 지내왔습니다. 그런 제가 이 자리에서 확실히 말씀드리는데, 그는 정치가로서 결점도 있지만 절대로 공산주의자는 아닙니다."

내 말이 떨어지자마자 전대통령은 화를 벌컥 내며 말했다.

"내가 언제 김대중을 공산주의자라고 했습니까? 하지만 그 사람은 용공주의자고 선동 정치가예요."

"저 역시 선동 정치가를 싫어합니다. 용공주의자도 싫습니다. 그러나 대한민국 형법 어디에 선동주의자나 용공주의자는 사형시켜야 한다는 조문이 있습니까? 국가적 차원에서나 현 정부를 위해서도 그를 죽이는 게 전혀 도움이 되지 않습니다. 이미 우리나라는 광주 사태로 전세계에서 비난을 받고 있는데, 이제 김대중까지 죽인다면 그 들끓는 여론을 어떻게 감당하려고 그러십니까? 새 정부의 첫 출발을 사형으로 시작하면 되겠습니까?"

나는 명분과 실리를 다 동원하여 전대통령을 설득했다. 그래서 그랬는지 한참 이야기를 하다 보니까 그의 얼굴이 처음보다는 많이 풀어져 있었다. 내 얘기를 다 듣고 난 그는 마침내 이렇게 말했다.

"목사님이 말씀하신 취지는 잘 알겠습니다. 목사님 말씀을 고려해서 내가 잘 알아서 할 테니 너무 걱정은 마십시오. 이제 그 얘기는 그만하고 화제를 딴 데로 돌리지요."

걱정하지 말라는 그의 말과 분위기로 보아 나는 '성공이구나'

하는 생각이 들었고, 무거운 짐을 덜어놓은 것처럼 내 어깨도 가벼워졌다. 이때 나의 건의가 전대통령에게 제대로 받아들여지지 않았더라면 나는 내가 내린 결정을 얼마나 후회하고 괴로워했을까. 그 생각을 하며 나는 오랜 고민 끝에 무거운 마음으로 자문의 원직을 수락한 이후 처음으로 마음이 가벼워지는 것을 느꼈다.

한 시간여에 걸친 대담을 마치고 그의 방을 나왔다. 그런데 방문을 막 열려는 순간 전대통령이 나를 불러세웠다.

"오늘 여기서 나눈 얘기는 밖에 나가서 안 하셨으면 합니다."

"잘 알겠습니다."

그러나 나는 전대통령의 부탁에도 불구하고 정일형 박사만은 찾아가지 않을 수 없었다. 언제 세상을 떠날지 모르는 노인이 울며 부탁하던 모습이 자꾸 눈에 밟혀 그에게만은 기쁜 소식을 전해야 할 것 같았기 때문이었다.

정박사를 찾아가 전대통령을 만난 얘기를 하고 그를 안심시켰다.

"이제 걱정하지 마십시오. 김대중이 사형은 면할 것 같습니다."

내 말에 그 마른 나뭇가지 같은 노인은 너무 흥분해서 엉엉 울기까지 했다.

그는 부인인 이태영 여사를 불러 "대중이가 살 수 있대"라고 말하며 그렇게 좋아할 수가 없었다.

나는 그날 정박사 부부에게 그 얘기를 다른 사람에게는 절대로 하지 말고 비밀에 부쳐달라고 재삼 당부를 하고 그 집을 나왔다. 그런데 이희호가 문병을 왔을 때 정박사는 그만 참지 못하고 그

애기를 해버리고 말았다는 것이다. 그렇게 해서 그 애기가 차츰 주변 사람들에게 퍼지게 되니 나는 걱정이 되어서 이태영 여사에게 사람들의 입단속을 단단히 하라고 누차 부탁을 해야 했다.

내가 김대중의 구명에 실제로 얼마만큼 영향을 끼쳤는지는 잘 알 수 없지만, 전대통령은 1981년 1월 23일 대법원에서 사형이 확정된 김대중을 무기징역으로 감형하는 조치를 취했다. 나는 그 소식을 듣고 조봉암의 사형에 이어 우리 정치사에 큰 오점으로 남을 뻔했던 비극적인 일이 미연에 방지됐다는 생각에 한숨을 내쉬지 않을 수 없었다.

국정 자문위원직을 수락하면서 나는 전대통령을 만나 건의하고 싶은 말을 하면서 나름대로 의미도 느낄 수 있었지만, 그로 인한 내 이미지 실추는 엄청난 것이었다. 그런데 내 이미지 실추는 정부측의 고의적인 선전으로 더욱 심화되었다.

신문에 보도하지 않겠다던 약속과 달리 그들은 내가 청와대에서 국정 자문위원 위촉장을 받던 날, 석간 신문의 1면에 사진과 함께 그 사실을 보란 듯이 공개해 버리고 말았다. 그 사진에는 내가 전대통령에게 머리를 숙이고 위촉장을 받는 모습이 담겨 있다. 그 일이 신문 1면에 사진과 함께 날 만큼 중요한 일은 아니었는데도 그렇게 된 데에는 그들의 불순한 의도가 숨어 있는 게 분명했다.

나는 그날 오후 석간을 보면서 그들의 약속 위반에 화가 났으나 이미 엎질러진 물이었다. 그 신문들을 보고 아카데미의 박경서 부원장이 조간에도 이렇게 나가서는 안 되겠다는 생각에 조간

신문사들을 찾아다니기도 했으나 헛고생이었다. 이미 신문사마다 그 사진과 기사를 어느 면에 어느 크기로 내라는 지시가 하달되어 있었기 때문이었다.

그 보도가 나간 후 미대사관의 케네스 포게슨이 허화평을 만나 "그렇게 닥터 강의 이미지를 다운시키면 어떻게 하느냐"고 항의를 한 일이 있었다. 그러자 허화평은 "우리도 그런 줄 알고 했다. 하지만 우리와 잘 협력하면 강목사의 이미지 업(up)은 어렵지 않다"고 대답했다니 참 기가 찰 노릇이었다.

나는 국정 자문위원이 됨으로써 국제적으로도 비난을 받아야 했다.

"강목사가 광주 학살을 자행한 군사 독재자의 자문위원이 되었다니 그럴 수 있느냐."

WCC뿐만이 아니라 독일, 미국, 캐나다 등지에서도 나를 비난하는 소리가 끊이지 않았다. 그 때문에 나는 국제 활동에 많은 제약을 받아야 했으며, 아카데미 등 내가 관련된 활동에서도 외국의 원조를 받는 데 난관을 겪어야 했다.

국내에서 쏟아지는 비난은 말도 못했다. 한마디로 어떻게 그럴 수 있느냐는 것이었다. 내가 국정 자문위원으로 있는 동안 세간에는 "이 시대의 변절자. 윤·천·지·강"이라는 말이 돌았다. 윤·천·지·강이란 윤보선, 천관우, 지학순, 강원용을 지칭하는 것이었다.

그런 국내외의 반응들을 보면서 나는 말로 표현할 수 없을 만큼 고통스럽고 괴로웠다. 아무리 좋은 의도로 결정했고, 또 소기의 성과를 거두었다고 해도 그런 비난과 여론을 받으니 국정 자문직을 수락한 내 결정에 대해 회의와 후회가 생기지 않을 수 없었다. 그러나 이미 나는 돌아올 수 없는 다리를 건넌 셈이었다. 온갖 수모와 비난을 체념 속에서 받아들일 수밖에 없었다.

내가 할 수 있는 일이란 한 가지뿐이었다. 내 명예를 진창 속에 던지면서까지 뜻했던 바, 즉 대통령에게 영향력을 행사할 수 있는 자리에 있으면서 남이야 어떻게 생각하든 사람들의 생명을 구하고 나라가 최악의 길을 걷지 않도록 하는 데 미력이나마 힘을 쏟는 것뿐. 그때 나는 그 어느 때보다 자주 스스로에게 묻곤 했다.

'과연 나는 하나님 앞에 떳떳한가.'

"더 죽이면 나라가 망합니다"

내가 국정 자문위원이 되어 나름대로 뜻했던 역할을 했던 것 중의 하나는 사형이 선고된 광주 민주화운동 주동자들의 목숨을 살리는 데 힘을 썼던 일이다.

군법회의에 회부되었던 광주 민주화운동 관련자들에 대한 대법원 확정 판결이 난 것은 1981년 3월 31일이었다. 그날 대법원은 피고인들의 상고를 기각, 군법회의에서 내린 죄와 살인죄로 사형이 선고되었던 정동년, 배용주, 박노정 세 사람에게 원심대로 사형을 확정했다.

이렇게 되자 국내는 물론 국제적으로도 이 일을 놓고 그들이 죽도록 내버려둬서는 안 된다는 여론이 일어 시끌시끌했다. 가장 몸이 단 사람들은 물론 사형 선고를 받은 사람들의 가족이었다. 그들은 사형이 확정되자 이리저리 뛰어다니며 구명 운동을 벌이다가 정 안 되니까 김수환 추기경의 방에 모여 농성을 벌였다. 김추기경도 그들의 구명을 위해 다방면으로 애를 쓰고는 있었지만 별로 희망적인 관측은 보이지 않고 있었다.

나는 사형수들의 가족이 김추기경의 방에 모여 농성을 벌이고 있을 때 그곳을 찾았다. 그런데 거기서 들은 정보에 의하면 토요일인 4월 4일 아침 일곱 시에 세 사람 가운데 두 사람에게 사형이 집행된다는 것이었다.

나는 그 말을 듣고 깜짝 놀라서 어떻게든 그런 끔찍한 일만은 막아야겠다는 판단 아래 전두환 대통령에게 면회 신청을 했다. 그날이 수요일이었던 걸로 기억하는데, 날짜가 촉박해진 나는 계속 면회 신청을 했으나 좀체 허락이 떨어지지 않았다. 다급해진 나는 비서관을 붙들고 사정을 했다.

"이건 국가의 존망이 달려 있는 문제요. 내게 단 5분만이라도 시간을 내주도록 어떻게 좀 해주시오. 시간이 촉박하니 무슨 일이 있어도 금요일까지는 대통령을 만나야 합니다."

"국가 존망이 걸려 있다"는 말이 효과가 있었던지 금요일인 4월 3일 오후 3시에 전대통령을 만나게 되었다.

나는 결심을 단단히 하고 청와대로 들어갔다.

"도대체 국가 존망과 관련된 일이라는 게 뭐요?"

"이제 광주 사람을 하나라도 죽이면 나라가 망합니다."

"목사님으로서 생명을 존중한다는 것은 알지만 그 정동년이란 사람과 버스 운전수가 어떤 놈들인지 알고 하시는 말입니까?"

"네, 그 사람들이 무슨 죄를 지었는지 저도 잘 알고 있습니다. 그러나 대통령께서는 제 얘기를 경청해 주십시오. 저는 지금 생명의 존엄성이니 뭐니 하는 그런 고답적인 얘기를 하러 들어온 것이 아닙니다. 이건 나라의 존폐가 걸린 현실적으로 중대한 문제입니다.

대통령께서는 어떻게 알고 계신지 모르겠으나 광주 사태로 우리 정부에 대한 세계 여론은 매우 나쁩니다. 저는 세계교회 활동 관계로 외국에 나갈 기회가 많아 그런 사실을 여러 번 체험했습니다. 지난 여름 제네바에서 열린 한 회의에서는 광주 사태 현장을 적나라하게 담은 필름이 참석자들을 향해 계속 돌려지기도 했습니다.

이제 시간이 흘러 세계의 비난이 겨우 가라앉긴 했지만 그 불씨가 없어진 것은 결코 아니지요. 그런데 이제 광주 사태 주동자들을 사형에 처한다면 광주 사람들의 응어리는 더욱 굳어질 것이고 세계 여론도 다시 악화될 것입니다. 아마 세계 곳곳에서 다시 광주의 필름들이 돌아갈 것이고 인권 문제에 민감한 선진국들은 한국에 대해 경제적 제재까지 가하려 들 것입니다.

일례로 이미 독일의 겐셔 외무부 장관은 한국에 대해 유럽공동체가 경제 제재 조치를 취할 것을 들먹이고 있으며, 앞으로 미국의 노동조합 조직 같은 데서는 한미간 경제 교역을 방해하려고 들 것입니다. 이렇게 우리나라가 북미 지역뿐 아니라 유럽, 제3세계에서까지 여러 가지로 제재를 받는다면 우리의 국제적인 위신은 물론 경제 상황도 악화될 것입니다.

그 사람들 몇 명을 죽여서 도대체 우리 정부가 얻을 이익이 뭡니까? 절대로 그 사람들을 죽여서는 안 됩니다. 어느 쪽이 정말 현명한 선택인지 잘 생각해 보십시오."

전대통령은 아무런 말도 없이 내 얘기를 듣고만 있었다. 나는 그의 표정을 읽어가며 이번에는 감정에 호소하는 쪽으로 얘기를 바꿨다.

"대통령께서도 아시겠지만 셰익스피어의 작품들에는 권력을 잡기 위해 가까운 사람들, 심지어 가족까지도 죽이는 장면이 많이 나옵니다. 그런데 그렇게 억울하게 죽은 사람들을 보면 사후에 유령으로 나타나서 복수를 하지 않습니까? 이미 죽은 광주 사람들도 많은데 이 사람들을 또 죽이면 후환이 따를지도 모릅니다. 사람들의 원한을 사는 그런 일을 왜 하시려고 합니까?"

이런 얘기를 하다 보니 약속한 5분은 이미 한참 지나 있었다.

"시간을 넘겨서 죄송합니다. 저는 대통령께서 듣든 듣지 않으시든 이 나라 국민으로서 의무를 다해야 한다는 생각에서 이런 말씀을 드렸습니다."

얘기를 마치고 전대통령의 얼굴을 보니 처음보다는 확실히 화난 기세가 많이 수그러져 있었다. 그때까지만 해도 전대통령은 남의 말에 귀를 열어놓고 있었고, 옳다고 인정되는 주장에 대해서는 쓸데없는 권위나 고집을 부리지 않고 받아들이는 장점을 잃지 않고 있었다.

내 말을 듣고 난 전대통령이 뭔가 얘기를 꺼내려고 막 입을 열려는 순간 문이 열리더니 비서가 들어왔다.

"각하, 곧 회의가 시작됩니다."

나는 얼른 자리에서 일어나 전대통령에게 인사를 하고 밖으로 나왔다. 나와서 시계를 보니 3시 35분이었다. 5분 동안이라고 약속을 해놓고 35분간이나 얘기를 했던 것이다.

나는 청와대를 나온 후 또 다른 약속이 있어 사람을 만나고 저녁 늦게야 집에 들어갔다. 그런데 나를 본 식구들은 굉장한 회소식이라도 있는 듯 기뻐서 어쩔 줄을 모르는 표정이었다. 저녁 뉴스를 통해 "국무회의에서 사형 선고를 받은 사람들을 포함한 광주 사태 관련자 전원에 대해 특별 감형 및 사면 조치가 결정되었다"는 소식이 보도되었다는 것이다. 우리 식구들은 내가 그 건으로 청와대에 들어간 사실을 알고 있었으니까 그 뉴스를 듣고 환호를 올렸던 것이다.

"어떻게 알았는지 김수환 추기경 방에서 농성하던 광주 민주화운동 관련자 가족들이 우리 집으로 인사를 오겠다고 하기에 목사님은 집에 없다고 했더니 '지금 차편으로 고향에 내려가야 하니 후일 찾아 뵙겠다'고 하더군요."

그들은 며칠 후에 정말 사무실로 나를 찾아왔다.

정동년을 비롯한 당사자들이 가족들과 함께 나를 찾아온 것은 그들이 풀려난 후였다.

"목사님이 애써 주신 덕분에 살아났습니다. 고맙습니다."

정동년이란 사람은 생각보다 젊었다. 그의 부인은 등에 아기를 업고 있었는데, 그 모습을 보니 그가 사형을 면한 것이 새삼 얼마나 다행이었는지, 나는 뒤늦게 가슴을 쓸어내렸다.

동독의 획일성

1981년 7월 말에는 WCC 중앙위원회가 동독에서 열려 나는 한국 민간인으로는 최초로 동독을 방문하게 되었다. 그때 나는 통역자로 서독에 있던 이삼열 교수를 데리고 자동차 편으로 동독에 들어가 회의 장소인 드레스덴까지 달렸다.

나는 회의 기간 중 이곳저곳 돌아다니며 가능한 한 동독의 실체를 접해 보려고 노력했으며, 귀국 후에는 『조선일보』의 요청으로 동독 방문기를 쓰기도 했다. 동독과 프랑스를 비교하며 '다양성과 획일성'이라는 제목으로 쓴 이 글에서 나는 내가 보고 느낀 것을 솔직하게 표현하려고 애썼지만 당시 우리나라는 그것이 용인되는 분위기가 아니었다.

『조선일보』에 글을 넘겨준 날 밤이었다. 신문사에서 늦게 전화가 왔다.

"목사님, 죄송하지만 목사님 글을 그대로 실을 수가 없습니다. 정보부에서 문제를 삼아서요. 부득이 문제되는 부분은 삭제하고 나가야 되겠습니다."

"아니 그러면 아예 싣지를 마시오."

"죄송합니다. 이미 신문 조판이 다 끝나서 어쩔 수가 없습니다. 양해해 주십시오."

다음날 『조선일보』(9월 6일자)에 내 글이 나온 것을 보니 정작 중요한 알맹이는 다 빠지고 없었다. 그 때문에 민간인 최초로 동독을 방문했다는 큰 주목거리에 비해 그 내용은 보잘것없었다. 현장감이 결여된 채 평론 같은 글이 되어 있었다.

내가 동독을 보고 가장 인상 깊게 느꼈던 것은 헝가리와 달리 교회 활동이 활발하다는 것이었다. 특히 개회 예배가 열린 드레스덴의 교회는 아래위층 전체에 수천 명의 교인이 모여 성가를 부르고 예배를 드려 나는 그 웅장한 모습을 아주 인상적으로 썼는데, 신문에 나간 글에는 그 부분이 몽땅 잘려나가고 없었다. 정보부 사람들이 "한국 사람들은 종교를 부인하는 공산국가인 동독에는 기독교 자체가 없는 것으로 알고 있는데 이런 내용이 나가면 안 된다"고 하면서 삭제를 요구했기 때문이었다.

알맹이가 다 빠진 글은 독자들에게도 실망을 안겨줄 수밖에 없었다. 내 글이 나간 후 『조선일보』 독자란에는 "기독교 대표로서 동독에 다녀와서 썼다는 글이 고작 그런 정도냐"는 한 독자의 항의가 실렸다. 그러니 나는 '이처럼 괴상한 나라에서는 차라리 남들처럼 그런 곳에 갈 기회가 없어 아무 것도 모르고 사는 것이 다행'이라며 자조의 웃음이나 지어야 했다.

나는 그 글에서 동독 사회의 획일성을 비판했지만 사실 획일성으로 말하자면 동독이나 우리나라나 오십보 백보라고 해도 과언이 아니었다.

알맹이는 별로 없지만 그때 실린 글 중 일부를 소개한다.

(나는 동독에 가기 전) 으레 짐 검사가 심할 것으로 예상했

다. 특히 서류는 꼼꼼히 챙기며 여러 차례 점검을 하고 간단히 짐을 챙겨 갔는데 실제 입국 심사를 받아보니 내 예상과는 많이 달랐다. 여권이나 짐 검사 과정부터 그곳에 머무는 기간 내내 나를 다른 나라 대표들과 달리 대하는 것 같지는 않았다.

원래 나는 가지고 간 자동차로 틈 나는 대로 여기저기를 다녀 보려고 했으나 당국이 허가한 장소 외에는 방문할 수 없도록 입국 허가가 났기 때문에 그 점이 가장 큰 아쉬움이었다.

그런 제한 속에서 둘러본 동독은 한마디로 말해 사회 전체 분위기가 매우 건조했다. 인간미 없는 불투명한 어떤 막이 사람과 사람 사이를 가로막고 있는 듯했다. 내 생각이지만 그 원인은 획일화 때문인 것 같았다. 획일화 현상은 공산당 일당 독재의 정치·행정 구조에서는 말할 것도 없고 일상 생활의 여러 면에도 나타나 있었다. 일례로 세계 어디를 가도 발견할 수 있는 중국음식점이 그곳에만 없었다.

한번은 음식점에 들어가 빈 식탁이 많기에 그 중 하나에 앉았더니 종업원이 와서 우리더러 일어나라고 했다.

"차례대로 앉아야 하니 저기 두 사람이 식사를 하고 있는 식탁으로 가 합석해 주십시오."

빈 식탁들을 놓아두고 합석을 시킨다는 발상 자체도 이해하기 힘들었지만 음식을 시켰더니 나오기까지 한 시간이나 걸렸다.

좀 고급으로 보이는 음식점도 있었지만 그곳은 출입을 제한하기 때문에 들어가기가 힘들었다. 백화점에 가보아도 모든 것이 획일적이어서 눈에 띄는 특색 있는 물건이 없었다. 동독 정부 관계자에게 내 느낌을 말했더니 그의 설명 겸 대답은 이랬다.

"실업자가 없고 굶주림 없는 사회를 만들려다 보니 그럴 수밖에 없습니다."

그런 식으로 따지자면 닭장 속에 갇혀 모이를 받아먹는 닭들이 가장 이상적인 사회를 사는 셈이 될 것이다.

신이 아닌 인간이 만든 이념이나 제도를 신처럼 절대화시켜 교조적으로 밀고 나갈 때 사회는 모순과 갈등에 부딪치게 된다. 그것을 해결하기 위해 사회는 에리히 프롬이 말한 '역행적 해답'(regressive answer)을 흔히 택하게 되는데, 바로 그때 획일화, 비인간화 현상이 일어나게 된다. 결국 그런 억지스런 노력은 거짓에 불과하기 때문에 실패하고 만다. 능력에 따라 일하고 필요에 따라 분배한다는 공산주의의 꿈은 인간을 천사로 보는 착각에서 나왔다.

일치 없는 다양성은 혼란과 무질서를 초래하지만 다양성이 없는 획일성은 인간 사회를 식민지로 후퇴시킨다.

교회당의 예술성과 기능성

1981년은 경동교회 역사에서 새로운 장을 연 한 해였다. 이해 우리 교회는 숙원이던 새 교회당 건축이라는 큰 일을 마무리하고 12월 6일 감격 속에서 헌당 예배를 올렸다.

그때까지 우리가 사용해온 교회 건물은 6·25전쟁 후 세웠던 가건물을 필요에 따라 그때그때 증개축한 것으로서 교회당다운 이미지나 상징이 전혀 없었다. 게다가 크게 늘어난 신자들을 충분히 수용할 공간마저 턱없이 좁아서, 교회에서는 기회가 있을 때마다 신축 문제가 거론되었으나 빈약한 재정 등 여러 가지 이유로 차일피일 미루다가 교회 창립 35주년을 맞았다.

교회당 신축 문제가 현실성을 가지고 구체적으로 거론되기 시작한 것은 창립 35주년을 일년 앞둔 1979년이었다. 그때 교회에서는 35주년 기념 사업의 하나로 교회당을 신축하자는 얘기가 나왔고, 그 결과 어려움이 있더라도 새 교회당을 짓기로 결정을 보았다. 그러면서 교회당을 어디에 어떻게 새로 지을 것인가 하는 문제를 놓고 갖가지 의론이 분분했다.

원래 나는 경동교회 땅이 5백 평밖에 안 돼 협소하니 그 땅을 팔고 새로운 곳에 좀더 넓은 대지를 구해볼 생각이었다. 그러나 땅이 팔리지 않는 바람에 울며 겨자 먹기로 있던 건물을 헐고 그냥 그 자리에 새로 건물을 지을 수밖에 없었다.

이렇게 지을 자리는 결론이 났으나 다음엔 건축 기금을 모으는 일이 문제였다. 기존 건물을 헐고 새 건물을 짓는다는 계획 아래 건축 회사를 찾아가 물어 봤더니 대강 3억 5천만 원 정도 든다는 계산이 나왔다. 우리로서는 감당하기 힘든 거액이었으나 모처럼 숙원을 푸는 기회였던 만큼 무리가 되더라도 일단 시도해보기로 했다.

평소에 나는 교인들에게 돈을 내라는 얘기를 해본 일이 없었다. 경동교회의 전통 중 하나가 창립 이래 부흥회는 물론이고 예배 순서에 헌금 기도나 헌금 액수에 대한 광고가 없다는 것이다.

장로들은 내가 그런 광고를 하지 못할 것을 뻔히 알고 나더러 외국에 나가 있으라는 말까지 했다. 내가 없는 사이 집회를 열어 돈을 거둘 생각을 하는 모양이었다.

그러나 그렇게 '눈 가리고 아웅' 하는 짓은 차마 할 수 없어 나는 처음으로 교인들에게 헌금을 해달라는 호소를 하였다. 1977년 11월이었다.

"처음이자 마지막 호소입니다. 교회를 짓기 위해 3억 5천만 원이 필요하니 여러분이 합심하여 그 돈을 마련해 주십시오. 이런 광고를 두 번 다시 하지 않도록 해주십시오."

그랬더니 가난한 교인이 많은 이 교회에서 놀랍게도 그 돈이 단번에 걷혔다. 그때 나는 우리 교인들의 굳은 공동체 의식을 확인하고 얼마나 감격했는지 모른다.

가장 큰 돈 문제가 해결되자 곧 건축위원회가 구성되어 본격적인 건축 작업에 들어갔다. 건축위원장은 김봉기 장로였다. 교회당 설계는 내가 외국에 다녀오는 사이 유명한 건축가 김수근에게 맡겨져 있었다. 나는 김수근과 인간적으로 잘 알고 지내는 사이였지만 과거 그가 일본 건축물에 실력을 보였다는 점도 그렇고 여러 가지 이유로 해서 그에게 맡길 생각은 아니었다.

어쨌든 나는 그를 만나 여러 번 이렇게 다짐을 해두곤 했다.

"절대로 3억 5천만 원을 초과하면 안 됩니다. 그러면 나는 목사를 그만둬야 합니다."

"걱정하지 마세요. 어쩌면 3억 5천만 원이 채 안 들지도 모릅니다. 교회 건물에 뭐 그렇게 돈을 들입니까? 돈이 많이 들어간다고 꼭 좋은 건축이 되는 것도 아니구요."

이후 나는 김수근을 자주 만나 교회당 건축에 대한 내 아이디어를 설명하면서 바쁘게 뛰어다녔다. 평소 나는 교회다운 이미지와 상징이 제대로 구현된 그런 교회당을 소망해 왔기 때문이다. 나는 김수근에게 신학적 측면을 예술적으로 살리면서도 기능적으로 손색이 없는 교회당을 짓고 싶다는 내 뜻을 여러 차례 강조하곤 했다.

내가 바란 교회당은 외형적으로 화려하고 물량적으로 거대한 것이 아니라 '교회는 그리스도의 몸'이라는 사실을 상징하고 중요한 신학적 개념들을 구현하고 있는 그런 것이었다. 기존 교회당 중에는 내 소망에 맞는 모델이 하나도 없었을 뿐 아니라 오히려 잘못된 건축 구조가 널리 퍼져 있다는 생각을 갖고 있었으므로 우리가 짓는 새 교회당 건물을 통해 새로운 교회 건축의 모델을 보이고 싶다는 의욕도 갖고 있었다. 따라서 경동교회의 새 교회당 건축은 교회 갱신 노력의 하나라는 의미도 갖고 있는 셈이었다.

마침내 설계가 끝나 기공식을 가진 것은 1980년 9월이었고 예상과 달리 돈이 많이 들어 나는 약속을 깨고 다시 헌금 모금을 하는 등 우여곡절 끝에 공사를 마칠 수 있었다. 새 건물의 준공식은 1981년 8월 말이었다.

세상에는 복잡하고 어려운 일이 적지 않지만 건축 일만큼 어렵고 힘든 일도 드물 것이다. 경동교회의 건축도 예외는 아니어서 예상치 않은 갖가지 난관이 돌출했다. 가장 심각한 것은 자금 문제였다. 처음에 3억 5천만 원으로 계산했던 건축비가 결과적으로 9억 원 가까이 들어가게 되었다. 결국 이 돈을 다 갚기 위해 교회는 모두 네 차례에 걸쳐 힘겨운 모금을 해야 했다.

그러나 교인들 모두가 그 힘든 과정을 한마음으로 이겨내고 1981년 9월 6일 마침내 감격적인 입당 예배를 드리게 되었다.

옛 모습을 벗고 완전히 새로운 모습으로 우뚝 선 새 교회당은 전체적인 외형이 웅장한 느낌을 주면서도 하나님을 향해 다소곳이 기도하는 듯한 형태로 되어 있었다.

이 교회당은 몇 가지 특징을 갖고 있는데, 우선 말할 수 있는 것은 건물 전체가 던지는 메시지다. 여러 각도와 방향으로 서 있는 건물들이 전체적으로 조화를 이루며 하나로 이어지는데, 이는 다양성 속의 일치라는 에큐메니컬 정신을 표현한 것이다. 그리고 하나님과 인간 사이의 수직적 관계, 인간과 인간 사이의 수평적 관계, 그리고 인간과 자연의 관계가 상징적으로 표현되었다.

전면 강단과 설교대는 다른 교회에 비해 훨씬 낮고 단상에는 좌석이 없었는데, 이는 교회 내의 권위주의를 없애고 교역자 중심의 교회상을 개혁해 보려는 시도였다. 예배당 앞쪽 벽에는 높이가 22피트에 이르는 대형 십자가가 걸렸고 뒤에는 여러 가지 모양의 십자가로 이루어진 큰 색유리 창이 있다. 이는 신도들이 들어올 때는 모두 그리스도의 십자가 하나를 보고 들어오지만 나갈 때는 각자 다른 모양의 자기 십자가를 지고 역사의 현장으로 나간다는 의미를 함축하고 있다.

새 교회당의 또 다른 특징은 종탑이다. 교회 건물에 흔히 볼 수 있는, 십자가가 하늘로 치솟은 모양의 종탑이 아니라, 하나님을 향해 머리를 숙이고 다소곳이 기도하는 형태를 이루고 있다. 하나님의 나라가 역사의 현장에 임하기를 간절히 기원하는 모습을 나타내고 있다.

그리고 예배당의 출입문이 큰길가를 향해 있는 교회 정문과 같은 방향으로 나 있지 않고 옆쪽을 향해 있는 관계로, 교회 정문에 들어서서 예배당 입구까지 오려면 그 사이의 좁은 계단 길을 걸어 올라오도록 되어 있다. 이 길은 사람들이 걸으며 명상할 수 있는 시간을 주기 위해 일부러 그렇게 만든 것으로서, 생명을 향한 좁은 길도 되고 골고다 언덕을 향한 길이 될 수도 있다.

마지막으로 언급할 만한 곳은 야외 예배를 위한 옥상 교회다. 주로 축제 예배를 올리는 장소로 쓰이는 이 옥상 교회는 훤하게 트인 하늘 아래 햇빛과 별빛을 받으면서 하나님과 인간이 소통하는 열린 공간이자 축제의 전당이다.

상처받은 공동체

새 교회당은 이처럼 신학적 상징이나 예술성 면에서는 미흡하나마 성공을 거두었다는 평을 받았다. 그러나 문제는 실용성이었다. 실제로 사용을 해보니 기능 면에서 많은 하자가 발견되었다. 음향과 조명에도 문제가 있었고 지하에 있는 휴게실의 경우 환기가 잘 안 되어 연기가 빠져나가지 않는 등 엉망이었다.

그러자 교인들 사이에서 서서히 불평이 나오기 시작했다. 예산을 훨씬 초과해 가며 힘겹게 건물을 지었는데 결과가 그 모양이니 불평이 나온 것은 당연했다.

교회에서는 그 여론을 모른 채 할 수가 없어 1981년 말 여론 수렴을 하기 위해 집사 이상 교인 1백여 명을 불러 회의를 하였다. 우선 건축위원장을 맡았던 김봉기 장로 등 관계자들이 나와서 경과 보고를 하고 참석자들의 질문을 받았다. 그런데 그 질문이 주로 건축 하자에 관한 것이었으니 김장로 등이 기분이 좋을 리가 없었다.

사실 교회당 건축을 위해 김봉기 장로 등이 쏟은 노력과 열성은 대단한 것이었다. 김장로는 가정과 직장 일까지 제쳐두다시피 하고 건축 시작부터 완공까지 시간과 정열을 바쳐 헌신했다. 그런데 결과가 그렇게 되었으니 나 역시 기분이 착잡했다. 하지만 그렇다고 해서 하자를 인정하지 않을 수는 없는 노릇이었다. 그래서 나는 회의가 끝날 무렵 결론적으로 이런 견해를 밝혔다.

"김장로나 여러분이 매우 수고를 하셨다는 건 우리 모두가 다 압니다. 그렇지만 잘못된 것은 잘못된 것으로 인정을 해야지요. 인정을 하고, 그러고 나서 고치면 됩니다."

마치 내 불평처럼 표현함으로써 신도들의 불만을 무마시켜보려고 했던 나의 그 말이 김장로 등 건축일을 맡았던 사람들에겐 상당히 야속하게 느껴진 모양이었다. 회의가 끝난 후 그들이 따로 모여 "어쩌면 그럴 수 있느냐, 수고했다고 감사패를 주며 추켜세울 때는 언제고 이제 와서 이러면 되느냐"고 나를 성토했다는 말이 들렸다. 그후 그들은 다른 장로들을 만나 나에 대해 비난을 하며 동조 세력을 만드는 것 같았다.

그런 일이 있고 난 뒤 1982년 1월 어느 날이었다.

김장로측에서 만나자고 해 만났더니 장로 다섯 명이 모두 나와 있었다. 한 명이 뭔가 적힌 종이를 꺼내더니 난데없이 내 앞에서 읽어 내려갔다. 들어보니 한마디로 나더러 경동교회 목사직을 그만두라는 얘기였다. 나는 깜짝 놀라지 않을 수 없었다. 그런 일은 40년 가까운 경동교회 사상 처음 있는 일이었다.

목사들 사이에서는 "몸담고 있는 교회에 오래 있으려면 교회당을 짓지 말라"는 말이 있다. 교회당을 짓게 되면 반드시 말썽이 나게 마련이라는 얘기다. 그런데 우리 교회가 바로 그 경우가 되고 만 셈이었다.

그 소문이 퍼지자 교인들 사이에서는 그 다섯 장로들을 비난하는 소리가 나왔고 소리가 소리를 불러 사건은 일파만파로 걷잡을 수 없이 확대되기에 이르렀다. 이 파문은 조기에 수습되지 못하고 그해 가을까지 이어지다가 결국 그 다섯 명의 장로가 교회를 떠나는 것으로 결말이 났다.

그때 나는 들고일어나는 교인들을 진정시키기 위해 그들에게 "일단 사표를 내라"고 했다. 물론 수리할 생각은 아니었는데, 도저히 수리하지 않으면 안 될 상황이 계속되어 갈등이 이는 가운데 결국 수리를 하고 말았다.

오랜 세월 경동교회를 함께 꾸려왔던 김봉기, 지갑섭, 노명식, 김창기, 양우석 다섯 장로의 사표를 수리하면서 내가 느낀 고통은 이루 말할 수 없었다. 그들은 교회를 위해 열심히 일해 온 선

량한 사람들로서 나와 희로애락을 같이해왔으며 다른 사람 아닌 내가 장로로 세운 사람들이었다.

생각해 보면 나도 그들에게 섭섭한 감정이 있었지만 그들 역시 내게 불만스러웠던 점이 많았던 것 같다. 이는 물론 모두 내가 부덕한 탓이었다.

그들이 내게 반감을 느끼고 교회를 떠나게까지 된 것은 평소 내가 그들을 제대로 대접하지 못했기 때문일 것이다. 나는 친한 것만 믿고 그들을 내 생각대로 대했다. 다혈질에 독선적인 기질이 있는 내가 그들의 감정은 잘 헤아리지도 않고 건축 하자를 놓고 함부로 말을 내뱉은 것이 그들에게 큰 마음의 상처를 주었고 그 동안 누적되어온 불만을 폭발시켜버린 계기가 되었다.

그들이 그렇게 교회를 떠나게 된 사태는 나의 사역 활동과 경동교회 전 역사를 통틀어 가장 큰 고통으로 남게 되었다. 또한 내 개인적인 생에서도 아들 대영이의 죽음에 이어 가장 고통스럽고 아픈 상처를 남겼다.

그때 떠난 다섯 명 가운데 김창기 장로는 이미 세상을 떠났지만 김봉기, 양우석 장로 등은 우리 교회 50주년 성찬식에 참석할 정도로 화해가 이루어졌다. 김봉기 장로는 2002년 크리스마스 때 카드를 보내오기도 했다. 이 세 사람과는 일찍이 연락도 재개하고 화해를 이루어 그나마 위안이 되었다.

겨울공화국 소련으로 들어가다

서랍 속에서 잠자는 기행문

1982년 가을 나는 WCC 방문단의 일원으로 당시만 해도 우리에겐 철저히 금단의 나라였던 소련을 방문하게 되었다. 그때 WCC는 1983년 7월 캐나다 밴쿠버에서 열릴 6차 총회를 앞두고 각 나라에 총회 준비를 위한 방문단을 보냈는데, 나는 자진해서 소련을 지망해 허가를 얻었다.

젊은 시절 내게 큰 감명을 주었던 톨스토이와 도스토예프스키를 통해 낯을 익힌 나라, 내 신학 공부에 적잖은 영향을 준 유신론적 실존주의자 니콜라스 베르자예프, 화해를 부르짖은 기독교 사상가 솔로비요프가 활동했던 나라, 종교적으로는 1961년 이래 WCC 안에서 늘 정교회의 선전을 끈덕지게 늘어놓는 나라, 공산주의 종주국으로서 미국과 함께 세계 운명을 좌우하던 그 나라에, 정부 수립 이후 한국인 목사로서는 처음으로 들어갈 기회를 얻은 것이다. 그것은 철의 장막을 넘어서 비밀의 나라로 가는 듯 흥분되고 떨리는 일이었다.

나는 당시 WCC 중앙위원회 실행위원이면서 총회 준비위원 15 인 가운데 하나였으므로 그런 소중한 기회를 얻을 수 있었다. 그 러나 문제는 소련에서 입국 비자를 받을 수 있느냐 하는 것과 우 리나라에서 소련으로 갈 수 있는 여권을 발급받을 수 있느냐 하 는 것이었다.

우선 소련 비자는 WCC에서 나와 같은 직책으로 활동하던 소 련 정교회의 대주교 키릴과 내가 양국을 교환 방문하는 것으로 하여 받았다. 이제 문제는 우리나라에서 여권을 내는 일이었다.

그해 8월 전두환 대통령이 아프리카 네 나라와 캐나다를 순방 하고 돌아와 중앙청에서 그 환영회가 열렸다. 나도 초대를 받아 참석했는데 그 자리에서 전대통령과 이런 얘기를 나누게 되었다.

"이번에 대통령께서 나이지리아에 가신 것을 텔레비전 뉴스에 서 봤습니다. 제가 1965년에 그곳에 갔을 때는 한국 사람이라고 는 조병옥 박사의 딸밖에 없었는데, 이번에는 보니까 태극기를 흔드는 한국 사람들이 많더군요. 참 시대가 많이 변했다는 것을 실감했습니다."

"아, 그거야 강목사님이 가서 길을 잘 닦아났으니까 그렇지요."

"그러면 제가 더 큰 나라에 가서 길을 닦도록 해주십시오. 제 가 이번에 소련에 갈 기회가 생겼는데 도와주십시오. 제가 가서 길을 닦아 놓으면 또 후에 대통령께서 모스크바에 가실지 누가 압니까?"

"아, 그래요? 좋습니다. 가도록 해드리지요."

대통령이 이렇게 공석에서 약속을 했으니 일은 순조롭게 풀렸다. 나는 여권을 받고 제네바에서 비자를 받아 10월 초 소련에 입국했다. 통역 자격으로 러시아사를 전공한 서울대 이인호 교수가 동행했다.

정부 수립 이후 그때까지 한국인으로서 소련에 다녀온 사람은 세계보건기구(WHO) 관계 회의에 참석했던 신현확 전총리와 국제 회의에 참석했던 정치학자 몇 명이 있었으나, 그들은 회의에만 참석하고 왔을 뿐이었다. 나는 소련 연방 가운데 러시아말고도 우크라이나와 아르메니아 등도 돌아보도록 되어 있어 모처럼 얻은 귀한 기회를 잘 활용하고 싶었다. 무엇보다 공산주의 혁명이 일어난 지 65년이 지난 그 사회가 과연 어떻게 변했는지, 특히 무신론자들의 체제 속에서 교회가 어떻게 되었는지 제일 궁금했다.

나는 각오를 단단히 하고 카메라를 꼼꼼히 챙긴 뒤 모스크바까지 가는 긴 여정 동안 소련에 대해 공책 세 권을 다 채울 정도로 이인호 교수에게 열심히 배웠다. 소련에 도착한 다음에도 전문가인 이교수와 같이 다닌 덕분에 나는 2주일여의 일정 동안 비교적 많은 지역을 알차게 돌아볼 수 있었다. 나는 들르는 곳마다 모두 기록하고 사진을 찍었다.

내가 기록과 사진에 유난히 신경을 쓴 것은 여간해서는 하기 힘든 소련 여행인 만큼 개인적으로도 자세하고 풍부한 기록을 갖고 싶다는 욕심도 있었지만, 『동아일보』에 화보를 곁들인 기행문을 30회 정도 쓰기로 사전에 약속이 되어 있었기 때문이었다.

여행을 마친 후 약속대로 긴 원고를 써서 사진과 함께 『동아일보』에 넘겼다. 그런데 며칠 후 『동아일보』에서 원고를 싣지 못하겠다는 연락이 왔다.

"정부에서 허락을 하지 않는군요. 지금 소련 타스 통신 부국장이 비밀리에 와서 전대통령을 만나는 등 소련과 관계를 개선하고자 노력하는 분위기인데, 소련에 대해 비판적인 내용이 담긴 글이 신문에 실리면 양국 관계 개선 노력에 찬물을 끼얹는 격이 된다는 겁니다."

나는 그 얘기를 듣고 청와대의 이학봉 민정수석을 만나 물어보았다.

"애를 많이 쓴 글인데 실을 수가 없을까요?"

그는 내 얘기를 듣고 "한번 말씀드려 보겠다"고 긍정적인 반응을 보였으나 결국 "안 싣는 게 좋겠다"는 회답을 보내왔다. 그러니 아깝지만 더 이상 어쩔 수가 없었다.

그런데 그 이듬해인 1983년 9월 1일 대한항공 여객기가 소련에 의해 격추되어 269명이 사망하는 큰 참사가 일어났다. 이 때문에 국내는 소련에 대한 규탄으로 시끌시끌했다. 나는 '이제는 원고를 실을 수 있겠구나' 싶어 서랍 속에 넣어두었던 소련 기행문을 꺼내 한 중앙 일간지에 연재하기로 했다.

그런데 어찌된 셈인지 또 정부에서 글을 못 싣게 한다는 대답이 왔다.

"소련 교회에 교인들이 수만 명이나 몰렸다는 부분과 기타 소련에 대해 긍정적으로 쓴 부분을 문제삼아 우리나라 사람들은 지금 소련을 악마의 나라로 보고 있는데 이런 내용이 소개되면 안 된다고 정부에서 트집을 잡는군요."

나는 기가 막혔지만 역시 어쩔 수가 없었다. 어느 한 나라를 방문하여 기행문을 쓸 때는 긍정적인 면과 비판할 부분이 고루 언급되게 마련인데, 공산국가라는 이유 때문에 긍정적인 면도 부정적인 면도 받아들여지지 않는 현실이었다.

그렇다고 그 글을 계속 서랍 속에다가만 묵혀둘 수가 없어 1985년 『자유케 하는 진리』라는 수필집을 내면서 그 속에 '겨울 공화국의 비둘기'라는 제목으로 일부를 실었다. 그 글을 토대로 1982년 당시의 소련 여행을 대충 더듬어보고자 한다.

일주일 걸려 도착한 모스크바

지구에서 인간이 사는 땅덩어리의 6분의 1에 해당하는 가장 큰 대륙을 차지하고 있는 소련, 같은 국토 내에서 열한 시간의 시차가 생기는 그 넓은 대륙, 길고 긴 역사를 가진데다 당시 모든 것이 철저히 통제되어 있던 그 사회를 단지 18일 동안 둘러보고 이해한다는 것은 불가능한 일이었다. 그래서 나는 공산국가로서 소련에 대한 인상과 교회에 대해 중점적으로 알아보고자 했다.

소련에는 지하 교회가 꽤 많다는 것을 알고 있었던 나는 그런 지하 교회 사람들과도 만나보고 일반 노동자들의 일상 생활을 살펴보고 싶었으나 꽉 짜인 일정과 단체 행동 때문에 자유롭고 폭넓게 관찰하는 것은 불가능했다. 보통 사람들의 집에 가서 차라도 한잔하고 싶다고 건의를 해보기도 했으나 이뤄지지 못했다. 일반 소련 사람을 한 명도 만나보지 못하고 이런 글을 쓴다는 것이 민망스럽기까지 하다.

소련으로 가는 길은 멀었다. 나는 처음부터 소련에 곧바로 입국할 수 없고 제네바에 들러 비자를 받은 다음 가야 했다.

먼저 동경으로 가는 비행기를 탔는데, 비행기 안에서 신문을 보니 소련 국영 항공사인 아에로플로트 비행기가 룩셈부르크 공항 착륙 직전에 사고가 났는데, 지난 7월에도 모스크바 공항에서 같은 아에로플로트 비행기가 출발 직전에 사고를 내어 승객 아흔 명 전원이 사망했다는 기사가 실려 있었다.

가슴이 섬뜩했으나 현대인은 언제 어디서든 교통사고를 비롯, 각종 사고에 노출돼 있다는 것을 생각하며 마음을 가라앉혔다.

동경에 도착하여 아에로플로트 항공사를 찾는 데 꽤 애를 먹었다. 어렵게 찾아가니 직원이 두 명 앉아 있는 자리의 뒷벽에 '아에로플로트-세계에서 가장 큰 항공회사'라고 쓰여 있었다. 나는 속으로 웃으며 예약을 확인하니 아직 안 되어 있는 것으로 나타났다.

"그러나 빈 자리가 있으니까 새로 예약해 드리지요."

엉성한 예약 상태를 보고 조금 불안해졌다. 그도 그럴 것이, 나는 동경에서 바로 모스크바로 들어가는 것이 아니라 일단 모스크바를 거쳐 취리히로 간 다음, 다시 모스크바로 가도록 되어 있어 비행기를 두 번이나 갈아타야 하는데, 예약 상태가 확실치 않으면 애를 먹을 게 뻔했다.

제일 신경이 쓰이는 부분은 동경에서 취리히로 가는 도중 모스크바에서 하룻밤 머물게 되어 있는데, 과연 그것이 어떻게 처리되는가 하는 문제였다. 나의 거듭된 확인 요청에 직원은 여러 문서를 뒤적이더니 자신 없이 말했다.

"글쎄요, 별일없겠지요."

이튿날인 10월 2일 동경에 도착한 이인호 교수와 함께 모스크바행 아에로플로트에 올랐다. 비행기는 초만원이었다. 그들이 주장하는 것처럼 세계에서 제일 큰 비행사인지는 몰라도 세계에서 제일 간소한 시설의 비행사인 것만은 확실했다. 기내는 좁고 불편했다. 서비스도 기대할 수 없는 상황이었다. 아마 불편하더라도 많은 사람이 싸게 여행할 수 있게 하려고 그런 저가 정책을 쓰는 모양이었다.

길고 지루한 비행이었지만 이교수에게서 러시아에 대한 이야기를 많이 들을 수 있어 좋았다.

출발한 지 아홉 시간 반 만에 모스크바에 도착했다. 나는 이곳에서 다음날 아침에 취리히로 가는 비행기를 갈아타야 했다. 스위스에서 소련 비자를 받아야 하기 때문이었다. 비행기를 바꿔 타는 승객은 공항에 딸려 있는 호텔에서 자야 하는데, 외교 관계가 없는 탓에 한국인에게 환승 승객용 통과 비자가 허용되는지 걱정스러웠다.

어쨌든 줄을 서서 비행기표를 검사하는 곳으로 가서 검사를 받았다. 시간이 꽤 걸렸지만 여권 심사를 받는 것에 비하면 아무 것도 아니었다. 통과 승객들에게는 검은 색의 조그만 패스를 하나씩 주었다. 그것을 받고 우중충한 버스에 타기까지 무려 네 시간이 걸렸다.

통과 여객을 위한 호텔은 매우 간소한 시설이었다. 프런트에서 방 열쇠를 받는 데 또 한 시간 이상 걸렸다. 방에 들어가니 침대만 덜렁 놓여 있을 뿐 세면대에는 더운 물도 나오질 않았다.

저녁을 먹기 위해 식당을 찾아갔더니 여기서도 사람들이 줄을 서서 기다리고 있었다. 그 많은 손님에 식당 종업원이라고는 여자 한 사람뿐. 기다리고 기다려서 푸슬푸슬한 밥 한 숟갈과 뼈가 붙은 닭고기 한 점을 얻어먹고 나니 무척 피곤했다. 사방이 막힌 호텔은 삭막했고 추워서 깊은 잠을 이루기가 힘들었다.

다음날 집합하라는 지시에 따라 사람들이 모였다. 이때부터 비행기표를 검사받고 여권을 되찾는 데 두 시간 이상 걸렸다. 공항 직원이 먼저 사람 얼굴을 한참 본 다음, 수북히 쌓아놓은 여권 무더기 속에서 그 안에 붙은 사진과 일일이 대조하며 찾기 때문이었다.

아침 식사를 하려고 식당으로 들어가니 종업원이 보이지 않았다. 겨우 찾아 삶은 달걀 하나를 구해 요기를 했다.

어느 사람의 얼굴에도 미소는 찾아보기 힘들고 모두들 돌같이 굳어 있는 표정이었다. 그것이 슬라브 민족의 특성인지 아니면 경직된 체제에서 생긴 현상인지 알 수가 없었다.

스위스 취리히에 도착하니 마치 딴 세상에 있다 온 것 같은 기분이 들었다. 모스크바에서 겪은 긴 기다림의 기억 때문에 소련 비자를 받을 일이 걱정이 되었다. 또 얼마나 오래 기다려야 할까. 그러나 10월 4일 아침에 세계교회협의회 직원과 함께 제네바의 소련 대사관에 갔더니 곧 입국 비자를 받을 수 있었다.

나는 소련에서 18일 동안 사용할 생활용품과 사람들에게 줄 간단한 선물을 사며 소련 입국을 준비했다.

레닌과 기독교 성자를 숭배하는 사람들

모스크바 공항에 도착한 것은 예정보다 두 시간 늦은 오후 일곱 시. 취리히에서 모스크바로 직행하지 않고 예정을 바꿔 빈을 거치는 바람에 그렇게 늦어졌다. 짐이 나오기까지 또 한 시간 40분이나 기다려야 했는데 아무리 살펴봐도 내 짐은 몽땅 행방불명이었다. 러시아어를 잘하는 이인호 교수가 사무실에 들어가 사정을 얘기했으나 대답은 분실 신고를 하라는 것뿐이었다. 할 수 없이 이 교수가 분실 경위를 자세히 쓰고 짐 없이 공항 밖으로 나왔다.

우리 일행은 마중나온 소련 교회 사람의 안내로 우크라이나 호텔에 투숙했다. 매우 크고 훌륭했으나 출입을 일일이 점검하는 데스크가 있었고 사람들이 늘 곁에 붙어 있는 것이 신경이 쓰였다.

여장을 풀고 보니 한심스러웠다. 잠옷은 물론 갈아입을 옷, 세면 도구 등이 전혀 없었다. 모스크바의 첫 날 밤은 이렇게 보냈다.

다음날인 10월 7일은 소련 헌법 제정 60주년 기념일로 공휴일이었다. 우리는 아침 회의를 마치고 크렘린궁을 보러 갔다. 방대한 크렘린궁은 12세기 유리 돌고루키가 작은 언덕 위에 요새를 만든 이래 오늘날까지 러시아 최고 권부로 군림해왔다. 18세기 초 표트르 1세가 페테르부르크 동궁을 지어 옮겨가면서 잠시 그 권좌에서 물러났지만 혁명 후 그 자리를 되찾았다.

이곳에 크렘린궁을 세운 이유는 두 개의 큰 강 때문이었다고 한다. 옛날에는 배가 중요한 교통수단인데다가 외부에서 쳐들어오는 적을 막는 데 강은 매우 유리하기 때문이었다.

이름 그대로 크림색 궁 안에 들어가면 붉은 탑 위 꼭대기에 붉은 별이 걸려 있는 것이 보인다. 궁 안에는 소련 의사당과 유명한 승천기념 성당을 비롯한 여러 성당이 있다. 중앙 광장 이름도 성당 광장이다.

이 광장에 있는 성당들 중에서 가장 중요한 곳은 물론 승천 기념 성당이다. 1479년에 세워진 이곳에서 역대 황제들의 대관식이 이루어졌으며 중요한 교서들이 발표되었다. 또한 교회의 총대주교, 대감독 등 높은 사제들이 묻힌 곳이기도 하다.

1489년에 세운 수태고지 성당은 러시아 황족들이 예배를 드리던 작은 채플로 성상(聖像, icon)들이 매우 뛰어났다. 이외에도 황족의 장례식을 치르던 성당, 결혼식을 올리던 성당, 황족 무덤이 있는 천사장 성당 등이 있었다.

그 무서운 혁명의 소용돌이에서 어떻게 이 모든 것이 그대로 보존되어 있는지 신기했다. 물론 혁명이 끝난 뒤 소련의 공산주의자들은, 심지어 스탈린조차 이 궁전과 문화재를 보호하는 데 아주 적극적인 정책을 폈다. 레닌은 크렘린궁 안의 모든 건축물과 예술품을 보호하는 데 주력했으며, 탑에 금빛 칠을 하고 꼭대기에 루비로 별을 단 사람은 스탈린이었다.

크렘린 궁전 뜰에는 한 번도 발포된 적이 없다는 황제 대포가 놓여 있다. 무지막지하게 큰 대포알도 여기저기 널려 있었다. 200톤이나 나가는 황제의 종도 있었는데 깨어져 있었다. 땅덩어리가 큰 나라여서 그런지 규모가 과연 컸다.

우리는 유명한 붉은 광장에도 가보았다. 사람들이 길게 장사진을 치고 있었는데, 바로 레닌의 무덤을 참배하고자 하는 사람들이라고 했다. 나는 그날이 헌법 제정 기념일이라 반강제로 동원된 것이 아닌가 의심했으나 매일 그렇다는 대답이었다.

레닌이 이렇듯 소련 인민들의 존경심을 받고 있었는데 나의 소련 여행 이후 10년 남짓하여 레닌의 동상이 철거되고 소련이 붕괴된 사실이 놀랍기만 하다.

붉은 광장은 듣던 대로 매우 넓었다. 광장에는 무명 용사의 무덤이라는 곳이 있는데 꺼지지 않는 불꽃이 타오르고 있었고 신랑 신부들이 결혼식을 마치면 이곳에 와서 꽃을 드리는 일이 많다고 한다. 그 무덤에는 이런 글이 쓰여 있었다.

'우리는 당신들의 이름을 모르나 당신들을 잊을 수 없습니다.'

이런 것이 그들 나름대로 애국심을 함양하는 방법인 모양이었다.

그날 모스크바 거리는 공휴일인 때문인지 비교적 한산하였다. 점심 식사가 끝난 뒤에 이인호 교수가 혼자 나가서 지하철을 타보았는데 많은 사람들이 지하철을 타고 다니더라고 했다. 그렇지만 이런 개인 행동을 주최측이 원치 않아 우리는 줄곧 단체 행동만 해야 했다.

저녁에는 모스크바 시내에 있는 서로 다른 유형의 교회 네 곳을 골라서 예배 광경을 잠깐씩 참관했는데, 동방 정교회의 경우 전통적으로 신도들이 서서 예배를 드리는 데도 교회 안이 초만원이라는 것이 인상적이었다.

10월 8일이 되어도 내 짐은 찾을 수 없었다. 마침 그날이 14세기의 성자 세르게이 기념일이어서 모든 상점이 문을 닫아 물건도 살 수 없었다.

우리는 버스로 성 세르게이 수도원이 있는 자고르스크를 향해 달렸다. 모스크바에서 차로 세 시간쯤 걸리는 곳에 위치한 자고르스크의 옛 이름은 세르게예프 파사드로, 바로 성인 세르게이의 이름을 딴 것이었다. 소련이 몰락한 지금은 다시 옛 이름으로 불리고 있다.

차창에서 내려다본 모스크바 거리는 여전히 한산했는데 건물들을 살펴보니 옛날에 지은 것들은 예술적인 데 비해 혁명 후에 지은 것들은 기능적으로 보였다.

성 세르게이는 성직자로서만이 아니라 애국자로서도 추앙을 받는 인물이다. 어린 나이에 이미 숲속에 작은 오두막 수도원을 지었던 그는 어른이 된 후 수도원식 교회를 세우고 삼위일체 성당도 세웠다. 그 자리가 바로 내가 찾아간 세르게예프 삼위일체 수도원이다.

그는 러시아가 몽고 지배 아래 있을 때 몽고와 싸우러 나가는 장군 드미트리 이바노비치에게 돈 강 부근 전투에서 이길 것이라고 예언하며 축복해주었는데, 예언대로 드미트리 이바노비치는 몽고를 물리쳤다고 한다.

버스는 모스크바 시가지를 벗어나 숲속으로 달렸다. 끝없이 넓은 벌판에는 백양목들이 늘어서 있었다. 마침내 버스는 14세기에 세운 수도원이 있는 자고르스크라는 작고 아름다운 마을에 도착했다. 많은 교회당들이 연이어 있는 이 마을은 매우 아름다웠고 성당 안도 화려하게 장식되어 있었다.

기념 대미사를 올리는 성 세르게이 수도원 교회당 안에는 이미 들어설 여지가 없이 사람들이 꽉 찼고 밖에도 서 있는 사람들로 넘쳐날 지경이었다. 그래도 우리는 외국에서 온 손님이라는 이유로 안에 들어가 앞자리에 서는 특권을 누렸다. 단상에는 소련 정교회의 총대주교(파트리아크, 로마 카톨릭의 교황에 해당)를 비롯해 전세계의 정교회 고위층 승려들이 미사를 집전하기 위해 와 있었다.

백여 명의 승려와 구름같이 모인 신도들이 하나가 되어 장엄하게 진행되는 기념 미사는 무려 4시간 20분 동안 계속되었다. 승려들이 들락날락하고 리터지(기도문)를 창(唱)하듯 부르고 코러스가 웅장하게 응답하고 신자들은 성호를 긋고 절하며 종종 "신의 축복을!"이라고 소리쳤다. 일어서서 예배드리는 훈련이 안 된 나에게는 그 긴 시간이 참으로 고역이 아닐 수 없었는데, 억지로 참고 서 있었더니 온 발바닥에 물집이 생기고 말았다.

예배가 끝난 후 우리는 수도원의 여러 곳을 둘러보았다. 가장

소중한 보물은 성상이었다. 성 세르게이 유해가 있는 곳에는 참배객들이 아주 길게 줄을 서 있었다. 세르게이의 유해를 접견하면 반드시 성호를 긋고 입을 맞추어야 하므로 정교회 회원이 아닌 사람에게는 참관을 허락하지 않았다.

세르게이의 유해는 본래 나무관에 놓여 있었는데 그 관 널조각을 뜯어 가는 도둑이 많아 그 위에 철판을 씌웠다고 한다. 그런데 그것까지 뜯어 가는 바람에 지금은 아예 두꺼운 유리를 씌워놓은 상태라고 한다. 성상과 상징물을 중요하게 여기는 경향은 정교회의 영향 때문인지 아니면 슬라브 민족 특유의 성품인지 알 수가 없었다.

나는 레닌의 무덤 앞에 선 긴 행렬과 세르게이의 유해 앞에 선 행렬을 보며 잠시 어리둥절해졌다. 이것이 바로 소련의 모습인가. 한쪽에서는 혁명가 무신론자를 경배하기 위해 줄을 서고, 또 한쪽에서는 600년 전의 성자에게 경배하기 위해 줄을 선 사람들. 성(聖)과 속(俗) 양쪽에서 일어나고 있는 경배, 죽은 자를 향한 긴 행렬, 내 마음은 착잡하였다.

총대주교의 점심 초대가 있어 식사를 하며 얘기를 나누었다. 그에게 주려고 가져간 우리나라 사람이 만든 십자가상을 잃어버려 전할 수 없었던 것이 무척 아쉬웠다.

식사가 끝나고는 그곳에 있는 신학교를 방문했다. 이곳은 레닌그라드에 있는 신학교와 함께 소련 전체에서 제일 큰 신학교라고 한다. 일반 신학 과정 4년을 마친 후 다시 신학 아카데미에서 4년 동안 전문 교육을 받게 되어 있어 총 8년간 공부를 한다는 것이었다. 교수, 학생들과의 좌담이 있었으나 대화라기보다는 주로 그들의 이야기를 일방적으로 들어야 했다.

호텔로 돌아오면서 '오늘은 설마 짐이 왔겠지' 하고 기대를 했으나 역시 헛일이었다.

끝없이 이어지는 말의 향연

10월 8일 저녁 우리 일행은 기차로 레닌그라드를 향해 떠났다. 이제 떠나면 일주일 후에나 모스크바로 오는데 짐을 찾을 수가 없으니 참으로 막막했다.

소련의 기차는 놀랄 정도로 길었다. 그 긴 열차의 침대칸에 자리를 잡고 잠을 자고 일어나 차창 밖을 내다보았다. 끝없이 넓은 평야에 비가 내리고 있었다. 백양목들이 비를 맞으며 늘어서 있었다.

레닌그라드에 도착해서 굉장히 큰 모스크바 호텔이라는 곳에 여장을 풀었는데 호텔에 사람들이 얼마나 많은지 차라리 군중이라고 해야 어울릴 정도로 들끓고 있었다.

아침에 일어나서 나는 주최측의 양해를 얻어 알렉산더라는 신학생을 데리고 몇 가지 물품을 사기 위해 백화점에 갔다. 아무런 소지품도 없는 맨몸으로 더 이상 견디기 어려웠기 때문이었다.

백화점은 마치 도떼기시장 같은데 점원들은 공무원이기 때문인지 불친절했다. 겨우 잠옷, 내복, 와이셔츠, 양말, 세면도구 등을 살 수 있었지만 한 가지도 몸에 맞는 게 없었다.

도스토예프스키 소설의 주무대이기도 한 레닌그라드는 모스크바 다음가는 도시일 뿐 아니라 러시아 역사에서 가장 많은 사건이 일어난 도시다.

표트르 1세가 세워 페테르부르크로 불렸던 레닌그라드는 유유히 흐르는 네바 강과 백 개가 넘는 다리가 무척 아름다운 서구식 도시다. 이는 서구를 모델로 삼아 개혁을 꿈꾸었던 표트르 1세가 서구 건축가들의 힘을 빌려 도시를 설계했기 때문이다. 그러나 습지대에 큰 도시를 세우는 동안 수많은 사람들이 동원되고 희생되었다.

이후 페테르부르크 동궁에는 제정 러시아가 무너지기 전까지 마지막 여섯 황제가 머물렀다. 이 도시는 서구로 향하는 관문 구실을 했으므로 자연 산업화가 촉진되어 그 어느 곳보다 노동운동이 활발했다. 그래서 마르크스주의 조직이 처음 생긴 곳도 이곳이었고 1825년 12월혁명의 기원지도 이곳이었다. 1905년 혁명, 1917년 혁명이 터지고 수많은 사람이 피를 흘린 혁명의 도시. 그래서 레닌이 죽은 후 이 도시는 레닌그라드로 명명되었다. 물론 소련이 해체된 후 페테르부르크라는 본래 이름을 되찾았다.

이 유서 깊은 도시와 인사를 나눌 틈도 없이 우리는 아침부터 이곳 신학교에서 열리는 예배와 회의에 참석하기 위해 서둘렀다. 나는 백화점에 산 물건을 손에 든 채로 가야 했다.

이날은 이 신학교의 특별 보호자인 신학자 요한의 기념일이었다. 도착하니 역시 입추의 여지없이 사람들이 들어선 가운데 긴 예배가 진행 중이었다. 예배가 끝나자 학사 보고, 수상, 학위 수

여식 그리고 말, 말, 말. 말은 끝이 없었다. 아침부터 오후 두 시 반까지 이런 강연이 계속되고 나서 5백여 명이 한자리에서 점심을 먹었다.

신학교의 교장은 이 지역의 대주교인 키릴(Kiril)이었다. 내가 한국에 초청한 바로 그 키릴이다. 소련 정부에서 여권을 내주지 않아 한국에 오지 못하게 된 그는 우리를 반갑게 맞아주었다.

점심 후 기념 음악회에 참석했다가 호텔에 돌아온 우리는 휴식을 취할 겨를도 없이 곧이어 1917년에 세웠다는 농촌 교회의 예배에 참석하러 갔다. 1917년이라면 바로 혁명이 절정을 이루던 시기가 아닌가. 그런 때에 어떻게 이런 교회가 세워졌는지 정말 놀라웠다.

저녁에는 성 니콜라스 교회의 예배에 갔다. 예배의 절정은 역시 성상에 키스하고 성직자가 물로 이마에 십자를 그어주면 성직자의 손등에 키스하고 나서 헌금하는 순서이다.

예배 후 교회에서 저녁을 먹으며 간담회를 가졌다. 나는 궁금한 문제들, 예를 들어 정부 정책으로 금지된 기독교 교육, 전도, 교회당 건축, 등록제 문제 등을 질문했다. 그러나 돌아오는 대답은 문제의 핵심에서 벗어나 있고 대개 자랑으로 대신했다. 그럴 수밖에 없는 그들의 처지를 이해하면서도 갑갑한 느낌이 드는 건 어쩔 수 없었다. 다만 교회의 경비 출처에 대해서만은 솔직히 대답해주었다.

"막대한 경비가 들 텐데 어떻게 마련하는 겁니까?"

"교인들이 예배하러 올 때 교회에서 만든 초를 사는데, 보통 세 자루, 다섯 자루 정도 삽니다. 또 원하는 신도들에겐 성상도 팝니다. 그리고 보통 헌금과 특별 헌금이 있지요."

그렇지만 과연 그 정도의 수입으로 그 많은 성직자, 성가대, 비싼 그림과 성상들의 유지비를 댈 수 있을지 의문이었다. 각 교회가 상부(上部) 교회에 보내는 돈도 막대할 것이다. 잘 알 수 없으나 모든 것이 통제된 나라에서 교회가 자체 공장에서 생산하는 양초나 성상을 독점 전매하는 특권을 갖고 있는 것 같았다.

한국 부흥회를 닮은 레닌그라드 침례교회 예배

이튿날인 10월 10일은 주일이었다. 문득 서울이 그리웠다. 이곳은 일요일이지만 휴일이 아니었다. 지난 8일이 성 세르게이 기념일로 공휴일이었기에 이날은 학교, 일터가 모두 일한다고 했다.

우리 일행은 몇 팀으로 나누어 교회로 갔다. 내가 속한 팀은 침례교회에 가보기로 하였다. 소련의 침례교회는 1백여 년 전 영국의 선교사가 페테르부르크에 와서 전파하였다고 한다.

침례교회당에 들어가니 먼저 러시아 정교회와는 분위기가 너무나 달랐다. 러시아 정교회 안을 가득 채우고 있던 성상이 침례교회에는 하나도 없었다. 아무 장식 없는 단상에는 불도 켜지 않은 촛대가 두 개 있고, 벽 뒷면에는 '하나님은 사랑이다'라는 말이, 왼쪽 벽에는 「예레미야」 31장 3질의 말씀이 쓰여 있을 뿐이었다.

그런데 러시아 정교회와 공통된 점은 역시 예배 보러 온 사람들로 초만원이라는 사실이었다. 다행히도 침례교회에서는 의자에 앉을 수 있었다.

예배 인도자들은 모두 평복을 입었고, 예배를 이끌어 가는 방식은 우리나라의 부흥회 같았다. 소리 지르고 울면서 통성 기도를 하고, 연속 기도에 증언을 하며, 코러스가 나오고 찬송을 반복했다. 짜임새는 없으나 매우 감동적인 예배 분위기. 그들이 외치는 소리는 '우리 마음속에', '내 마음속에', '사랑으로 가득 채워 주소서' 등이었다.

한 번 예배하는 동안 설교는 세 번 했는데, 원고 없는 즉흥 설교였다. 화요일, 목요일, 토요일에는 저녁 예배를 하고, 주일에는 세 번, 월요일에는 성서 공부, 금요일에는 성가대 훈련, 수요일에는 기도회를 갖는다고 한다. 그들은 정교회와 자신들의 차이를 다음과 같이 설명했다.

"정교회에서는 성직자가 죄를 사하여주지만 우리들 신앙으로는 하나님만이 사죄하십니다. 우리는 정교회처럼 틀에 짜인 예배를 드리지 않고 성경을 토대로 하나님을 만나므로 더욱 깊은 신앙을 가질 수 있습니다."

레닌그라드에는 침례교 신자가 3천 명, 목사 3명, 집사 12명, 평신도 설교자 38명이 있고 3개의 성가대가 있는데 성경책이 모자라서 고통스럽다고 했다.

예배가 끝난 뒤 그들의 안내를 받아 교회 건물을 증축하는 현장에 가보았다.

"정부의 특별 배려로 증축 허가를 받았어요. 건축 자재는 교인들의 헌금으로 마련하지만 설계와 공사는 정부 관리들이 맡아합니다."

그러니까 불신자들이 교회를 짓는 셈이다.

우리는 다시 신학교에 모여 이듬해 캐나다 벤쿠버에서 열릴 총회 준비를 주제로 한 세미나에 참석하였다. 그런데 아프리카, 인도, 유럽 등지에서 참가한 사람들 대부분이 한 번도 총회에 참석했던 경험이 없는 사람들이어서 실질적이고 구체적인 의논이 이루어지지 않고 자주 주제에서 벗어나곤 했다. 다만 이곳 신학교장인 키릴 대주교는 세계교회협의회 중앙위원, 실행위원, 총회 준비위원 등을 해온 사람이어서 주제에 합당한 이야기를 하는 정도였다.

레닌그라드에서 우리가 제일 먼저 찾아간 곳은 묘지였다. 2차 대전 중 레닌그라드가 나치 군대에게 3년 가까이 포위되어 있을 때 희생된 60만 군인의 묘지였다. 우리는 그들의 영웅적인 투쟁에 관해 한참 얘기를 들어야 했다. 1941년부터 44년 1월 27일에 이르기까지 9백여 일간 나치와 싸우면서 그들이 겪은 굶주림과 희생과 모든 고통은, 6·25 때 서울에 남아 90일간 고통을 겪었던 나로서는 짐작이 가고도 남았다.

레닌그라드는 해군박물관을 중심으로 세 방면으로 뻗어 있는 도시인데, 네바 강의 다리들 중에서도 키로프 다리가 무척 아름다웠다. 그곳에서 보는 야경은 특히 아름답다고 한다.

엄청난 규모의 성 이삭 성당을 보러 갔으나 불행히도 폐문되어 겉에서만 보고 발걸음을 돌려야 했다. 대신 우리는 많은 시간을 에르미타즈(Ermitazh 또는 Eremitaasi) 미술관에서 보냈다. 세계 최대 미술관인 이곳에는 3백만 점 가까운 미술품이 4백여 전시실에 전시되어 있다. 에카테리나 여왕 2세가 18세기 후반부터 그림을 수집하여 시작된 이 미술관엔 근대 화가의 작품도 많지만 그것들을 다 보려면 한달도 모자랄 것이다.

안내자의 말에 따르면 볼셰비키 혁명 직전 케렌스키 임시 정부가 이곳에 머물렀다고 한다. 안내자는 케렌스키와 그의 각료들이 집무하던 방과 혁명 후 감금당했던 방을 보여주었다.

이 미술관에서 본 그림 중에서 내게 가장 깊은 인상을 남긴 작품은 폭풍우 속 바다의 90겹 파도를 그린 아이바조프스키의 그림과 칼 부륄로프가 그린 「폼페이의 최후」 등이었다. 조각가 슈빈의 에카테리나 2세 대리석상은 마치 진짜 흰 옷을 입은 것 같은 느낌을 주었다.

오랜 기독교의 나라 우크라이나

우리는 다음 행선지인 우크라이나 공화국의 수도 키예프(Kiev)를 향해 떠났다. 15개 소련 연방 공화국 가운데 러시아와 가장 가까운 사이인 우크라이나는 러시아 대륙에서 가장 먼저 기독교를 받아들인 국가로서 신앙심과 전통에 대한 자부심이 무척 강한 나라다.

키예프로 가는 비행기에서 아래를 내려다보니 끝없이 넓은 평야와 호수가 보였고 산은 보이지 않았다. 이것이 바로 광활한 러시아 땅의 모습인가 싶었다. 도스토예프스키가 어머니라고 불렀던 대지(大地)말이다.

그 동안 짐도 찾지 못하고 휴식 없는 강행군을 계속한 탓에 나는 몹시 지쳐 있었다. 발이 탈난데다 조갈증마저 심해져 서울까지 무사히 가게 되기를 기도해야 했다.

키예프는 2차 대전 때 건물 두 개만 남겨 놓고 다 타 버렸다는 도시인데 이미 완전히 복구되어 있었다. 언젠가 책에서 읽었던 드네프르 강이 넓고 아름다웠으며 밤나무와 포플러 가로수가 정연하게 늘어서 있었다. 도시의 60퍼센트 이상이 공원과 녹지로 꾸며져 있어 자연스러운 느낌이 나는 아름다운 고도였다.

우리가 묵게 된 우크라이나 호텔은 매우 구식이었다. 러시아식 저녁 식사를 간단히 마친 우리는 밤거리를 걸어도 안심이라는 대주교의 말에 따라 거리로 나섰다.

키예프는 모스크바나 레닌그라드하고는 아주 다른 느낌을 주는 도시였다. 길가에는 상점들이 즐비한데 이미 늦어서 문은 닫혀 있었다. 큰 광장에는 아름다운 분수가 솟고 남녀가 포옹하는 모습도 보였다.

키예프는 오늘날에도 우크라이나의 수도지만 1240년까지는 러시아 전체의 수도였다. 2만 년 전 석기시대부터 사람들이 산 흔적이 남아 있으며, 2~3세기경부터는 동슬라브 민족이 주로 살았다. 882년엔 키예프 공화국이 건립되었고 988년 블라디미르 공에 의해 러시아에서 최초로 기독교를 받아들였다.

소련 전체에서 가장 유서 깊은 도시라고 할 수 있는 키예프는 내가 갔을 때 마침 1500주년 행사 준비로 분주했다. 길고 긴 도읍지, 여러 차례의 전쟁을 견뎌낸 어머니의 얼굴 같은 도시였다.

우리는 10월 12일 아침 일찍 성 블라디미르 성당 아침 예배에 참석했다. 예배를 인도하는 대주교는 세계교회협의회 중앙위원으로 영어에 능통한 사람이었다.

아침 예배인데도 3천 명이 훨씬 넘는 교인들이 자리를 메우고 있었다. 대집합 예배에는 만 명 가까이 모인다고 한다. 가만히 보니 청년들은 보이지 않아 그 이유를 물어보았다.

"아, 젊은이들은 낮에 일터에 나가고 저녁 예배에 주로 나온답니다."

길고 긴 예배가 끝나자 환영사 같은 이야기가 또 한없이 계속되어 아침을 먹지 않은 우리를 괴롭게 했다. 어딜 가나 시간 제한 없이 길게 떠드는 것이 이들의 특징이었다. 그 점이 서구와는 또 다른 시간 관념이랄까, 문화적인 차이였다. 자메이카에서 온 여자 대표는 중도에 졸도해 나갈 지경이었다. 이런 상황에서 노르웨이에서 온 주교가 우리를 대표해 답사한다는 것이 러시아인 못지 않게 길어져 나는 아침부터 지칠 대로 지치고 말았다.

예배가 끝난 후 아침을 먹으며 이야기를 들어보니 우크라이나인의 독실한 신앙심은 혁명 후에도 달라진 것이 없는 듯했다.

"우리 우크라이나에서 태어난 아이들 중 약 60퍼센트가 세례를 받으며, 부활절에 성직자와 교인 가정에 주는 과자만 해도 백만 명분이 됩니다."

신학 교육을 받고 있는 사람 역시 그 수가 늘어나는 추세라고 자랑했다.

나는 주교에게 소련에서 가장 오래된 페체르스카야 수도원을 보고 싶다고 했으나 시간이 없다는 이유로 거절당했다. 아침 예배를 세 시간 반씩이나 보고, 이렇듯 아침 식사에 많은 시간을 보내면서 그 유서 깊은 수도원에는 갈 시간이 없다고 하니 참으로 유감이었다.

대신 우리는 다른 기독교 유적지들을 둘러볼 수 있었다. 제일 먼저 가본 곳은 드네프르 강 언덕 중에 가장 아름답다는 블라디미르 언덕이었다. 키예프에 기독교를 도입한 블라디미르 공의 동상이 세워져 있었다.

블라디미르 공이 정교회를 러시아 국교로 정한 데는 다음과 같은 일화가 있다. 그는 카톨릭, 유대교, 동방정교의 지도자들을 불러 놓고 그 중에서 국교를 선택하려고 하였는데 정교회의 성상인 최후의 심판 그림을 보고 나서 정교회를 국교로 정했다는 것이다.

그 그림이 바로 성 안드레이 성당의 벽화라고 한다. 이 성당은 예수의 제자였던 안드레아가 이곳에 왔을 때, 여기에 큰 교회가 서 있는 환상을 보고 바로 그 장소에 십자가를 세우고 교회를 지었다는 전설이 있다. 증거는 없으나 1세기 시대 로마 동전들이 출토됐다고 한다.

11세기 장식물이 남아 있어 세계에서 가장 중요한 건물이라고 하는 소피아 성당에도 가보았다. 외부는 여러 번 수리해서 원형이 거의 남아 있지 않으나 건물의 중심 구조는 그대로라고 한다. 모자이크, 프레스코화 등 11세기의 내부 장식을 볼 수 있었다.

1037년 야로슬라프 현제(賢帝) 재위 중에 지은 성당으로 특히 돔이 아름다웠다.

이 성당은 종교만이 아니라 정치적, 문화적 센터이기도 하여 외국 사람들을 주로 이곳에서 영접했다고 한다. 야로슬라프 현제가 묻힌 이곳은 1934년부터 건축과 역사 박물관이 되었다.

수도원으로는 플로로프스키 수녀원을 방문했다. 15세기에 세운 수녀원으로 90여 명의 수녀와 신부 세 명이 매우 엄격한 생활을 하고 있었다. 그들은 새벽 다섯 시와 저녁 네 시에 예배드리는 시간을 빼놓고는 식사까지 각자 따로 할 정도로 엄격했다. 사진을 찍으려 하니 거절했다.

나는 이곳까지 와서 페체르스카야 수도원을 보지 않을 수 없어 그들에게 떼를 써보았다. 덕택에 드네프르 강 언덕 위에 있는 장엄한 수도원군인 페체르스카야 수도원을 볼 수 있었다. 이 수도원은 11세기 야로슬라프 현제 시대에 세워진 첫 수도원으로 그때부터 지금까지 900여 년의 기독교 문화 유산이 살아 숨쉬고 있는 곳이다.

전세계에 널리 알려진 성모보호 대성당에도 가보았다. 이 성당은 알렉산더 3세의 계수였던 아나스타샤가 세웠다. 목과 발목을 다쳐 그것을 고쳐보려고 예루살렘까지 가는 등 온갖 애를 썼던 그녀는 수녀가 되려고 하였으나 황제가 반대하여 수녀들과 살면서 1889년에 이 성당을 준공하였다. 이곳에서 의료 사업에 종사하던 그녀는 드디어 황제의 허가를 얻어 수녀가 되었고, 기도하는 중에 병이 나아 일어서서 다니게 되었다고 한다. 아나스타샤

가 시작했던 의료 사업은 지금 정부에서 이어받아 운영하고 있
었다.

기구한 역사의 기독교 국가 아르메니아

다음 예정지는 아르메니아의 수도인 예레반이었다. 키예프와
는 한 시간 반 차이가 나는 곳인데 기후는 섭씨 16도로 무척 따뜻
했다.

교회 대표들의 영접을 받으며 그곳 교회 영빈관(아르메니아 교
황청인 치마진 수도원 교회)에 투숙했다. 우리와 동행한 빅터 신
부는 우리들에게 아주 중요한 충고를 해주었다.

"이곳에 있는 동안 아르메니아와 러시아를 혼동하는 발언을 하
지 않도록 주의하십시오. 예를 들어 '소비에트 유니언'이라고 하
는 건 괜찮지만 '소비에트 러시아'라고 해서는 안 됩니다. 아르메
니아인은 민족적 우월감이 대단하거든요."

그런 말이 없더라도 아르메니아는 러시아나 우크라이나와는
확실히 분위기가 달랐다. 공산국가에 왔다는 느낌도 들지 않았
다. 교회 지도자들은 영어와 프랑스어도 대개 잘하고 같은 정교
회면서도 러시아 정교회와는 성찬식도 함께 하지 않을 정도였다.
그들은 자신들을 '거룩한 사도 교회'라 부른다. 언어·문화·역
사도 러시아와 아주 다르고 예배 의식도 달랐다.

이곳은 지금까지 다니면서 보았던 광활한 평야가 아니라 고산
지대였다. 맑은 날에는 이곳 사람들이 진짜 노아의 방주가 있었

다고 믿는 아라라트 산이 환히 보였다. 어느 교회에나 포도 문양이 있는데, 노아가 방주에서 나와 이곳에서 포도 농사를 지었다고 믿고 있는 것 같았다.

아르메니아 민족의 실질적인 통치자는 총대주교(파트리아크)라는 말이 있을 정도로 그의 영향력은 대단하다. 나는 10월 13일 아침 그를 찾아가 함께 식사를 하며 얘기를 나눴다.

"아르메니아는 기독교가 국교로 된 것이 301년이니까 세계에서 가장 오래된 교회를 가진 나라지만 난 아직 기독교 역사가 얼마 안 되는 나라에서 온 사람입니다. 제일 역사가 짧은 교회에서 제일 역사가 긴 교회를 찾아와 기쁩니다."

"교회는 언제나 젊고 또 젊어져야 합니다. 기독교도들은 서로 모르는 사람과도 사랑할 줄 아는 사람입니다. 더구나 오늘 같은 세계의 위기를 극복하기 위해서는 기독교도들이 힘을 합쳐야 합니다."

"나는 반공국가에서 이곳 공산주의 국가를 찾아왔고 개신교 목사로서 정교회 총대주교를 방문했습니다."

"나는 당신을 이미 오래 전부터 알고 있습니다. 당신과 나는 예수 그리스도 안에서 함께 살고 있으니 세례를 받은 날부터 우리는 한 형제가 된 것이지요."

15일 저녁까지 아르메니아에 체류하면서 내가 받은 느낌은 매우 강렬했다. 아르메니아인들은 유대인과 비슷하게 느껴지는 점이 있었다. 또한 강대국 사이에서 숱한 침략과 학살을 겪으면서도 민족의 자주성과 언어를 지켜온 것이 우리와 비슷하게 여겨지

기도 했다. 그들에겐 기독교가 역사요, 문화요, 생활이었다.

나는 총대주교에게 물었다.

"아르메니아에 기독교 신도가 몇 명 정도 됩니까?"

나의 질문에 그는 웃으며 대답했다.

"차라리 아르메니아 인구가 몇 명이나 되느냐고 물으십시오."

"하지만 적어도 공산당원은 무신론자일 것 아닙니까?"

나의 질문에 그는 그냥 빙그레 웃기만 했다. 나는 정교회 지도자들의 그같은 생각에 큰 감명을 받았다.

목숨 걸고 지킨 문화재

그들의 역사는 우리와 같이 5천 년 전에 시작되었다고 한다. 시조가 하이크여서 하이크족으로 불리며 본래 물(水)의 신을 섬겼다. 예수님의 제자인 바르돌로메 등이 이 땅에 와서 선교를 시작해 신도들이 생겨났으나 처음에는 박해를 받았다.

서기 300년경 티리타스 왕이 당시 수녀인 립시메에게 구혼했다가 거절당하자 그녀와 마흔여 명의 처녀를 죽였다고 한다. 그 후 왕은 양심의 가책으로 중병에 걸려 사경을 헤매게 되었는데, 그때 남몰래 기독교를 믿고 있던 여동생이 감옥에 있는 성자 그레고리를 불러내 치료를 받아 보라고 하였다. 그의 말대로 한 결과 왕의 병은 완쾌되었으며 이듬해인 301년에 기독교가 국교로 선포되었다. 그래서 아르메니아는 사도들이 교회를 세웠다는 긍지를 갖고 있고 그들의 종교도 '거룩한 사도 교회'로 불리게 된 것이다.

강대국 사이에 끼여 있는 탓에 끊임없이 침략을 받아온 아르메니아 사람은 350만 명이 해외로 나가 살고 있다. 그러나 세계 어디를 가건 아르메니아인이라는 긍지만은 결코 잃는 법이 없다고 한다.

수많은 박해 중에서도 가장 끔찍했고, 지금도 아르메니아인의 가슴속에 남아 있는 것은 1915년에 일어난 터키군의 인종 학살이다. 아르메니아인을 한 명만 남기고 모두 살해한 다음 그 한 명은 박물관에 보내겠다는 계획으로 저질러진 이 학살은 3백만 명도 채 안 되는 이 나라 사람 중 2백만 명의 목숨을 앗아간 끔찍한 결과를 냈다. 이때 죽은 성직자만도 4천 명이라고 한다. 그 후 2차 대전 동안에 또 30만을 잃었다고 하니 이렇게 슬프고 끔찍한 일이 어디 있겠는가? 그러나 이런 역사 속에서도 이들은 총대주교를 중심으로 굳게 뭉쳐 그들의 민족 주체성과 꿈을 키우고 있었다.

우리 일행은 사흘 동안 아르메니아의 이곳저곳을 둘러보았는데 그 중에서도 가장 감명 깊었던 곳이 바로 학살 기념탑이었다. 1915년 터키군에게 죽은 2백만 명의 넋을 추모하는 기념탑 안에는 꺼지지 않는 불꽃이 타오르고 있었고 구슬픈 음악이 계속해서 흘러나오고 있었다. 우리를 안내하던 신부가 그 안에 들어서자마자 목놓아 울던 모습이 지금도 눈앞에 선연하다. 아르메니아인들은 이들의 넋을 추모하는 뜻으로 해마다 기념수를 2백만 그루씩 심는다고 한다.

우리는 성 에치미아친 수도원과 립시메 성당, 가야네 성당(성 그레고리가 예수가 하늘에서 내려와 선 환상을 보고 그 자리에 세웠다는 성당) 등도 방문하였다. 그러나 나에게 깊은 인상을 준 것은 산 중턱의 굴 안에 있는 성 카가르트 수도원이었다.

에리반에서 아라라트 산과 웅장하고 아름다운 아르메니아 산 위를 올려다보면 단풍이 곱게 든 풍경과 함께 산 언덕에 위치한 성 카가르트(Kaghart) 수도원이 눈에 들어온다. 이 수도원은 바위산 중턱을 뚫어 만든 교회로 처음에는 이교도들이 예배하던 장소였다고 한다.

이 산에는 1천 개가 넘는 굴이 있어서 명상, 저작, 예술 활동을 목적으로 하는 사람들이 모여들며, 외부에서 침략을 받을 때는 은신처로 사용되기도 하고 평화시에는 여름 별장으로 사용되기도 한다고 했다.

8세기에 침략자들에 의해 무너졌다가 1215년 재건되었는데 그때 왕이 이곳을 무덤으로 하려 했으나 반대가 심하여 1283년에 이곳 곁에 작은 교회를 세웠다고 한다. 이곳이 음악 연주와 교육의 장이 된 것도 그 무렵부터라고 한다. 시험삼아 바위굴 속에서 노래를 불러 보니 그 메아리가 기가 막혔다. 아직도 마다라크 주일 축제가 되면 만여 명의 순례자들이 모여 이곳에서 춤을 춘다고 한다.

단풍 든 나뭇가지에 여러 가지 천들이 더덕더덕 달려 있기에 이유를 물었더니 병을 낳게 해달라는 기원의 표시라고 설명해 주었다. 마치 우리나라의 굿판과 비슷했다. 실제로 이교도들의 대신전이 무너진 자리도 볼 수 있었다.

또 한 가지 나를 놀라게 한 것은 아르메니아인들의 문화 유산이었다. 고전만을 보관하는 박물관 마데나타란을 방문하였는데 405년에 만들어진 아르메니아의 알파벳, 역사 기록, 지리 사전, 의약서, 심지어 운명학 서적, 나폴레옹이 쓴 글까지 고스란히 간직되어 있었다. 물론 제일 방대한 분량을 차지하고 있는 것은 성서 사본들이었다. 이 사본들은 송아지 가죽에 새기고 그림은 마늘즙으로 그려넣었다고 한다.

이 많은 보물들이 그 수많은 전쟁을 거치면서 어떻게 보관될수 있었는지 경이롭기만 했다. 그런데 그들의 설명을 들어보니문화 유산을 지키기 위한 노력이 남다른 민족이라는 것을 알 수 있었다.

"아랍과 몽고, 터키의 대대적인 침략으로 많이 없어지기는 했으나 학살당하는 순간에도 이 보물들을 잊지 않았습니다. 특히여성들이 몸 속에 숨겨 안전 지대로 옮겨놓았어요. 만약 죽게 되면 교회당 근방에 묻어 두고 죽음을 당했습니다. 또 이민을 떠났던 아르메니아인들이 갖고 갔던 것을 많이 되돌려받을 수 있었습니다."

이처럼 고전을 보관하기 위해 희생을 치른 이야기와 전설이 아주 많이 있었다.

아르메니아의 문화 예술은 약소 민족이기 때문인지 몰라도 장엄하고 웅장한 것은 거의 없고 작고 섬세한 금속 세공품들, 그리고 시문학이 주를 이루고 있었다. 시를 사랑하는 이들은 거리 이름도 대부분 시인의 이름을 따서 부르고 있었다.

우리는 예배와 세미나 참석, 총대주교 방문, 교회 박물관 참관 등의 행사를 무사히 끝내고 10월 15일 저녁 모스크바로 출발했다. 나는 모스크바 공항에 내리자마자 잃어버린 짐이 어떻게 되었는지 다시 한 번 확인해보았으나 역시 알 수 없다는 대답이었다.

그런데 다시 묵게 된 모스크바의 우크라이나 호텔에서 나와 잘 아는 손인원 사장을 만나게 되었다. 그는 스웨덴 영주권을 갖고 소련을 상대로 무역업을 하고 있었기 때문에 소련 왕래가 잦았는데, 그 역시 우크라이나 호텔에 투숙하고 있었다.

나는 그와 반갑게 인사를 나눈 후 공항에서 짐을 잃어버렸다는 얘기를 했다. 그랬더니 그는 자신 있는 태도로 말했다.

"내일 오전 중에 찾아드리겠습니다. 저는 사업 관계로 소련을 열다섯 차례나 오간 경험이 있기 때문에 찾을 수 있는 길을 대충 알고 있습니다. 그러니 염려 마시고 좀 기다리십시오."

내가 그토록 애를 써도 찾을 수 없었던 짐을 어떻게 찾아줄 수 있다는 것인지 이해가 되지 않았다.

다음날 아침엔 정교회 출판 회관에서 회의가 열려 다섯 지방에 흩어졌던 그룹 대표들의 보고가 있었다. 내가 제일 먼저 아르메니아에 다녀온 보고를 했다.

점심 때 손사장을 만났더니 그는 웃으면서 내게 러시아인 두 명을 소개해 주었다.

"저 사람들이 목사님 짐을 찾아냈습니다."

나는 참으로 놀라지 않을 수 없었다.

"아니, 어떻게 찾았어요?"

"친하게 지내는 러시아인을 시켜 공항의 유실물 보관소에 들어가 짐들을 몽땅 뒤져서 찾게 했지요."

"그것 참 알 수 없는 일이군요. 내가 바로 그곳에 가서 분실계를 내고 열 번이나 찾아가 확인을 했는데도 없다고 딱 잡아떼더니."

"몇 사람의 짐이 뒤늦게 도착했을 때 그 가운데서 적성 국가에서 온 목사님 짐을 따로 남겨두었던 것이 어찌어찌 해서 유실물 보관소까지 가게 된 모양입니다. 그래서 이 러시아인 친구들에게 한몫 단단히 쥐어주고 찾아오라고 했지요. 그렇게 해서 이 사람들이 짐을 찾아 여기까지 가져오게 된 겁니다."

그러면서 손사장은 내게 그 두 사람에게 사례를 좀 해야 한다고 귀띔해주었다. 그래서 나는 그들을 외국인 전용 상점에 데리고 갔다.

"꼭 가지고 싶은 것 한 가지씩 고르도록 하세요."

그러자 그들은 한 가지만이 아니라 이것저것 다 집어대는 것이었다. 그 바람에 짐값이 다 나가는 느낌이었다.

마침내 10월 17일, 소련에서 보내는 마지막 날이었다. 우리는 오전에 성 베드로 바울 교회에 가서 예배를 드렸는데, 내가 일행을 대신해 인사말을 했다. 그랬더니 나올 때 할머니들이 뭐라고 얘기를 하면서 내 두 손을 꼭 잡아 주어 내 가슴을 뭉클하게 했다.

오후에는 기자회견이 있었으나 한국 사람은 빠지는 것이 피차 좋을 것이라고 해서 참석하지 않고 대신 손사장을 만났고, 저녁 때는 침례교 백주년 행사에 참석하는 걸로 나의 마지막 소련 일정을 마무리했다.

역시 초만원을 이룬 침례교 백주년 예배는 오후 여섯 시에 시작하여 저녁 아홉 시 반이 되어서야 끝났다. 나는 기진맥진하여 저녁 식사를 하고 가라는 것도 뿌리치고 나왔다. 대신 이인호 교수와 손사장과 함께 식당에서 단출하게 식사를 했다.

식당을 나와 택시를 타려고 하는데 택시가 도무지 설 생각을 하지 않았다. 손사장이 다섯 손가락을 펼쳐 보이자 그제서야 섰다. 나는 펼친 손가락이 무얼 뜻하는지 궁금하여 손사장에게 물어보았다.

"5루블을 주겠다는 표시예요."

이튿날 아침 나는 비록 짐 때문에 고생하긴 했어도 소련 방문을 큰 탈없이 끝낸 것을 다행으로 여기며 짐을 꾸렸다. 동경을 향해 떠나는 아에로플로트가 이륙하는 순간 나는 소리치며 만세를 부르고 싶은 심정이었다. 무거운 긴장감과 고된 일정에서 해방되는 느낌이었다. 동경까지 무려 10시간이 걸리는 비행 끝에 나리타 공항에 내려 대한항공 비행기를 타기 위해 대기실로 가서 앉으니 어깨에서 무거운 끈이 탁 끊어지고 밧줄이 풀어진 듯하면서 피곤이 밀려왔다.

공산체제에서도 신도들은 넘쳐났다

당시 내가 본 소련은 결론적으로 말해 결코 인민의 낙원도, 계급 없는 사회도 아니었다. 쉬운 예로 모스크바 시내에는 당의 고급 간부들이 사용하는 도로가 따로 있을 정도였다. 경제 상태도 생산력이 부족하다기보다는 유통이 불안해서 루블화보다 달러의 위세가 대단했다. 와해된 구소련의 현실이 입증하듯 그들의 공산주의 실험은 결국 실패로 끝나고 말았다.

나는 그들이 실패한 가장 큰 이유가 유물사관과 무신론으로 인간을 잘못 이해한 데 있다고 생각한다. 능력에 따라 생산하고 필요에 따라 분배한다는 너무나 이상적인 구호는 인간의 실제 본성과는 차이가 나는 것이었다. 사람들은 능력 이하로 노동하고 필요 이상으로 보상받기를 원한다. 공산 체제에서는 자신이 하는 일이 자신의 이익과 별로 상관이 없으니 노동에 대한 의욕이 자본주의 체제에 비해 떨어지는 게 당연했다.

또한 "절대 권력은 절대 부패한다"는 액튼 경의 명언처럼 소련 사회는 동맥 경화증, 부패 불감증을 앓고 있었다. 나는 사회 구석 구석에서 끔찍한 부패상을 만날 수 있었다. 식당이나 상점에 들어가서도 무엇이든 주지 않고는 아무 것도 제대로 먹거나 사지 못하는 괴상한 나라였다. 일당 독재로 생겨난 '경직' 현상은 70년 간 병으로 자리잡았고, 그 고질병이 지금은 다 고쳐졌는지 궁금할 따름이다.

사회의 경직성 탓인지 소련 사람들은 개인적으로 만나면 그렇게 착하면서도 공적인 일에서는 돌 같은 표정을 짓기 일쑤였다. 여유 있고 유연한 모습이 아니라 돌처럼 굳어 있는 사람들이 만들어 가는 사회 분위기가 유쾌할 리가 없다.

이제 소련 교회에 대해 이야기를 해야겠다. 소련에 머무는 동안 나는 정교회의 예배에 자주, 그리고 너무나 오랜 시간 동안 참석하면서 그들의 장엄하고 풍성한 예배 의식에 감동을 받았다. 또한 대부분의 신도가 공산 혁명 이후에 태어난 사람들인데 어쩌면 그렇게 많은 사람들이 교회에 나오는지도 놀라웠다.

예수님이 가아샤랴 빌립보 지방을 지나면서 "내가 반석 위에 내 교회를 세우리니 음부의 권세가 이기지 못하리라"(「마태복음」 16:18)라고 하신 말씀이 생각났다. 한편 같은 공산주의인데 우리나라 북쪽 땅에는 왜 이런 교회가 세워지지 못하나 하는 문제도 생각해보았다. 물론 정권 담당자가 다르기 때문에 그렇겠지만 역시 우리나라 개신교가 가지고 있는 약점, 문화적인 차이 등도 있을 것이다.

러시아 교회는 신도들 생활의 중심을 차지하고 있었다. 모스크바에서 저녁 예배에 참석하기 위해 교회당에 들어간 적이 있는데, 다음날 아침 장례식을 치를 신자의 시신이 눈에 띄었다. 그들은 갓 나서 세례를 받고 죽어 무덤에 묻힐 때까지 교회와 함께 생활하고 있었다.

매일 교회에서 살다시피 하는 뿌리 깊은 신앙과 대립이나 분열이 없는 교회 체제가 특징이었는데, 그것은 그들이 드리는 리터지(liturgy) 예배 의식 덕택인 것 같다. 그들은 예배를 통하여 그들이 말하는 영성(spirituality)을 키워가고 있었다. 우리처럼 귀와 입만 가지고 드리는 예배가 아니라 시각, 촉각 등 오관이 다 참여하는 예배를 하고 있었다. 교회당 전체를 뒤덮는 풍성한 상징물, 예배 내내 흐르는 음악 등 한마디로 풍성한 예배를 드리고 있었다. 나는 우리 개신교도 이런 점을 배워야 한다고 생각했다.

그러나 이들 교회가 안고 있는 문제도 있었다. 교육이나 선교, 봉사, 사회 참여 등은 법률에 의해 금지되어 있었으며 설사 하더라도 예배에서 이를 증언(witness)할 수가 없었다. 예배란 어디까지나 꽉 짜인 의식일 뿐이었다. 수직선은 있으나 수평선이 없었고, 구약 시대의 제사장은 있으나 예언자는 없었다. 텍스트(text)는 있으나 상황과의 관계(context)는 없다. 그들의 예배는 철저한 내면주의, 정신주의, 초월주의로서 영적인 호소에 주력하는 것이었다.

이 점은 러시아 정교회와는 예배 형식을 완전히 달리하는 침례교 역시 마찬가지였다. 침례교회는 앞서 말한 대로 교회당 안에 성상이 없고 리터지도 없다. 성경, 설교, 기도, 찬송으로 예배가 이루어지지만 그 내용을 분석해 보면 정교회와 다름이 없다. 철저한 내면주의, 정신주의, 초월주의, 그리고 감정을 뒤흔드는 데 주력한다. 정교회와 마찬가지로 수평선적인 것, 예언자적인 것, 상황적인 내용은 거의 볼 수 없다.

러시아 정교회의 경우 교회 구조가 매우 계급적이다. 맨 밑에 신부가 있고, 그 위에 주신부(arch priest), 그 위에 주교와 대주교가 있다. 그 다음에는 대감독(metorpolitan), 총대주교(patriarch)가 있다. 칭호도 총대주교는 '성하'(聖下, His Holiness)라고 부르고 대감독과 대주교는 '폐하'(陛下, His Eminence), 주교는 '전하'(殿下, His Grace)라고 부른다.

카톨릭과 마찬가지로 계급에 따라서 옷도 다르고 모자도 다르다. 보석 종류도 물론 다르다. 총대주교는 말할 것도 없고 대감독만 되어도 아주 특권 계급이다. 그들이 사는 집에 초대받아 가보면 자본주의 국가의 큰 부잣집 같았다. 우리를 안내하는 신부는 영어도 잘하고 학식도 많은 사람인데 결혼한 사람이었다.

"결혼을 하면 주교가 될 가능성이 없습니다. 총대주교는 여행 다닐 때 비행기를 전세 내는 경우가 있을 정도로 대단한 지위랍니다."

이런 중세기적 교회 귀족제도는 공산주의 정권도 고쳐내지 못한 모양이었다.

그런 탓인지 교회 지도자들을 만나면 자랑만 늘어놓지 문제나 고민, 갈등 같은 것은 좀처럼 내비치지 않는다는 인상을 받았다. 비교적 괜찮아 보이던 아르메니아 교회 지도자들과 토의할 때 나는 이 문제를 제기해보았다.

"당신들이 처한 교회에는 아무 문제가 없습니까? 나는 당신들의 고민과 갈등, 문제 등을 듣고 싶군요."

내 질문에 그들은 아르메니아 교회가 다른 교회와 성찬을 함께 못하는 것, 내부 대립 등을 간략하게 이야기했을 뿐 별 다른 이야기가 없었다.

아르메니아의 총대주교와 만났을 때 나는 이 문제를 다시 제기해보았다. 그러자 그는 "문제없는 교회는 죽은 교회고 굳은 교회"라고 통쾌하게 말하더니 또 자랑 같은 이야기만 늘어놓았다.

모스크바로 돌아와 전체 회의 때 아르메니아에 갔던 보고를 하면서 그곳 주교가 말한 문제를 이야기했더니 모임이 끝난 뒤 그 주교는 매우 불쾌해하면서 보고서를 인쇄할 때는 그 내용을 빼달라고 했다. 문제를 제기하거나 비판하는 것에서 아주 자유롭지 않은 모양이었다. 하기는 그런 계급적인 구조를 가진 체제에서 자유로운 비판이란 극히 힘들 것이었다.

또 한 가지 내가 그들을 만나 느낀 점은 어디를 가나 그들의 오랜 전통에 대한 자랑이 매우 심하다는 것이었다. 물론 자랑할 만한 긴 역사를 가지고 있어 그렇겠지만 부끄러운 과거도 많이 있는 것을 우리가 다 알고 있고, 하물며 문제는 과거가 아니라 현재와 미래에 어떻게 하느냐이다. 흔히 현재가 여의치 않으면 과거를 내세우는 경향이 있다. 우리나라 역시 오랜 역사를 지닌 민족인데, 과거를 자랑하는 것과 현재를 돌보는 것 사이의 균형을 잘 잡아나가야 한다는 것을 그들을 보며 느꼈다.

젊은 신도들의 수가 적은 현상은 서구 여러 나라들에 공통된 것이긴 하지만 소련 역시 마찬가지였다. 청년들은 낮에 일하러 가므로 주로 저녁 예배에 참석한다고 했지만 저녁 예배, 아침 예배를 열 번은 더 나가 보았으나 청년들은 거의 눈에 띄지 않았다.

그들의 예배가 옛날부터 내려오는 리터지(唱)로 되어 있어 현대 감각을 가진 사람들에게 전달되기 어렵고 또 서너 시간 계속되는 예배를 주로 성직자와 성가대가 이끌어 가고 신도들은 기립한 채 성호를 긋고 머리를 숙이는 일만 하도록 되어 있는 것도 젊은이들의 참여를 막는 요인이 아닌가 여겨졌다. 성가대를 보아도 우리나라와는 반대로 나이가 많은 사람들이 대부분이었다.

나는 소련 교회가 그 어려운 환경 속에서 권력과 부딪쳐가며 더 많은 순교자들을 내기 바란 것은 아니었다. 다만 대주교, 대감독, 총대주교가 쓰는 화려한 보석 박힌 관이 예수가 썼던 가시관과는 너무 대조적으로 보여 서글픈 느낌이 들었다.

공산주의도 인정할 수밖에 없는 종교

옥스퍼드 대학 출판부(Oxford University Press)에서 나온 『세계 기독교 백과사전』(*World Christian Encyclopedia*) 1982년도 판에 따르면 볼셰비키 혁명이 일어난 1917년부터 23년까지 혁명으로 직접 간접으로 죽은 사람은 6천만 명이고 투옥 혹은 강제 수용소에 들어간 사람도 6천만 명인데 이들 중 반 이상이 기독교 신도였다. 1923년 이후 많이 석방되었으나 1956년 통계에도 종교 관계 수감자는 천여 명으로 나와 있다.

당시 소련에는 공적으로 드러난 지상 교회와 정부에 등록을 거부한 지하 교회가 있었다. 지하 교회는 카타콤 교회, 혹은 순교자 교회라고도 불리는데 이들은 등록을 거부할 뿐 아니라 소련 정권 자체를 거부한다고 했다. 우리가 보고 온 것은 물론 지상 교회들이었다.

통계에 의하면 그 당시 러시아 정교회는 신도수가 약 5천만 명에 성직자가 3만 명, 그루지아 정교회 신도는 5백만, 아르메니아 사도교회는 약 2백만, 침례교회는 110만 명, 리투아니아 루터 교회는 35만 명, 에스토니아 루터 교회는 22만 명이 넘었다. 또 카톨릭과 안식교회 등 신도 수가 적은 교회들도 있었다. 루터 교회는 특히 발틱 국가들 즉 라트비아, 에스토니아에 많다.

공산주의가 정착한 지 65년째가 되었는데 그렇게 많은 신도들이 있다는 것은 사실 믿기 어려웠다. 공산 정부는 법적으로는 신앙의 자유를 인정하고 있으나 사실은 예배드릴 수 있는 것뿐이고 전도나 교육, 사회 봉사, 사회 참여 등은 거의 막혀 있는 상태였다. 교회 재산은 국가 재산이고 그밖의 압력 등으로 교세는 날로 줄어가고 있는 추세였다.

혁명 이후 많은 교회 지도자들이 순교했지만 혁명 세력과 타협한 지도자들도 적지 않았다. 예를 들어 자고르스크의 교회 박물관에는 혁명 후 첫 총대주교의 유물이 전시되어 있었는데 정부 훈장이 잔뜩 들어 있었다. 혁명 세력과 타협한 지상 교회의 지도자들은 그 대가로 특권을 누리고 있었다.

기독교가 국교인 제정 러시아의 교회는 역사적으로 처음부터 정권과 결탁한 교회였다. 교회는 오직 영적, 정신적 영역에만 국한되어 있었다. 권력이나 사회악에 대해서는 무관계, 무저항을 고수해온 교회는 심지어 몽고 침략 때에도 이 원칙을 바꾸지 않았다. 성자는 악에 대해서도 무저항이어야 했다.

서방 교회와는 달리 정교회는 지식과도 담을 쌓았고 리터지를 통한 공동체 형성에만 주력해왔다. 이런 종교에 대해 개혁을 시도해보기도 했으나 완강한 보수 세력에 의해 좌절되고 말았다. 그리하여 세월이 흐를수록 정권에 대한 의존도가 높아가고 막대한 재산과 토지를 소유하여 귀족 계급화하고 성자와 백치는 서로 통하는 존재가 되고 일반 신도는 광신도처럼 미신적으로 되어갔다.

이런 상황이니 러시아 지식인들은 냉소주의와 허무주의로 흘러가 마침내 마르크시즘이 뿌리를 내리게 되고 그것이 혁명을 승리로 몰고갔다.

우리 사회는 분단 이후 줄곧 공산주의 이념을 막고자 노력해왔다. 공산주의 이념을 막기 위해서는 무엇보다 러시아에서 혁명을 성공으로 이끌었던 요인인 사회 문제가 생기지 않아야 한다는 것, 이것이 오늘날 우리가 소련과 러시아 역사에서 배울 수 있는 점이다.

소련 교회에 대해 내가 들은 얘기 중에는 키릴 대주교가 강연에서 한 얘기가 가장 인상적이었다. 그는 천년 역사를 눈앞에 둔 러시아 정교회의 앞날을 헤겔의 변증법으로 설명했다.

"국가 권력과 하나가 되어 막대한 권세와 부를 누렸던 제정 러시아 교회 역사를 정(正)으로 보고 혁명 이후 부정과 탄압의 역사를 반(反)으로 본다면 현재 교회는 절망과 고통 속에서도 합(合)의 길을 찾아가고 있다고 할 수 있다."

그에 의하면 교회는 정치와 분리되어 있기는 하나, 공산주의 정권도 교회를 인정하지 않고는 그들이 목표로 하는 새로운 사회를 건설하는 것이 불가능하다는 것을 깨닫게 되어 적어도 교회가 원수는 아니라는 것을 알게 되었다는 것이다.

"정의로운 사회 실현은 교회가 가르치는 원칙을 떠나서는 불가능합니다. 인간의 풍성한 생활은 기독교의 종말론적 희망이 뒷받침되지 않고는 불가능하기 때문입니다."

그곳에서 만난 교회 관계자들 중 누구도 교회가 당면한 문제는 물론 혁명 당시의 박해에 대해서도 말하기를 꺼렸는데, 키릴의 입을 통해 그만큼이라도 솔직한 얘기를 들을 수 있었던 게 다행이라면 다행이었다.

나는 그의 얘기를 들으면서 그가 말하는 합의 원리가 어떻게 실현될 수 있을지 의문스러워했다. 지금 구소련 러시아는 엄청나게 변했고 교회가 합의 길을 모색하고 실험할 수 있는 여지는 그만큼 넓어졌을 터이므로 앞으로 러시아 교회가 어떤 모습으로 무슨 역할을 해낼지 나는 큰 관심을 갖고 지켜보고 있다.

WCC와의 결별

상처로 남은 WCC 회장 선거

1983년 7월에는 캐나다 밴쿠버에서 WCC 제6차 총회가 열렸다. 이 총회를 맞게 된 내 감회는 특별했다. 우선 나는 1975년 나이로비 총회에서 밴쿠버 총회의 준비위원으로 뽑혀 이 대회를 위해 이 나라 저 나라를 돌아다니며 동분서주해왔기 때문이다. 그만큼 애정을 기울여 준비한 대회인데다 나는 이 밴쿠버 총회에서 회장단의 하나로 선출되기로 내정되어 있었다.

내가 회장단 물망에 오르기 시작한 것은 1975년 나이로비 총회 때부터였다. WCC 회장단은 6대주를 대표하는 여섯 명의 회장들로 구성되는데, 아시아 지역을 대표하는 회장으로 인도네시아인 시마투팡과 함께 내 이름이 거명된 것이다. 그때 아시아 지역 대표들은 나와 시마투팡을 놓고 의견을 조정하는 과정에서 시마투팡이 먼저 회장이 되기로 하고 다음에는 내가 회장을 이어받기로 합의가 이루어졌다. 말하자면 나는 그때 차기 회장으로 내정이 된 셈이었다.

그 때문에 나는 그 이후 WCC 관계 회의에 참석할 때면 사람들로부터 곧잘 '차기 회장'이라고 불리기도 했다. 총회가 열리기 몇 달 전인 2월, 총회 준비차 WCC 본부가 있는 제네바에 갔을 때도 나의 차기 회장 선출은 거의 기정사실이 된 듯한 분위기였다.

WCC에 관계된 한국인들도 내가 차기 회장이 되리라는 것을 알고 있었고, 그 중 재야 운동권으로 분류되는 사람들까지도 나를 지지해 주고 있었다. 따라서 나는 총회 날짜가 가까워짐에 따라 '정말 회장직을 맡을 것인가' 하는 문제를 놓고 숙고를 거듭했다.

모든 일이 그렇지만 내가 회장이 되는 일에도 명암이 함께 있었다. 한 30년 동안 WCC 활동을 해오다가 한국인으로는 처음으로 회장이 된다는 뿌듯함과 함께 전환기에 들어선 WCC를 위해 회장으로서 열심히 일하고 싶다는 의욕이 있었다.

그러나 마찰이 있을 수밖에 없는 한국 정부와 WCC 사이에서 내가 처할 곤란한 입장과 앞으로 또 7, 8년간 큰 가방을 들고 그 어려운 여행과 회의에 참석해야 한다는 것이 수락을 망설이게 하는 요인이었다.

나는 고민을 하다가 총회에 참가하기 위해 한국을 떠나면서 마음을 결정했다. 회장에 선출이 되면 어려운 점이 있더라도 열심히 일해보기로.

총회 장소는 밴쿠버의 브리티시 컬럼비아 대학이었다. 한국 대표는 나와 김관석, 박형규, 김용복, 이대수, 김형태, 이태영, 김옥라, 김유숙 등 10명 안팎이었는데 회의 장소에 가보니 예상보다 한국 사람들이 훨씬 많이 와 있었다. 총회가 열리기 전에 청년대회, 여성대회 등이 열리는데 그런 모임에 참석하는 사람들인 듯했다. 그들은 대부분 젊은 운동권 사람들로서 자기들끼리 똘똘 뭉쳐 다니는 것이 자주 눈에 띄었다.

7월 24일 총회가 막을 올린 후 일정에 따라 회장 선거에 들어갔다. 그런데 나는 총회가 열리고 며칠이 지나면서 이상한 공기를 느끼기 시작했다. 3월 초 제네바에서 만났을 때 그렇게 호의적으로 대해 줄 수가 없었던 아시아 실무자들이 이번에는 태도가 아주 딴판이었다.

나는 아무래도 이상해 회장 선거 관계자를 만나 솔직히 물어보았다.

"도대체 무슨 일이 있는 겁니까. 내게 솔직히 말해 주시오."

"사실은 한국 사람들 몇 명이 당신이 회장 되는 것에 반대하고 있습니다. 하지만 내가 대화를 나누면서 설득해 보겠습니다."

나는 그 말을 듣고 충격을 받지 않을 수 없었다. 이미 누군가가 "여기에 모인 운동권 사람들이 당신이 회장 되는 것을 반대하며 모종의 공작을 하고 있는 것 같다"고 귀띔을 했을 때도 나는 "그들이 그 일에 냉담한 것은 알지만 같은 한국 사람인데 왜 반대하겠느냐"고 화를 냈다. 그런데 실제로 외국인의 입을 통해 그런 얘기를 듣게 되니 내가 차마 믿지 않았던 것이 사실이라는 얘기였다.

이처럼 뒷공론이 분분한 가운데 마침내 회장을 공천하는 날이 가까워져 공천위원회가 열렸다. 아시아 지역에서는 내가 단독 후보로 나오게 되어 있었는데, 갑자기 인도의 정교회 대주교 그레고리우스라는 사람이 또 다른 후보로 추천되는 예상 밖의 일이 일어났다.

그렇게 되자 아시아 지역 대표들은 크게 놀랐다. 인도인이 이미 세 차례나 회장을 한 마당에 또 인도인이 회장을 하는 건 있을 수 없으며 그레고리우스 대주교가 교세가 매우 적은 아시아 정교회 소속이라는 점 등을 들어 그의 후보 추천을 반대했다. 심지어 그의 고국인 인도 대표들도 반대하고 나섰다.

어쨌든 일이 그렇게 돌아가자 당연하게 여겨온 나의 회장 피선에 문제가 생긴 셈이었다. 나를 지지하는 사람들은 8월 4일의 2차 회의에서는 틀림없이 내가 단일 후보로 조정될 것이라며 나를 격려했다. 그런데 그 중 두 명이 다음과 같은 주문을 해왔다.

"당신이 회장이 되려면 무엇보다 한국 대표들의 강력한 지지가 필요합니다. 그들의 추천서를 받아 오십시오."

나는 이 문제를 한국 대표들과 의논했고 그 결과 8월 3일 아침 추천서 문제를 다루기 위해 한국 대표들의 전체회의가 열렸다. 물론 나는 참석하지 않았다. 그런데 회의 결과, 내 추천서에 대표 전원의 서명을 받는 일은 실패로 돌아가고 말았다. 운동권의 지지를 받는 대표 네 명이 서명을 거부했기 때문이었다.

나는 그제서야 비로소 사건의 심각성을 느끼기 시작했다. 일부 한국인들이 나를 반대한다는 얘기를 듣기는 했어도 그냥 감정적인 잡음 정도로 알았는데, 실제로 부딪쳐 보니 나에 대한 반대가 계획적이라는 것을 알게 되었다. 사람들이 내게 들려준 얘기를 종합해보면 그들의 반대 작업은 대충 다음과 같이 이루어진 것 같다.

내가 회장에 피선되는 것을 조직적으로 반대한 주도적인 세력은 운동권의 젊은 사람들이었다. 그들은 WCC 총회를 앞두고 서울을 떠나기 훨씬 전부터 대책을 숙고했는데, 그 내용은 내가 회장이 되는 것과 보수파인 김형태 목사가 중앙위원이 되는 것을 반대하고 대신 그들이 지지하는 김관석 목사를 중앙위원으로 밀면서 앞으로 WCC를 등에 업고 반정부 운동을 벌여나가기로 한다는 것이었다.

그들은 미국의 김모씨 집에 모여 나를 회장에 떨어뜨리는 계획을 짠 후, 포터 총무 등 WCC 실무진과 북미 등지의 대표들에게 사전에 설득 공작을 폈으며 총회 전에 열린 청년대회에서도 아시아 지역 청년들 사이에 자기들의 의견을 여론으로 조성하려고 했다는 것이다. 그리고 밴쿠버 총회장에서도 계속해서 은밀히 조직적인 공작을 하고 있다는 말이었다. 그 모든 사정을 듣고 나니 비로소 그때까지의 이상했던 분위기를 이해할 수 있었다.

회장 선출 과정에서 예상치 않은 난관을 만나게 된 나는 착잡한 심정 속에서 나의 회장 피선 문제를 놓고 다시 한 번 숙고를 하지 않을 수 없었다. 그리고 내가 내린 결론은 다음과 같았다.

'이유 여하를 막론하고 같은 한국인, 그것도 내가 속한 기독교 장로회 대표들이 이처럼 반대하는 것을 굳이 추진하지는 않

겠다.'

그렇게 결심을 하고 나니 차라리 후련한 느낌이었다.

그런데 공천위원회의 분위기는 내 결심과 다른 방향으로 흐른 모양이었다. 2차 모임이 있던 4일 저녁 나는 일이 있어 밴쿠버 시내에 나갔는데, 내게 들려온 소식은 비록 내가 한국 대표 전원의 추천은 얻지 못했지만 위원회에서 나를 공천하려는 분위기가 강하게 대두되어 결국 6일 총회에서 나와 그 인도인 후보를 놓고 투표를 하기로 했다는 것이었다.

나는 그 소식을 듣고 모든 것을 하나님의 뜻에 맡기기로 작정했다. 그렇게 마음을 비워버리자 오히려 홀가분했다. 그런 마음으로 5일 아침 총회 장소로 나갔는데 웬일인지 나를 쳐다보는 사람들의 시선이 이상했다. 꺼림칙한 기분으로 총회 장소로 들어가던 나는 문득 눈에 들어온 벽보를 보고 기절할 듯 놀랐다. 거기에는 이런 내용이 쓰여 있었기 때문이었다.

한국에서 온 강목사는 독재자인 전대통령의 자문역이자 지지자인데 WCC 회장이 되기를 바라고 있다.

벽보는 한 군데만 붙어 있는 것이 아니었다. 회의장은 물론 총회 대표들이 머무는 건물 곳곳, 심지어 엘리베이터 안까지 사람들의 눈에 띄는 곳이면 어김없이 붙어 있었다. 그러니 나는 너무 창피해서 쥐구멍이라도 있으면 들어가고 싶은 심정이었다. 꼭 악몽을 꾸는 것 같았다.

이태영, 김옥라, 김유숙, 이연옥 등 여성 대표들은 "이럴 수는 없다"고 흥분해서 울고 다니며 포스터를 떼어내려고 했으나 이미 소용없는 노릇이었다.

내가 회장 되는 것에 반대하는 사람이 다름 아닌 한국 사람이고, 그것도 내가 속한 기독교장로회라는 것, 그리고 이렇게까지 노골적으로 필사적으로 반대를 하고 있는 현실에 나는 할 말을 잃고 말았다.

마음을 비우고 하나님 뜻에 맡긴 채 일이 흘러가는 대로 받아들이고 따르려 했던 나는 내심 당황했다. 마음을 비우는 것만으로는 부족했던 모양이다. 이제 내가 할 수 있는 것이라곤 완전히 포기하는 것뿐이었다.

나는 서슴지 않고 회장직을 포기하기로 결심했다. 안 그래도 한 번 결정했었던 터여서 나는 별다른 갈등 없이 포기를 결심하고 총회장과 공천위원장, 내 지지자들을 만나 회장 후보 사퇴를 정식으로 통고했다.

이태영 박사는 그래서는 안 된다며 끝까지 나를 회장에 선출되도록 하기 위해서 미국인 변호사에게 부탁해 나를 변호하는 글을 밤새워 작성하기도 했다. 그녀는 그 글에서 "강목사가 국정 자문위원이 된 것은 김대중을 살리기 위해서였다"는 점을 강조했다.

그러나 나는 그녀를 말렸다. 더 이상 한국인끼리 싸우는 추태를 외국인들 앞에서 보이기 싫었다.

투표가 있던 6일 아침 나는 회의에 참석하지 않고 그냥 밴쿠버를 떠났다. 회장이고 뭐고 그런 일을 당하면서까지 그곳에 더 이상 머물러 있을 이유도, 그러고 싶은 마음도 없었다. 그렇게 나는 30년 동안 일해온 WCC를 영원히 떠났다. 명예도 퇴임식도 없는 쓸쓸한 발걸음이었다. 충격과 상처투성이의 귀로였다.

돌아오는 비행기 안에서 나는 그 동안 살아온 생애를 오랜만에 조용히 반추해 보았다. 그런 상처를 겪으면서 '과연 내가 지금까지 어떻게 살아왔는가, 또 앞으로 어떻게 살아야 할 것인가' 하는 근본적인 문제가 자연스럽게 떠올랐던 것이다.

따지고 보면 사단은 1972년 방콕 대회에 있는 셈이었다. 거기서 급진 운동권 세력과 결별한 후 국내외에서 공격을 받아오다 드디어 이렇게 회복 불가능한 상처를 입고 만 것이었다.

양 극단을 배제하고 중간 입장에서 조정과 화해의 역할을 자임해온 나의 활동이 불러온 숱한 오해와 비난들이 어제오늘 일은 아니고 한두 번 있어온 것도 아니지만 이때처럼 내게 상처와 회한으로 다가온 적은 없었다. 그 일이 과연 내가 할 수 있는 일인지, 새삼 벅차게 느껴졌다. 내가 사는 동안 선택한 길이 끝내 사람들에게 이해받지 못하고, 그래서 받아들여지지 못할 수도 있다는 생각이 들었다.

나의 WCC 활동만 보더라도 1975년 나이로비 대회에서 중앙위원과 실행위원으로 선출되었을 때는 보수파로부터 방해 공작을 받았는데, 밴쿠버 총회에서는 반대로 운동권의 공격을 받게 되었으니 생각하면 참으로 기가 막혔다. 나는 늘 같은 마음으로 같은 입장에서 같은 말을 해왔는데, 이 세상과 시대는 나에 대해 정반대로 반응을 하니 참으로 묘하다는 생각이 들었다.

'내가 변해가는 세상을 제대로 따라잡지 못하고 있는 것일까? 아니면 남들처럼 유연하게 변신하지 못하고 있는 것일까? 이렇듯 세상이, 사람들이 변해가는데 나만 나의 길을 간다는 게 무슨 의미가 있을까? 과연 세상은 내가 하고자 했던 일들, 조정과 화해 이런 것들이 이제는 더 이상 필요가 없을 만큼 바뀌었나?'

이유가 무엇이 됐건 나는 모든 게 싫어지고 더 이상 싸울 의욕도 잃어버렸다. 모든 공적 생활에서 은퇴해 기도와 명상으로 조용히 여생을 보내고 싶은 마음뿐이었다. 그러나 내 마음이 원한다고 해도 그런 식의 은둔과 도피는 평소의 내 신념과 사명에 어긋나는 것이었다. 항상 그리스도의 뜻을 받들어 역사와 현실 속에서 살아가겠다고 맹세한 내가, 세상이 날 알아주지 않는다고 토라져서 숨어들 수는 없는 노릇이었다.

귀국한 후 내 문제는 국내 교계뿐 아니라 언론에서도 한동안 화제가 되어 시끄러웠다. '밴쿠버 파문', '강목사 당선 저지 벽보 사건' 등으로 불리며 사람들 입에 오르내렸는데, 나는 벽보를 붙인 사람들에 대해 "국제적 망신을 자초했다"고 흥분하는 사람들을 말리고 다녔다. 그것이 비록 나를 반대한 사람들을 비난하는 말이라고 하더라도 그 일이 사람들에게 거론되는 것 자체가 내겐 너무나 망신스러웠기 때문이다.

어찌됐든 나는 그 사건으로 큰 상처를 안게 되었으며 WCC와도 유쾌하지 못한 고별을 하게 되었다.

더 이상 남의 말을 듣지 않는 전대통령

밴쿠버 총회에서 국정 자문위원이라는 이유로 이처럼 공격과 수모를 받았으나 정작 그 무렵 자문위원 노릇은 거의 포기하고 있었다. 전대통령의 태도가 자꾸 변해가고 있었기 때문이었다.

처음에 전대통령은 남의 말을 경청하는 태도를 갖고 있었다. 그리고 사람을 대하는 태도도 상당히 허심탄회했다.

그는 내가 자문위원이 된 직후 이런 얘기까지 했다.

"목사님, 청와대라는 데가 들어와서 보니 참 이상한 뎁니다."

"뭐가 이상하다는 겁니까?"

"돈이 있어야 됩니다. 그런데 내가 돈이 있어야지요. 천상 기업하는 사람들 도움을 받아야 하는데, 특정 기업인에게만 돈을 받으면 아무래도 그 사람에게 잡히게 되니 문제 아닙니까? 그래서 기업주 다섯 명을 불러 '여러분이 의논해서 좀 도와달라'고 했지요. 그랬더니 한푼도 안 들어오는 겁니다. 따로 돈을 내겠다는 사람들은 많지만 그렇게 받을 수도 없고 참 고민입니다."

그런데 그후에 보니 어떻게 돈을 구했는지 그의 씀씀이가 상당히 넉넉해져 있었다. 태도도 남의 얘기를 메모해가며 경청하던 때와 달리 자기 말을 하는 시간이 점점 길어져갔다.

정국은 부산 미문화원 방화 사건, 장영자 사건 등이 터진 후 그 불씨가 내연하며 심상치 않은 기류를 형성하고 있었다. 그러다가 1983년 10월 9일에 버마 아웅산 사건이 터지고 말았다. 주요 각료들을 포함한 17명이 비참하게 폭사한 이 엄청난 사건이 터지자 나는 자문위원으로서 가만히 있을 수 없어 최규하 의장에게 얘기해 운영회의를 열었다.

회의에서는 "대통령이 왜 확실한 이유도 없이 버마에 가서 결과적으로 그런 비극을 불렀느냐, 우리가 자문위원으로서 이번에 대통령이 귀국하면 좀 강하게 충고를 하자"는 얘기가 나왔다. 그래서 전대통령이 귀국한 직후 우리 자문위원들이 면회 신청을 해 그를 만났다.

면회 시간은 오전 11시였다. 우리는 우선 최의장이 5분 정도 인사말을 한 다음에 내가 구체적인 건의를 하기로 했다. 그런데 전대통령은 최의장의 인사말이 끝나기도 전에 자기가 떠나던 때부터 시작해서 그곳에서 있었던 일들을 혼자 장황하게 설명하기 시작했다.

그렇게 한참을 얘기하더니 시계를 보고는 "12시에 약속이 있어 나가야겠다"며 자리에서 일어서는 것이었다. 그러니 우리는 아무런 말도 하지 못한 채 그냥 나올 수밖에 없었다.

그로부터 얼마 후 나는 전대통령의 한 측근으로 나와도 가까운 한 사람을 만나게 되었다. 그는 내가 자문위원이 된 직후 전두환 정부가 왜 국정 자문위원회라는 기구를 설치하게 되었는지 그 연유를 얘기해준 사람이었다.

"전두환 대통령의 측근들이 '위대한 지도자가 되려면 위대한 스승과 신뢰할 수 있는 동료, 유능한 참모를 두어야 한다. 그러므로 우리 동료들도 한달에 한 번씩 만나 서로 허심탄회하게 얘기를 나누고, 존경할 만한 사회 원로들도 모셔 조언을 들어야 한다'

고 건의해서 그런 기구가 생기게 되었어요."

처음에 조언을 듣기 위해 만든 모임이 이제는 자기 얘기를 들어주는 모임으로 변해가고 있었으니 그 존재 의미 자체가 없어진 것이나 마찬가지였다. 그래서 나는 그 측근을 만났을 때 솔직히 나의 실망을 털어놓았다.

"요즘 대통령이 많이 변한 것 같습니다. 예전에는 국정 자문위원들의 말을 귀기울여 들었는데, 지금은 우리들에게 말할 기회조차 주지 않아요."

내 말을 들은 그 역시 전대통령을 변호하려는 기색이 없이 별대답을 하지 못했다.

여하간 그 무렵 전대통령의 독백은 점점 길어져 갔고, 내 무력감도 따라서 깊어져 갔다.

해외 선교강연에 나서다

1985년은 경동교회 창립 40주년이자 크리스챤 아카데미 설립 20주년이 되는 해였다. 또한 한국에 개신교가 들어온 지 백주년이 되는 해이기도 했다. 나로서는 여러 가지로 의미 있는 해이자 바쁜 해였다.

한국 개신교 역사는 의사 선교사 알랜이 한국에 처음 온 것을 기점으로 하면 1984년이 백주년이 되고 언더우드와 아펜젤러 두 목사가 미국 교회에서 정식으로 파견되어 입국한 것을 기점으로 하면 1985년이 백주년이 된다. 그리고 1984년은 한국 카톨릭

200주년이었으니 1984년, 1985년 두 해는 한국 교회사에서 역사적인 해였다.

이와 관련해 특기할 만한 사실은 그간 분열과 대립으로 얼룩졌던 한국 교회가 사상 최초로 외형적으로나마 연합하는 모습을 보였다는 점이다. 수많은 교파로 갈라져 있던 개신교가 백주년 기념 행사를 함께 치르기로 의견의 일치를 본 것이다.

이를 위해 1980년 12월 4일에 교파 첫 모임을 가졌고 1981년 1월 27일에는 20개 교단과 26개 기독교 기관·단체들이 가입한 한국 기독교 백주년 기념사업협의회가 탄생했다. 말하자면 일시적이나마 화해가 이루어진 셈이었다.

나는 카톨릭 200주년이 되는 1984년을 맞아서도 신구교가 연합하여 행사를 벌여보려고 했으나, 둘 사이의 벽이 상상한 것 이상으로 높아 결국 성사되지 못했다. 교황이 오는 것을 기회로 신구교 지도자 모임을 시도한 것도 잘 안 되었고, 다만 교황과 개신교 지도자 몇 사람이 만나는 것으로 만족해야 했다.

교황을 만나는 자리에서 환영 인사는 백낙준 박사가 했고 나는 교황을 위한 기도를 맡았다. 교황은 「에베소서」 4장을 인용하며 '하나의 교회', 즉 교회의 일치에 대해 짤막하게 얘기했다. 나는 그 모임을 끝마치고 나오면서 교황이 인용한 구절을 떠올리고 입맛이 씁쓸했다.

"몸이 하나요 성령이 하나이니, 너희가 부르심을 받을 때 한 소망으로 부르심을 받게 되는 것과 같다. 주도 하나, 믿음도 하나, 세례도 하나, 하나님도 하나이니, 곧 만유의 하나님이라."

그 말씀이 신구교 사이에 한 번이라도 실현된 적이 있었던가? 이해하기 힘든 교회 현실에 나는 가슴이 답답했다.

한국 기독교 백주년 기념사업협의회 총재는 한경직 목사였고 나는 여러 명으로 구성된 회장단의 대표회장직에 추대되어 기념사업 관계로 바쁘게 돌아다녔다. 다채롭게 기획된 기념사업은 크게 네 가지로 나뉘어 전개되었다.

첫째는 선교사업, 둘째는 기념시설물 건립(용인의 순교자 기념관, 양화진의 외국 선교사 선교 기념관 등), 셋째는 예술축제 행사, 넷째 사랑을 실천하기 위한 헌혈과 개안수술 병원 건립 등이었다. 내가 주로 책임을 진 분야는 예술축제 행사였으나 선교사업이나 기념 시설물 건립 등에도 물론 참여했다.

내 개인적으로 기억에 남는 것은 선교 활동이다. 그때 미주 지역에서도 백주년 기념 신도 연합 집회를 1984년 6월 7일부터 열흘 정도 열었는데, 나는 하와이와 로스앤젤레스, 시카고 등지를 돌며 교포 교인들을 상대로 설교를 했다.

그 중에서도 로스앤젤레스 집회가 가장 컸는데 5천 명 이상의 사람들이 몰렸다. 특히 보수 계통의 교역자와 신도들도 대거 참석해 나를 흐뭇하게 했다. 이 집회에서 사회를 본 명의혁 목사는 50년대에 나를 용서 못할 이단으로 몰아붙였던 사람이었다. 세월이 그만큼 바뀌었기 때문이었는지, 아니면 기독교 백주년이라는 명제 앞에 화해를 이루었기 때문인지 몰라도 로스앤젤레스 집회는 그런 화해 분위기에서 성공을 거두었다.

이 집회는 한국 기독교 백주년 남가주 대회인데다 사람들의 반응이 매우 좋았다. 특히 여성들의 호응이 높아 "곧 다시 여성대회를 개최할 테니 꼭 와 달라"고 해서 귀국 후 다시 그곳에 건너가 특별 강연회를 가지기도 했다. 로스앤젤레스의 커다란 시민회관에서 '선교와 여성'이라는 주제로 사흘간 열린 이 대회는 약 만 명 정도가 참석하는 성황을 이뤘다.

그런데 재미있는 것은, 앞서 말한 것처럼 보수 교인들은 나의 설교 집회에 많이 참석해 화해가 이루어졌으나 오히려 내가 속한 기장의 진보 세력들은 따로 집회를 갖고 서남동 목사를 초빙해 설교를 들었다는 점이다.

그때 서목사와 나는 그곳에 사는 한신대학 동창들이 점심을 내는 자리에 함께 초청된 일이 있다. 그런데 서목사의 안색이 하도 좋지 않아 그에게 이런 말을 해준 기억이 난다.

"당장 집회를 그만두고 곧 귀국해서 검진을 받아 보도록 해요."

나중에 알게 되었는데, 검진 결과 간암으로 판명되어 애석하게도 얼마 후 그는 세상을 뜨고 말았다. 참으로 안타까운 일이었다.

기적적으로 살아난 딸 혜원이

로스앤젤레스 집회를 마친 후 나는 시카고, 워싱턴, 뉴욕 등지를 돌며 설교를 하였다. 둘째딸 혜원이가 살고 있던 뉴욕에는 6월 15일에 도착했는데, 이상하게도 당연히 마중 나와 있을 딸 내외가 보이지 않고 대신 조덕현 목사가 나와 있었다.

"따님에게 급한 일이 생겨 제가 대신 나왔습니다."

무슨 일인가 궁금해하면서 그의 차를 타고 딸네 집으로 향했다. 가는 도중 조목사가 갑자기 큰 길가에 차를 세우더니 내 손목을 꽉 붙잡았다. 그런데 그의 손이 떨리고 있었다.

"목사님, 놀라지 마십시오. 따님에게 사고가 생겼습니다. 이틀 전 아이들을 차에 태우고 가다가 교통사고가 나서 지금 병원에 있습니다."

나는 너무 놀라 말도 제대로 나오지 않았다.

"죽지는 않았어요?"

"네, 아직은 생명에는 지장이 없는 것 같은데 좀 중상인 모양입니다. 더 두고 보아야지요. 저랑 같이 병원으로 가보시지요. 네거리 교차로를 지나다가 큰 차가 달려드는 바람에 차가 굴러서 많이 다쳤습니다. 차가 구르는 바람에 휘발유에 불이 붙어 연기가 나는 것을 마침 그 지역 소방서에서 발견했다는군요. 덕분에 소방차가 달려와서 폭발 직전에 따님과 손녀들을 끄집어낸 모양입니다. 실신 상태에 있는 걸 병원으로 옮겼답니다. 다행히 막내인 유경이는 괜찮고 다른 아이들도 생명엔 지장이 없다는데 제일 걱정은 따님이랍니다."

병원에 가보니 혜원이와 두 손녀의 꼴이 정말 목불인견이었다. 차를 몰았던 혜원이는 온몸이 붕대에 싸여 있었고 이가 전부 부러져 나가는 등 차마 똑바로 바라볼 수가 없을 지경이었다. 의사의 진단도 걱정스러운 것이었다.

"가슴과 팔, 다리, 얼굴, 이 등이 다친 것도 문제지만 가장 큰 문제는 내출혈입니다. 내출혈이 되면 살기 힘들거든요."

큰손녀 은경이는 머리와 목을 심하게 다치고 둘째인 숙경이도 중상이었다. 그런데 그들 모녀는 일초가 긴박한 피투성이 상태에서 수술과 치료를 받으면서도 혜원이는 "아이들이 살아 있느냐"고 소리를 질렀고, 아이들은 "엄마는 괜찮아요?"라고 의사들에게 다그쳐 물었다고 한다.

그 말을 전해들으며 나도 몰래 눈물을 흘리고 말았다. 그리고 아이들의 목숨이 붙어 있다는 것이 그렇게 감사할 수가 없었다. 나는 사경을 헤매는 딸의 손목을 부여잡고 떨리는 마음으로 몇 번이나 되뇌었다.

"하나님, 감사합니다."

기도를 올리면서 나는 딸과 손녀들이 살아나고 회복되리라는 것을 확신할 수 있었다. 명재경각의 긴박한 상황에서 소방차에 발견되어 병원으로 실려왔다는 것 자체가 기적에 가까운 일이었으니, 그들을 살게 한 그 에너지가 끝내 그들을 구해 주리라는 믿음이 들었다. 그것은 하나님의 은총에 대한 신뢰이기도 했다.

일단 위기를 넘긴 후 이 소식을 서울의 아내에게 전해야 했다. 그런데 아내를 안심시키자면 혜원이의 목소리를 들려주어야 하는데, 그애가 제대로 또박또박 말을 할 수 있을지 걱정이었다. 그래서 망설이고 있는데 혜원이는 자꾸 자신 있다고 장담을 했다.

나는 아내에게 전화로 사고 소식을 대충 전해준 후 혜원이에게 수화기를 건넸다. 그랬더니 그애는 안간힘을 쓰면서 농담까지 하고 웃어가며 어미를 안심시키는 것이었다. 그렇게 통화를 끝내고는 기진맥진해 쓰러지며 우는 것을 보고 가슴이 아팠다.

다행히 시간이 흐를수록 딸과 손녀들의 상태는 호전되어 갔다. 일단 생명의 위기는 넘긴 셈이었다. 나는 그들이 위험 상태를 벗어나기까지 며칠 머물러 있다가 더 이상 귀국을 미룰 수 없어 서울로 돌아왔다. 귀국 후에도 한달 동안은 일본의 여러 도시와 오스트레일리아, 남태평양 등지를 돌며 강연을 함으로써 백주년 해외 선교 활동을 해나갔다.

국내에서는 1984년 8월 15일부터 닷새간 여의도 광장에서 대규모 연합 선교대회가 열렸다. 매일 백만 명 이상의 신도가 참석한 큰 대회였다. 나는 18일에 '민족 통일과 평화의 밤'이라는 제목 아래 조용기 목사와 함께 설교를 했다. 이때 모인 신도 수는 주최측 추산에 따르면 약 2백만 명이라고 하는데, 그간 온갖 종류의 숱한 강연을 해온 나로서도 그렇게 많은 사람들 앞에서 강연하기는 처음이었다. 역시 우리나라 사람들의 정서에는 부흥회식 집회가 잘 맞는 모양이었다.

그날 나는 조목사에 앞서 "쪼개진 성을 고치라"(「에스겔」 13:3~8)는 성경 구절을 택해 평화와 남북 화해에 대해 이야기했다. 나에 이어 등단한 조목사는 교파가 다르지만 "강목사의 얘기에 공감한다"는 말을 해주어 집회 분위기는 화기애애했다.

내가 총책임을 맡은 예술 축제 행사에는 전시회, 음악회 등도 있었으나 가장 큰 행사는 '빛과 하나 되어'라는 주제 아래 기독교 연기자들과 교회 연합 성가대, 서울 시립무용단 등 1,300여 명이 출연한 무대였다. 기독교 백년 역사를 뮤지컬 드라마로 꾸민 것으로 표재순이 연출을 맡아 잠실체육관에서 성황리에 펼쳐졌다. 고맙게도 주역들을 포함해 출연자 대부분이 무료로 봉사해 주었다.

1985년 6월 11일부터 14일까지 펼쳐진 이 공연은 한국 기독교 사상 최대 규모의 기념 공연으로 기독교 백주년을 마음껏 축하하고 선교 2세기를 맞는 앞날을 제시해주는 감격적인 무대였다. 약 4만 명의 신도들이 관람했고 주요 부분이 텔레비전에 방영되기도 했다.

선교 2세기를 향한 한국 교회의 새로운 신학 정립에 관심을 갖고 있던 나는 아카데미 하우스에서 국내외 신학자와 교역자가 참석한 가운데 '신학 정립협의회'를 열기도 했다. 이 모임에는 '희망의 신학'으로 유명한 독일의 위르겐 몰트만 교수가 참석해 '화해의 선교'라는 주제 아래 강연을 했다.

1985년 10월 14일에는 아카데미 하우스에서 5년 동안 해온 기념 사업을 평가하는 모임이 열렸다. 그간의 경과 보고와 함께 미래 한국 교회가 나아가야 할 방향에 대해 진지한 토의가 벌어졌으나, 그때 제기되었던 그 뜨거운 말들은 안타깝게도 그 후에 별로 열매를 맺지 못했다.

백주년 기념 사업은 한국의 개신 교회가 처음으로 연합된 모습을 보였다는 역사적인 의의를 만들어낸 것이 사실이지만 결론적으로 평가할 때 내용 면에서는 문제가 적지 않았다. 일반 교회와 우리 사회가 애초에 기대했던 데에는 많이 모자랐다는 것을 자인하지 않을 수 없다. 특히 외형적 일치는 과시했으되 일치의 내실화에서는 부끄러울 정도였다.

나는 이같은 문제점을 기념 사업의 끝마무리 행사로 영락교회에서 열린 기념 대회에서 기념사를 통해 제기했다.

"이런 우리의 한계를 솔직히 인정하고 반성과 회개를 하지 않은 채 이 행사를 마친다면 이제 맞게 된 선교 2세기에서 한국 교회가 맡은 막중한 역할을 감당할 수 없을 것입니다."

희망적으로 말하자면 백주년 기념 사업의 폐막식이 된 그 기념 대회가 사실은 폐막식이 아니라 일치된 한국 교회의 새로운 출발을 알리는 개막식이 되어야 하는데, 우리의 현실은 그와는 동떨어져 있었다.

새로 쓰는 아카데미와 경동교회의 역사

스무 돌 맞은 아카데미의 새 방향

설립 20주년을 맞는 크리스챤 아카데미에는 흥겨운 축하 분위기보다는 자성과 재도약을 다짐하는 무거운 분위기가 더 강하게 드리워져 있었다. 아카데미는 1979년의 크리스챤 아카데미 사건으로 치명적인 타격을 입은 후 중간집단 교육이 사실상 파국을 맞는 등 한창 때의 활력을 많이 상실하고 있었다. 정치 사회적 상황도 양극화가 심화되어 아카데미의 입지는 더욱 좁아졌고, '대화'의 광장으로서 아카데미의 역할도 그만큼 어려워지고 있었다.

이같은 상황에서 스무 돌을 맞은 아카데미는 그 동안의 사업을 검토하고 아카데미 운동의 한계를 분석, 반성하면서 앞으로의 운동 방향을 제시하는 선언문을 작성했다. '민주 문화 공동체 형성을 지향하며'라는 제목으로 발표된 그 선언문의 주요 부분은 다음과 같다.

지난 20년 동안 추구해온 양극화 해소와 인간화 실현을 위한 대화 정신이 우리의 변함없는 기초임을 확신한다. 우리는 창립 10주년의 '지성인의 선언'에서 인간화라는 목표를 향해 점진적으로 가까이 가는 근사적(近似的)인 방법으로 첨예화된 양극화 현상과 만연한 권력화 현상을 극복해야 한다고 천명했었다. 이 선언서에서 밝혔듯이 이념적 차원에서 자유와 평등을 동시에 구현하고, 문화적 차원에서 시민문화를 전개하며, 행정적 차원에서 행정 민주화를 실현하며, 구조적 차원에서 중간집단을 육성하고 강화한다는 지향점은 오늘날 한국 상황에서도 그대로 요청되고 있다고 본다.

따라서 크리스챤 아카데미가 민간 기구라는 한계를 감안하면서도 문제의 근본과 중심에 대면해야 한다고 할 때, 이 시점에서 담당해야 할 사업으로 민주 문화 공동체 형성을 제시코자 한다. 우리는 민주 문화 공동체를 형성하는 일이 해방 이후 오늘날까지 우리 사회가 거듭해 온 좌절과 혼란을 해결할 수 있는 한 방안이라고 확신한다.

민주 문화 공동체를 형성하기 위해서는 무엇보다도 사회 각 부문 즉 교회·교육·언론·노동·법조·기업·금융이 고유한 영역에서 자유를 획득하는 일이 우선되어야 한다.

다음으로 각 분야는 내부적으로나 대외적으로나 수직·수평적 상호 관계를 형성하는 공동체적 맥락이 자리잡도록 해야 한다. 열린 관계 속에서 자기 결정을 구사할 때 공동체의 망이 형성되고 그 망은 사회를 전진시킬 수 있다.

이러한 민주 문화 공동체를 형성하는 일은 자유와 함께 참여 정신이 조직화될 때에 가능할 것이다. 참여는 개방과 자율이 허락되어 있다고 해서 가능한 것은 아니다. 특정한 공동체 속에서 자기 결단을 내릴 수 있을 때 진정한 참여가 이루어진다.

우리는 이 민주 문화 공동체 형성이 우리가 오늘날 부딪치고 있는 문제들을 해결할 수 있는 새로운 실마리를 제시할 수 있으리라고 생각한다. 양자택일의 대결 구도에서 벗어나 중지를 모아 대화로 문제를 풀기 위해서는 우선 국내 정치가 갈등 구조에서 벗어나야 한다. 지역 감정 해소와 균형 있는 지역 발전, 민주 문화를 정착하는 토대가 되는 지방 자치, 교육 민주화와 다양성을 보장할 교육 자치에서 민주 문화 공동체를 형성하는 일이 그 요체라고 할 것이다.

이 민주 문화 공동체를 형성하는 것은 또한 민주화와 함께 우리 민족의 최대 과제가 되는 통일을 성취하는 데에도 그 이상과 방안 양면에 새로운 조준을 가능하게 해주리라 생각한다. 우선 남북이 서로 자율적인 구조체로 긍정하고 열린 정신으로 가능한 영역과 부문에서 상호 작용과 대화를 확대해 가고 공동체로서 연대를 강화해 갈 때, 결국은 통일된 민족 공동체로서 단일성을 성취할 수 있으리라고 생각한다. 이 민족 통일 문제에 대한 공동체적 이해는 도전해볼 만한 새 비전을 제시하리라고 생각한다.

크리스챤 아카데미는 앞으로도 그간 한국 사회의 문제점을 극복하기 위해 기초로 삼았던 양극화 해소와 인간화를 향한 근사적 접근이라는 시각 아래 민주 문화를 형성하는 데 제기되는 여러 문제를 분석해 나갈 것이다.

또한 민주 문화가 자리잡는 것을 방해하는 전통적, 상황적 요소를 규명하고 아울러 이를 극복하는 방안을 발견하는 것이 아카데미 활동의 구심점이 될 것이다. 이를 위하여 지난 20년 과 마찬가지로 아카데미는 각 부문과 영역에서 한국 사회가 당면하고 있는 문제점을 대화 형식으로 정리하고 이에 대한 사회의 관심을 높이는 노력을 계속 기울일 것이다.

이 민주 문화 공동체 선언과 함께 아카데미는 스무 돌을 기념하여 몇 가지 사업과 행사를 벌였다. 우선 1975년 이후의 대화 모임과 활동 자료들을 모아 20주년 기념 총서 12권을 냈다. 이 총서 편집은 고인이 된 시인 고정희가 맡았고, 문예출판사에서 『민주 문화 대전집』이라는 이름으로 출간했다. 원래는 『아카데미 총서』라는 이름으로 내려고 했는데, 출판사측에서 그렇게 내면 책이 잘 팔리지 않는다고 해서 실랑이 끝에 결국 그들의 뜻을 따르게 되었다.

또 20주년 기념 대화 모임으로 남북 문제에 관한 국제 학술회의를 마련했다. 국내외 학자들이 모여 '한민족 공동체를 향하여'라는 제목으로 토론을 벌였다.

기념 공연으로는 「말」이라는 뮤지컬 드라마를 제작했다. 그간 아카데미가 해온 대화 활동을 소재로 극작가 이강백이 극본을 쓰고 아카데미 교육생들이 중심이 되어 만든 「말」은 문예회관 대극장에서 이틀 동안 공연했는데 매우 성공적이었다.

그밖에 아카데미에서 교육을 받았던 대학생들이 모여서 만든 '빛바람 합창단'이 기념 음악회를 연 것도 큰 호응을 얻었다.

이제 아카데미도 경제적 자립을

스무 살이 된 아카데미가 계획한 가장 큰 일은 무엇보다도 재정 자립이었다. 그때까지도 아카데미는 대부분의 운영 자금을 독일 교회에서 원조받고 있었는데, 20년이 다되어 가도록 자립을 못하고 있다는 것은 이유야 어떻든 부끄러운 일이 아닐 수 없었다.

원래 독일의 원조도 자립이 어려울 때까지만 해준다는 원칙이 있었고 일본의 경우 10년 만에 자립을 했기 때문에 한국도 비슷한 기간을 생각하고 있었다. 그런데도 우리가 예상 기간을 훨씬 넘기고도 원조를 계속 받을 수 있었던 것은 우리의 정치 상황을 고려해서였다. 즉 아카데미가 정부의 미움을 사고 있었기 때문에 이를 후원해 주는 기업이나 개인에게 세무 사찰 등 불이익이 돌아가게 되어 국내 모금이 매우 어렵다는 것을 독일에서 이해해주었기 때문이다.

그러나 1980년대에 들어서자 원조 기간도 너무 오래된데다 명분에서나 그밖의 다른 이유로서나 더 이상 원조를 받기가 스스로 편치 않아 우리는 20주년을 맞는 1985년에 자립의 길을 모색하기로 결정했다. 이제 "어떻게 아카데미 운영 자금을 스스로 벌 수 있는가" 하는 문제가 눈앞에 절실하게 다가온 것이었다.

원래 나는 돈 버는 일에는 전혀 재주가 없었으므로 평소 아카데미를 아끼는 몇몇 사람들을 불러놓고 그 방법을 의논해보았다. 그랬더니 거기서 나온 대체적인 이야기가 아카데미 하우스를 새롭게 단장하고 적극적으로 운영을 하여 거기서 나오는 이익금으로 자립의 첫걸음을 떼고 기타 다른 수익 사업을 찾아보자는 것이었다.

　마침 아카데미 하우스 건물은 20년을 쓰고 난 뒤여서 파이프가 상하는 등 여기저기 손상이 심해 헐고 새로 지어야 할 형편이었다. 그렇게 어렵게 지은 건물을 20년밖에 못쓰고 헐어내야 한다는 게 참 기가 막힌 일이었지만, 어차피 영리용으로 내놓을 것이라면 새롭게 손을 보는 일이 필요했으므로 우리는 개보수 공사를 하기로 결정을 내렸다. 그와 함께 다른 수익 사업도 강구했으나 아카데미 하우스가 그린벨트 지역에 속해 있어 모든 것이 엄격하게 제한되어 있는 점이 문제였다.

　그런데 그때 정부에서는 아카데미 하우스가 들어서 있는 북한산 일대를 국립공원으로 지정하고 국립공원 내에 허용이 되는 건물에 대해서는 신축 허가를 내주게 되었다. 국립공원 내에 허용되는 건물이란 단체 연수원, 전망대, 휴게실 등이었다.

　우리는 이같은 사실을 알고 아카데미 땅에 단체 연수원을 신축하고 전망대 겸 휴게실, 수영장 등도 만들어 영리를 목적으로 운영하기로 계획을 세웠다. 그와 함께 아카데미 프로그램을 운영하기 위한 사무실 건물도 신축하기로 했다. 그런데 이렇게 대충 계획을 세워 예산을 잡아 보니 무려 30억 원 정도가 나왔다.

돈도 문제려니와 건축 허가를 받아내는 일도 보통 어려운 것이 아니었다.

어쨌든 나는 일단 설계 작업부터 착수토록 한 후 허가를 받기 위한 절차를 밟아나갔다. 그린벨트에 건물을 지으려면 우선 형질 변경 허가를 받고 다음에 건축 허가를 받아야 했다. 그런데 이 허가를 받는 과정이 보통 복잡한 게 아니었다. 형질 변경 허가를 얻으려면 구청에서 시청을 거쳐 건설부에 올라간 후 차관 회의를 거쳐야 했다. 건축 허가의 경우는 국무회의 의결 후 대통령 결재까지 받아야 했다. 우리는 이 어려운 과정을 통과하느라고 무진 애를 썼다.

허가가 나오자 다음에는 돈을 마련하는 일이 급선무였다. 돈을 모을 방법을 찾다가 나는 우선 아카데미를 이해하고 아끼는 독지가들에게 사정을 호소하기로 하고 교회를 비롯한 기관 단체와 각계 각층 인사들에게 아카데미의 자립을 도와달라는 호소문을 보냈다. 그런데 호소문을 약 3천 장이나 만들어 돌렸는데도 별 반응이 없었다.

할 수 없이 다른 방법을 찾아야 했다. 마침 경제기획원 장관으로 있던 신병현이 내가 잘 아는 사람이어서 그를 찾아가 호소를 했더니 그가 주요 경제단체장들과의 모임을 주선해 주었다.

나는 경제인연합회, 무역협회, 중소기업연합회, 대한상의 등 네 개 단체의 장들과 호텔에서 아침을 함께하면서 아카데미가 처한 사정과 계획을 자세히 설명하고 도움을 청했다. 그들은 몇 가지 질문을 하더니 생각보다 훨씬 협조적인 태도로 나왔다.

"아, 그것 참 좋은 일입니다. 저희가 협조를 하도록 하죠. 그만큼 말씀하셨으니 저희가 다 알아서 의논을 한 후에 알려드리겠습니다."

나는 그들의 말을 듣고 '야, 이제는 별로 걱정할 게 없겠구나' 하고 마음을 놓았다.

과연 얼마 후 그들에게서 연락이 왔다.

"1년에 5억씩 3년에 걸쳐서 돈을 대겠습니다. 그리고 그 돈에 대해 세금을 물지 않도록 손비 처리를 해주십시오."

법인체에 기부하는 돈은 합법적으로 손비 처리가 가능했으므로 그 일은 문제될 것이 없었으나, 문제는 그 돈을 받는 데 3년이나 걸려서는 계획대로 일을 추진할 수 없다는 것이었다. 우선 돈의 액수도 크게 모자랐다.

나는 기독교 실업인을 상대로 다시 모금 운동을 벌였다. 황영시 감사원장이 기독교 실업인들을 조찬에 초대한 자리에서 모금의 필요성을 역설한 결과 다행히 4억 5천만 원 정도의 돈이 들어왔다. 그래도 모자라는 돈 4억 5천만 원은 은행에서 융자를 받기로 했다.

이같은 우여곡절을 거쳐 급한 대로 돈을 마련한 아카데미는 자립의 첫 걸음으로 우선 아카데미 하우스 개보수 공사에 들어가는 한편, 프로그램 운영을 위한 사무실(여해관)과 전망대로 허가받은 '구름의 집'을 짓게 되었다. 원래 수익사업으로 건립하려 했던 단체연수원과 수영장은 무엇보다 자금이 모자라고 기타 다른 말썽도 생겨 결국 취소하고 말았다.

대신 소규모 교육 장소인 '다솜' 교육관과, 수영장을 짓기로 했던 자리에 '새벽의 집'이라는 체육관 비슷한 건물을 짓기로 했으나 둘 다 돈벌이와는 관계가 먼 것이었다. 따라서 사업 계획에 큰 차질이 빚어진 셈이어서 아카데미는 그 운영 재원 대부분을 아카데미 하우스 영업에만 의지하게 되었다.

자립 계획을 실현해나가면서 나는 독일측에 우리의 자립 계획을 알렸다. 그간 아카데미는 독일의 두 기관에서 원조를 받아왔는데, 한꺼번에 두 곳을 다 끊기에는 무리가 있어 가장 큰 원조처였던 기독교 대외 원조처(EZE)의 원조만 우선 끊고 슈투트가르트에 본부가 있는 기관에서 주는 기독교 사회 교육을 위한 후원금은 얼마 되지는 않지만 계속 받기로 했다. 하지만 이 후원금도 1980년대 말에는 완전히 끊게 된다.

크리스챤 아카데미가 아카데미 하우스 개보수 공사와 몇 개의 건물 신축을 끝내고 재개관하게 된 것은 1987년 5월이었다. 하지만 아카데미 하우스를 새로 꾸며 수익을 올리는 일이 생각처럼 쉽지는 않았다. 처음에는 매달 적자만 났다. 그 적자를 메우려고 아카데미 하우스를 연수원 스타일로 운영했더니, 이번에는 적자는 면하게 되었으나 분위기가 마치 장사판처럼 되어버려 아카데미 하우스의 이미지가 흐려졌다. 그렇다고 적자가 쌓이는 것을 그냥 두고볼 수만도 없어 우리는 최대한 이미지를 지키면서 수익성도 살리느라고 부심을 해야 했다.

어찌됐든 스무 돌을 맞아 아카데미가 자립을 모색하고 미숙한 대로 그 계획을 실현해 나갈 수 있었던 것은 비록 어려움은 있었지만 값지고 의미 있는 일이었다. 아카데미는 숙원이던 재정 자립을 시도함으로써 비로소 명실상부한 성년식을 치르게 된 셈이었다.

항해 40년 끝에 선장을 교체하다

스무 돌을 맞은 아카데미가 성년식을 치른 셈이라면 40주년을 맞게 된 경동교회는 나름대로 연륜이 쌓인 장년의 시기에 접어든 셈이라고 할 수 있었다. 어느 틈에 연륜을 논할 만큼 무상한 세월이 흐른 것이다.

40주년을 맞은 경동교회는 자축과 함께 미래의 새 교회상을 모색한다는 측면에서 여러 가지 기념사업과 행사를 펼쳤다. 우선 『경동교회 40년사』(한신대 주재용 교수 책임편집)를 발간했고, 또 당회장인 내가 40년 동안 행한 설교와 강연, 칼럼 중에 중요한 것들을 골라 묶은 『역사의 한가운데서』라는 책을 펴냈다. 그 동안 경동교회에서 해온 축제 예배의 대본들도 책으로 엮어냈다. 아울러 경동교회 역사를 소재로 「항해 40년」이라는 뮤지컬 드라마를 공연한 일도 인상적으로 남아 있다.

40주년을 맞아 나 개인적으로 가장 중요했던 일은 바로 은퇴 결심을 하게 된 것이다. 목사 정년이 70세니까 규정상으로는 1987년까지 목사일을 볼 수 있었지만 나는 40주년 기념식을 마치고 1986년을 맞으면서 후임자에게 자리를 물려주려고 생각하고 있었다.

사람은 누구에게나 물러나야 할 적당한 시기가 있다. 나는 40주년을 맞으면서 자연스럽게 '지금이 바로 은퇴할 때'라는 생각이 든 것뿐이었다. 내가 정년보다 조금 일찍 퇴임하는 것에 대해 교인들의 반대도 있었지만 나의 결심은 확고했다.

은퇴할 결심을 굳히고 나자 가장 큰 문제는 후임자를 찾는 일이었다. 그러나 그 역시 쉬운 일은 아니어서 이런저런 사정으로 후임자를 찾는 일은 1986년 봄까지도 내부 합의를 보지 못하고 난항을 거듭했다.

생각 끝에 나는 당시 향린교회에서 목회를 하던 김호식 목사를 강력하게 추천했다. 그는 연세대 신학과를 졸업한 후 우리 교회에서 일했으며 그의 결혼식 주례도 내가 서준 인연이 있었다. 그는 8년 동안 경동교회에서 나와 함께 일하다가 미국 유학을 떠났고, 유학에서 돌아온 뒤로는 향린교회에서 12년째 목사로 일하고 있던 중이었다.

따라서 경동교회에서 일한 오랜 인연이 있었지만 그가 우리 교회를 떠난 지가 워낙 오래되어 대부분 교인들이 김목사를 잘 모른다는 것이 문제였다. 담임목사로 추대되려면 투표에서 전체 신도 3분의 2 이상이 찬성을 해야 했다. 나는 일단 은퇴 의사를 표명한 이상 자꾸 시일을 끌기가 싫어 김목사를 하루 빨리 후임 목사로 정하기 위해 교인들과 장로들을 상대로 설득 작전을 펼쳤다.

그 결과 김호식 목사는 내 후임으로 장로와 신도들의 찬성을 얻게 되었고, 나는 마침내 40년간 시무해온 경동교회의 일선에서 물러나게 되었다.

퇴임식이 있던 날은 1986년 6월 15일이었다. 거리를 돌아다니며 코흘리개 아이들을 하나 둘 데려와 시작한 경동교회가 어느덧 40년 역사를 갖게 되고, 창립 때 혈기왕성한 청년이었던 내가 어느 틈에 고희를 앞둔 나이가 되어 퇴임식을 갖게 되었으니 그날의 내 감개는 실로 형용하기가 어려웠다.

돈도 없고 힘도 없는 월남민 청년으로서 오직 열화 같은 신앙의 열정만으로 달려온 파란 많은 인생의 족적이 하나하나 떠오르면서 나는 형형색색으로 솟구치는 감회를 누르기가 어려웠다. 단순하게 비유하자면 한평생 큰 살림을 해오던 집을 아들에게 넘겨주고 이제 뒷방에 나앉게 된 영감 같은 기분이 들기도 했다.

그러나 내가 느낀 첫번째 감정은 역시 고마움이었다. 보통 사람들에게는 퇴임식이라는 것이 그저 평범한 일로 보일지 몰라도 내게는, 그 격동의 세월을 지내온 내게는 명예롭게 퇴임하게 되었다는 것이 얼마나 다행스럽고 감사한 일인지 모른다. 더구나 나처럼 성격 고약하고 덕도 부족한 사람으로서는 정말 감사해야 할 일이었다. 게다가 많은 교인들이 내 퇴임을 아쉬워했으니 그것은 덤으로 고마운 일이었다.

물론 마음 한편에서는 내 삶의 가장 기본적인 현장이기도 했던 경동교회를 떠나게 된 데 대한 아쉬움도 컸다. 무엇보다 후회되었던 것은 그 동안 바깥 일로 바쁘게 돌아다니느라고 교회를 위해 충분히 시간을 내지 못했던 점이었다.

퇴임식에서 나는 경동교회 담임목사로서 마지막 설교를 했다.

'승리를 위한 행진'이라는 제목이 암시하듯 이유가 무엇이든 멈추고 포기할 게 아니라 하나님의 궁극적인 승리를 믿으며 움직이고 전진해야 한다는 것을 강조한 내용이었다. 물론 거기에는 내 삶도 예외가 아니라는 뜻이 포함되어 있었다.

지난 40년 동안 내가 이 교회에서 해온 설교의 초점은 승리에 대한 것이고 그것을 이야기할 때 가장 기본적인 본문으로 인용해온 것이 오늘 택한 「요한복음」 16장 33절이다.

"너희가 세상에서 시련을 당할 것이나 용기를 내라. 내가 세상을 이겼다."

그런데 이 그리스도의 승리라는 말이 얼마나 어려운가?

해방되던 무렵 이 교회 터에는 일본 천리교회가 서 있었다. 미군정이 몰수한 이 터를 우리가 접수하러 왔을 때 천리교인들은 부당하다며 항의를 했다. 그러자 우리와 동행한 미군 장교는 "너희가 믿어온 천조대신(天照大神)과 우리가 믿는 그리스도가 싸워서 우리가 이겼으니 너희가 이 땅을 이들에게 넘겨주는 게 당연한 일 아니냐"고 했다. 그때 나는 젊었지만 이 말을 들으며 무척 당황했다. 과연 그리스도의 승리라는 게 그런 것일까 하는 의문이 들었기 때문이다.

그후 60년대 초인가 한번은 또 이런 일이 있었다. 우리 교회 중학생들에게 그리스도의 승리에 대한 설교를 하고 났더니 그중 한 명이 이런 질문을 했다.

"목사님 말씀은 예수님이 이 세상에서는 졌지만 저 하늘나라에서는 이겼다는 말씀입니까?"

나는 그 질문을 듣고 퍽 당황했다. 설교라는 게 이렇게 한계가 있고 어려운 것이다.

그리스도의 승리에 참여한 우리는 이 세상에서 명예로운 승리 훈장을 받는 것이 아니라 시련을 계속 당한다. 하지만 그렇다고 해서 승리가 죽은 후 저 세상에 약속돼 있는 것도 아니다. 그리스도의 승리를 믿는 것은 '내가 이 세상을 이겼다', 즉 그리스도가 이미 승리했다는 것을 믿는 것이기에 그만큼 어려운 것이다. 십자가에서 죽은 후 부활한 예수의 사건은 이미 암흑 세력이 지배하는 세계에서 그리스도가 승리했다는 것을 드러내는 것이고 그것을 믿는 것이 곧 믿음이다.

우리는 그리스도의 승리 안에 살면서 동시에 아직 이 세상에 엄연히 존재하는 암흑 세계에 살고 있기 때문에 이 빛과 어둠의 긴장 상태 속에서 사는 것이 바로 기독교도의 생활이다.

앞으로 한국, 더 나아가 세상이 어떻게 전개될는지 우리는 예측하기 힘들지만 한 가지 확실한 것은 그것이 천국도 지옥도 될 수 없다는 것이다. 둘 중 어느 쪽에 좀더 가까우냐 하는 정도의 문제가 있을 뿐인데, 이것을 확실히 깨달아야지 이 세상 문제를 올바로 해결해나갈 수 있다. 인간은 결코 완전한 선인도, 완전한 악인도 없으며 그것은 사회 역시 마찬가지다. 그러니 극단적인 방법을 지양하고 현명하고 온당한 방법을 찾아나가야 한다.

우리는 완전하지 못한 인간의 유한성과 상대성을 깨닫고 다만 상대방의 악과 비인간적 요소를 서로 제거해나가도록 노력해야 하며 나아가 공동의 선을 찾아 실현해나가는 길, 다시 말해 내가 늘 주장해온 평화의 길을 찾는 데 힘써야 한다.

이제 이 유한한 언어로 하는 설교도 마쳐야겠다. 예수님은 「요한복음」 14장 30절에서 이렇게 말씀하셨다.

"나는 너희와 더 많은 말을 하지 않겠다. 다만 내가 아버지를 사랑하고 있다는 것을 세상에 알리기 위하여 나는 아버지께서 내게 분부한 그대로 행할 따름이다. 일어나라. 여기서 떠나가자."

우리 모두 함께 일어나 가자. 골고다의 길을 넘어, 우리의 무덤을 넘어 승리를 향하여 함께 계속 전진할 것을 다짐하자.

설교를 마친 후 나는 담임목사로서 마지막 기도를 올렸다.

삼위일체이신 하나님 아버지, 특히 오늘은 이 경동교회에 대해 기도를 드립니다. 피난민 학생들 몇 명으로 시작한 이 교회가 오늘에 이르기까지 우리 능력이 한계에 부딪칠 때마다 우리 위에서, 우리 곁에서, 우리 안에서 우리를 붙들어 주시고 일으켜 주신 당신의 은총을 우리가 기억하며 감사드립니다.

특히 성품으로나 지식으로나 능력으로나 보잘것없는 농민의 아들인 이 사람을 당신께서 택하여 세워 기름 부어 주시고 이 교회를 맡겨 오늘까지 책임을 지고 목회하도록 하시고, 모든 허물을 덮어주고 도와준 당신의 자녀들인 이 교회 신도들의 사랑 속에서 명예롭게 한 발 뒤로 물러서고 당신이 새로 택한 귀한 종에게 지팡이를 넘겨줄 수 있게 해주신 은혜를 진심으로 감사드립니다.

그러나 사랑하는 주님, 주님께서 내게 먹이라고 맡기신 양들을 참 목자가 되어 돌보지 못한 나의 불충과 어리석음을 참으로 부끄럽게 생각합니다. 이 부족한 종으로 인해 교회를 떠난 많은 사람들, 특히 다섯 장로님을 생각할 때 사죄받을 길 없는 죄인임을 고백합니다. 나의 불충과 부덕으로 떠난 양들을 당신께서 어디서나 지켜주시고 생명의 꼴을 먹여 주옵소서.

당신께서 새로운 목자를 보내주신 것을 감사드리며 그에게 은총과 능력으로 함께 하셔서 이 종이 마땅히 해야 할 일을 못한 것을 남김없이 하게 해주시고 앞으로 여생을 이 교회를 위해 이 종이 할 일을 가르쳐 주시고 당신의 뜻에 순종하여 최후까지 충성을 다할 수 있도록 은총을 주시옵소서.

내가 이미 얻은 것도 아니고, 완전하지도 않지만

경동교회를 은퇴하면서 나는 교인들에 의해 명예목사로 추대되었다. 명예목사가 되려면 교인 3분의 2 이상의 찬성을 받고 지역 노회에서 승인을 받아야 하는데, 감사하게도 노회에서 이를 승인해 주었을 뿐 아니라 나를 공로목사로 결정해주었다.

막상 퇴임을 하니까 처음에는 여러 가지로 어색했고, 처신하는

데 어려운 일도 있었다. 당장 그 다음 주일부터 교회에 나가는 일조차 거북해졌다. 후임 목사가 나를 보면 부담을 느낄 것 같고 교인들 역시 그간의 관성에 따라 나를 현직 목사처럼 대할 것 같아 아무래도 교회에 나가기가 주저되었다.

고민 끝에 나는 선배인 영락교회의 한경직 목사를 찾아갔다.

"은퇴한 후에 어떻게 처신해야 할까요? 교회 나가야 할지 말아야 할지도 잘 모르겠군요."

"우리 교회는 영상 예배를 보기 때문에 나는 현직 목사의 눈에 잘 뜨이지 않는 자리에서 영상을 보며 예배를 드릴 수 있어요."

그러나 경동교회는 그런 시설이 없으니 나는 그럴 수도 없었다. 할 수 없이 나는 내가 명예목사로 정식 추대된 9월 7일까지는 일부러 경동교회에 나가지 않았다.

내가 일선에서 한 발 물러난 일은 내 개인사나 경동교회 역사에서 굵은 한 매듭을 짓는 사건이었을 뿐 아니라, 경동교회가 교계에서 차지하고 있던 비중상 한국 교회사와도 연관이 없다고 할 수 없었다. 선교사가 아닌 우리나라 출신의 목회자로서는 한경직 목사 바로 다음 세대에 속하는데다 사회참여파 목회자로서도 1세대가 되기 때문이다. 따라서 세인들은 나의 은퇴를 '강원용 시대'의 폐막으로 해석했다. 다음은 이와 관련된 『경향신문』(1986년 9월 6일자)의 기사이다.

한국 교회 개혁을 앞서 추진해온 경동교회를 40년 동안 담임했던 강원용 목사가 목회 일선에서 퇴임한다. 교회 갱신과 사회 참여 노선으로 기독교 장로교회의 대표적인 교회로 꼽히는 경동교회의 '강원용 시대'가 일단 막을 내린 셈이다. 항상 새로운 것을 모색해온 경동교회는 이제 새 방향을 찾게 되었다. 그러나 교회 창립과 발전 공로가 인정되어 강목사는 신도들에 의해 명예목사로 추대되었다.

경동교회는 7일 추대식에서 교회 옥상에 마련한 여해기념관의 현판식과 열쇠 증정식을 갖는다. 강목사는 앞으로 명예목사로서 한 달에 한 번 설교하며 교회와 교인들의 주요 행사에 참가할 예정이다. 후임으로는 향린교회의 김호식 목사가 초빙되어 시무하고 있다.

강목사는 "지난 20년간 이끌어온 크리스챤 아카데미 운동에 매진, 대화를 통한 화해 운동에 힘쓰겠다"고 앞으로의 계획을 말한다.

명예목사 추대식은 꽤 성대하게 열렸다. 윤보선 전대통령 등 하객들도 천여 명이나 참석했다. 추대식에는 기사에 소개된 대로 내 호인 '여해'(如海)를 따라 붙인 여해기념관(옥상 교회) 현판식과 열쇠 증정식이 있었는데, 현판 글씨는 평생 스승인 김재준 목사가 쓰신 것이었다.

나는 비록 정년을 앞두고 경동교회를 은퇴하기는 했지만 그렇다고 내 인생이 은퇴를 맞은 것은 아니었다. 단언하지만 내 인생에서 실질적인 은퇴는 존재하지 않는다. 죽는 그날까지 미래 지향적으로 살며 삶의 현장에서 끝까지 현역으로 활동하는 것이 내게 주어진 하느님의 소명에 응답하는 길이라고 믿기 때문이다.

이같은 내 생각을 나는 추대식에서 농담으로 표현하기도 했다. 그날 사람들이 부른 찬송가 중에 이런 내용이 있었다.

주님 다시 뵈올 날이 날로 날로 다가와
무거운 짐 주께 맡겨 벗을 날도 멀지 않네.

하필이면 명예목사 추대식에서 그런 찬송가를 부르는 게 귀에 거슬렸다. 그래서 답사를 하면서 내가 한마디 던졌다.

"도대체 왜 그따위 노래를 하는 건가요? 나는 추호도 그런 생각을 갖고 있지 않으니 오해하지 말아주십시오."

내 말에 교인들은 "와" 하고 웃음을 터뜨렸고 사람들 사이에서 한때 그 얘기가 화제가 되기도 했다.

교인들이 명예목사로 나를 추대하면서 요구한 것은 한달에 한 번씩 의무적으로 설교를 해줄 것, 당회나 제직회에 참가해 의견을 제시해줄 것, 성경 강좌를 계속해줄 것 등이었으나 그 요구를 다 듣는다면 은퇴 전이나 별로 다를 것이 없으므로 나는 명예목사에 합당한 선에서 경동교회를 위해 지금까지 봉사하고 있다.

명예목사 추대식에서 교인들이 준 추대패에는 내가 좋아하는 바울의 말이 새겨져 있었다.

목사님은 경동교회의 산 역사이며 산 증인이십니다. 목사님은 우리 교회와 고락을 함께하신 경동교회의 사람이십니다. 우리는 목사님을 우리 교회의 명예목사로 추대하게 됨을 영광으로 생각하오며 충심으로 축하드립니다. 이제 우리의 다함없는 존경과 사랑을 표하기 위하여 이 추대패를 드립니다.

나는 이 모든 것을 이미 얻었다는 것도 아니요, 또 이미 완전해졌다는 것도 아닙니다. 다만 그것을 잡으려고 달려가는 것뿐입니다. 그것을 얻게 하시려고 그리스도 예수께서 나를 잡으셨습니다(빌 3:12).

아시아 평화의 가교

내가 경동교회에서 퇴임한 직후인 1986년 6월 17일부터 닷새 동안 서울에서는 아시아 종교인 평화회의(ACRP) 총회가 열렸다. 나는 그 대회의 대회장을 맡아 대회 운영을 총괄하게 되었다.

아시아 종교인 평화회의는 아시아 태평양 지역의 평화 문제를 비롯하여 여러 문제를 해결하기 위해 각 종교가 서로의 특성을 존중하면서 협력하고 종교간, 민족간 유대와 봉사를 촉진하기 위해 세운 기관이다. 이 평화회의는 세계 종교인 평화회의와도 협조 관계에 있다. 아시아 종교인 평화회의가 창립된 것은 1976년으로 나는 싱가포르에서 열린 창립 총회에 강연자로 참석한 일이 있었다.

서울에 유치된 아시아 종교인 평화회의는 인도 뉴델리 총회에 이은 세번째 총회로 주제는 '아시아 평화의 가교'였다. 앰배서더 호텔에서 열린 서울 총회에는 아시아 지역을 주축으로 한 21개국의 15개 종교 출신 지도자 450여 명이 참석해 아시아인들이 당면한 공통 문제들을 종교인 입장에서 토론하고 대안을 제시했다.

구체적인 주제는 '인간의 존엄과 인간화의 촉진', '빈곤 해방', '비폭력 성취' 등 세 가지였다. 또 이 회의는 총회 때마다 기념으로 구체적인 사업을 하나씩 벌이는 관례가 있는데, 서울 총회에서는 서울 평화교육센터를 건립하기로 결의해 지금도 그 사업이 진행 중에 있다.

나는 서울 총회에서 5인 회장단의 한 명으로 피선되었으며, 1987년 스리랑카에서 열린 실행위원회에서는 의장으로 선출되었다.

나의 스승 김재준 목사

스승이 지어준 호

내 호는 여해(如海)다. '바다와 같은 사람'이라는 뜻이니 나로서는 과분한 이름이다. 이 호를 지어준 사람은 평생 스승인 장공(長空) 김재준 목사다. 그분은 내가 설날이면 아내와 함께 세배를 드리러 갔던 유일한 분이었고 그만큼 내가 경애하고 소중히 여긴 분이었다. 그분 또한 나에 대한 사랑이 각별했다.

1985년 1월 1일에도 나는 아내와 함께 김재준 목사께 세배하러 갔다. 당시 그분은 여든다섯 고령이었는데도 여전히 꼿꼿해 보였다.

세배를 받은 후 그분은 내 얼굴을 가만히 쳐다보더니 불쑥 이런 애기를 던졌다.

"강목사, 이제는 나이도 적지 않으니 호가 있어야 하지 않겠어?"

"선생님께서 하나 지어주십시오."

"글쎄, 뭐가 좋을까? 뭐 특별히 좋아하는 글자가 있어?"

"수영은 못하면서도 어려서부터 바다를 좋아했습니다."

"알았어. 내 생각해 보고 하나 지어 주지."

그리고 나는 집으로 돌아왔는데 바로 그날로 '여해'(如海)라는 호를 지어 그 특유의 글씨로 써서 보내주었다.

강원용 박사(姜元龍 博士)

청여작호 고(請余作號 故, 내게 호를 지어줄 것을 청하였으므로)

호왈(號曰, 호를 이르기를)

여해(如海, 여해라 하니)

여해지활(如海之闊, 바다같이 넓고)

여해지심(如海之深, 바다처럼 깊고)

여해지동(如海之動, 바다처럼 역동적이고)

여해지정(如海之靜, 바다처럼 고요하고)

여천동색(與天同色, 하늘과 더불어 같은 색이며)

여지동심(與地同心, 땅과 더불어 같은 마음이어서)

불택대소류(不擇大小流, 크고 작은 흐름을 가리지 아니하고)

청탁불가염(淸濁不可染, 맑고 탁함으로 물들지 아니하니)

이기인여시야(以其人如是也, 그 사람이 바로 이와 같다)

나는 이 글을 지금도 내 방에 걸어놓고 항상 소중하게 간직하고 있다.

팔순을 넘긴 나이에도 꼿꼿하기만 하던 그분의 건강은 1986년을 맞이하면서 눈에 띄게 나빠지기 시작했다. 하루는 아내와 함께 문병을 갔는데, 어떤 목사가 와서 기도 중이라기에 들어가지도 못하고 밖에 서서 기다려야 했다. 그런데 기도가 어찌나 긴지 아무리 기다려도 끝이 날 기미가 보이지 않았다.

나는 참다못해 방문을 열어보았다. 그때 그분 안색은 보통 나쁜 게 아니었다. 나는 조급한 생각이 마구 드는데, 목사의 기도는 한없이 길고 길었다. 나는 더 이상 견딜 수가 없어서 기도 중인 목사를 향해 그만 소리를 지르고 말았다.

"죄송하지만 기도 좀 그만하십시오. 선생님은 지금 당장 입원하셔야 되겠습니다."

나는 그 길로 그분을 내 차에 태우고는 한양대학 병원에 모시고 가 입원을 시켰다. 그분의 병명은 간암이었고 치유가 불가능하다는 것이 의사들의 진단이었다.

김재준 목사는 병상에 누워 있으면서도 당신의 애제자인 내게 관심과 사랑을 표시하는 데 무심하지 않았다. 아픈 몸에도 불구하고 내가 경동교회에서 퇴임할 때 경동교회 회보에 나와의 50년 관계를 직접 써주기도 했다. 그 글 중에 특히 인상에 남는 구절이 있다.

해방 후 강목사가 이승만, 김규식, 안재홍 등 정치인들을 따라다니는 것을 보면서 나는 그의 무대를 세계로 넓혀주려고 노력했는데 그후 그는 WCC를 무대로 한국뿐 아니라 동양을 대표하여 크게 활동을 하게 되었다.

강원용 목사는 은퇴를 한다. 말하자면 공도 세웠으나 몸은 물러나는 격이 되었다. 하나님께서 또 다른 넓은 무대를 만드실 것이다.

이뿐만이 아니다. 김목사는 와병 중임에도 그해 9월 나의 명예 목사 추대식에도 참석했다. 나는 그분의 상태를 고려해 아쉽지만 녹음 축도만 부탁드렸는데, 그분은 병든 노구를 힘겹게 이끌고 직접 참석하여 축도를 해주었던 것이다. 경동교회 3층 여해기념관 현판을 써주셨을 때도 병이 깊었을 때였다.

스승을 떠나보내다

시간이 지나면서 김목사의 병세는 눈에 띄게 악화되어 갔다. 1987년 설날 아내와 함께 세배를 드리러 갔을 때는 이미 죽음의 그림자가 그분 가까이 떠돌고 있음을 알 수 있었다. 그날 쇠잔한 그분에게 세배를 드리고 나오면서 나는 쓰리고 비통한 마음에 혼자 울고 말았다. 그것이 이 세상에서 내 유일한 스승인 그분에게 드리는 마지막 세배라는 것을 부인할 수가 없었기 때문이었다.

1월 중순, 의사는 그분의 임종이 가까웠음을 알려주었다. 나는 한양대학 병원 병상에서 혼수상태에 빠져 사경을 헤매는 선생님을 계속 지켜보았다. 마지막 사흘간은 누구도 알아보지 못하는 의식불명 상태에서 몹시 고통스러워해 차마 그 모습을 지켜보기가 힘들었다.

1987년 1월 27일 저녁, 마침내 나는 51년간 몸으로 만나온 선생님과 영원한 이별을 했다. 식민지 시대, 먼 간도 용정 땅에서 스승과 제자로 만나 하나이면서 둘인 듯, 둘이면서 하나인 듯 어울리며 살아온 김재준 선생님과의 영원한 작별은 내게 엄청난 상실감을 안겨줬다. 나로서는 부모를 잃은 것이나 다름없는 일이었다.

김재준 목사의 장례식은 기독교장로회 총회장으로 치르게 되었고 나는 장례위원장직을 맡았다. 빈소는 경동교회 집회실에 마련했으며 영결식은 1월 31일 수유리에 있는 한신대학 강당에서 거행하기로 했으나 문제는 장지였다. 알고 보니 장지가 마련되어 있지 않은 상태였다.

나는 제일 급한 장지를 마련하기 위해 여기저기 알아보았다. 갑자기 장지를 구하려니 쉽게 구해지지가 않았다. 그러다 성악가 황영금의 남편 되는 사람이 공원묘지를 운영한다는 것을 알게 되어 장지를 부탁했다.

장지를 고르러 여주 남한강 공원묘지에 가서 보니 제일 나아 보이는 장지는 이미 예약이 끝나 있었다. 나는 떼를 써서 빼앗다시피 하여 제일 좋은 자리를 하나 마련하였다. 선생님의 영면처를 내 손으로 구해 드릴 수 있게 된 것이 나로서는 그렇게 다행일 수 없었다.

영결식에서 나는 '선한 싸움의 승리자'라는 제목으로 김재준 목사를 추모하는 설교를 하면서 그분과 나의 관계를 이렇게 표현했다.

보수와 자유 신학, 동양과 서양을 균형 있게 조화시킨 큰 학자, 독재와 부정에 맞서 용감하게 싸운 정의의 용사, 탁월한 문장가요, 서예가이기도 한 선생님과 51년간 사귀면서 그분과 나 사이에는 성격·사상·생활 등에 많은 차이점도 있었으나 우리 사이의 신뢰와 사랑, 그리고 그분에 대한 나의 존경심은 한 번도 변한 적이 없었다. 특히 내가 곁에서 지켜 본 그분은 '믿음으로 사는 자유인', '탁 트인 인격자'였다.

사람을 분류하는 방법에는 여러 가지가 있지만 사후 평가를 기준으로 하자면 '죽은 후 시간이 지날수록 더 커지는 사람'과 그 반대의 사람으로 나눌 수 있다. 그런 점에서 보자면 김재준 목사는 의심할 여지없이 전자에 속하는 사람이다.

특히 나는 그분을 잃고 시간이 지날수록 더 그분의 빈 자리가 크게 느껴지고 그리움 또한 깊어지니 그분이야말로 진정한 나의 스승이었다. 내가 국정 자문위원이 되어 사람들의 숱한 비난을 받을 때도 김재준 목사는 사소한 시비를 떠나 큰 차원에서 나를 이해하고 감싸주었으며 용기를 북돋아주었다. 주변 사람들이 나를 비난할 때면 그분은 특유의 탁 트인 견해로 내 울타리 역할도

해주곤 했다.

이런 그분의 생각은 내 고희 기념으로 1987년에 출판된 『강원용과의 대화』라는 책 서문에도 표현되어 있다. 이 책 서문은 그분이 세상에 공식적으로 남긴 마지막 글이기도 하다.

현정권에 대한 강원용의 태도가 부즉불리(不則不離, 아닌데도 떠나지 않는다)라는 평도 들려오지만 그것은 그의 뛰어난 통찰력과 차원 높은 판단으로 하는 것이니 그 신념을 의심할 수는 없다. 전투에는 전선 전투부대도 있고 돌격대, 결사대 등 격돌하는 부대도 있으며 동시에 후방 예비사단도 있는 것이다.

그러나 그 최고 목적은 하나다. 그 목적은 나라를 위해 국민으로서 피할 수 없는 의무를 수행하는 것과 적에게 승리하는 것이다. 이른바 정교분리는 평행선적인 것이 아니다. 한 목적을 위한 책임 분담이며 총력전의 경우에는 일체가 되는 것이다. 교회의 전투 대상은 '세속'이 아니라 '세속주의'인 것이다.

생각해 보면 김재준 목사는 젊었을 때부터 내가 언제나 의지할 수 있는 울타리였다. 캐나다로 유학을 떠나기 직전 다방에서 그분과 함께 최모 목사를 만난 일이 있었다. 그때 최목사가 내게 이렇게 말했다.

"강목사, 유학 가서 제발 그 면도칼 같은 성격이나 좀 부드럽게 해서 오시오."

그러자 옆에서 그 말을 들은 그분은 이렇게 나를 감쌌다.

"아녜요. 그 면도칼 같은 성격을 빼면 강원용이 강원용이 아니지요."

내가 뉴욕에서 공부하고 있을 때의 일이다. 한번은 그분에게서 편지가 왔는데 붓글씨로 쓴 것이었다. 그것을 보고 나는 바짝 긴장하여 편지를 읽었다. 그분은 보통 일이면 펜으로 편지를 쓰지만 중요한 일을 전할 때면 꼭 붓으로 써보내기 때문이었다.

들려오는 말에 의하면 강목사가 그곳에서 술을 마시고 담배도 피운다고 하니 걱정이야. 그런 일이 잘못되었다는 것이 아니라 강목사 주변에는 불과 백 미터 안에도 무엇이듯 흠을 잡으려는 사람들이 잠복해 있는데, 그런 사람들로부터 좋지 않은 말이 나지 않도록 행동을 조심해서 하라는 말이네.

나는 그 편지를 읽고 곧 이렇게 답장을 써서 보냈다.

저는 술 마시고 담배 피우는 일이 목사로서 잘못된 행동이라고는 생각하지 않습니다. 그러나 그 일을 걱정해 주시는 선생님의 편지를 받았으니 이후로는 술과 담배를 끊도록 하겠습니다.

그런데 공부를 마치고 서울에 놀아온 후 어느 날이었다. 동대문에 추어탕을 잘하는 집이 있으니 함께 가자고 하면서 그분은 나를 이끌고 갔다. 그리고는 음식과 함께 맥주 두 병을 시키는 것이었다.

"죽 들이켜 봐. 이런 음식을 먹을 때는 한잔하면 아주 시원하다구."

그분은 내게 열심히 권하면서도 자신은 맥주 잔을 입에 댔다가 그냥 떼는 것이었다. 나는 그것을 보고 당장 '아, 이 양반이 내가 보낸 답장을 받고 가슴이 상당히 아프셨구나' 하는 것을 느꼈다. 그래서 나는 맥주를 죽 들이키며 말했다.

"선생님, 왜 오늘 맥주를 사주시는지 알겠습니다."

내 말에 그분은 빙그레 웃기만 했고 나도 더 이상 그 얘기는 하지 않았다. 말하자면 우리는 말이 없어도 통하는 이심전심의 관계였다. 그런 점에서 그분은 정확한 표현인지는 몰라도 도인 같은 풍모도 지니고 있었다.

또 기억나는 것은 내가 캐나다에서 박사학위를 받은 뒤의 일이다. 국내에서 그것을 기념하는 모임이 열렸을 때 김재준 목사는 스승으로서 이런 얘기를 했었다.

"내가 다른 면은 어떤지 몰라도 교육자로서는 성공한 것 같습니다. 자기보다 뛰어난 인재를 키워내는 것보다 교육자로서 더 성공적인 일이 있겠습니까?

내가 스승으로서 강목사에게 별로 해준 것은 없지만 단 한 가지 내세울 게 있다면 그것은 정치에 빠지지 않도록 옆에서 충고 해준 것이 아닌가 합니다."

사실 그랬다. 젊은 시절 새 조국의 건설을 눈앞에 두고 나도 모르게 정치 현실에 깊이 빠져들려고 하는 순간마다 그분은 제동을 걸어주셨다. 그 시절 김목사는 예배에서 "가이사의 것은 가이사에게 돌려주라"는 말씀을 주제로 설교를 하신 적이 있다. 마치 나에게 정치는 정치가에게 맡기라고 말씀하시는 것 같았다.

설교가 끝나고 내가 그분에게 말했다.

"선생님, 오늘 그 설교는 저 들으라고 하신 말씀이시죠?"

내 말에 그 분은 그냥 빙그레 웃으셨을 뿐이다.

이처럼 그 분은 나를 깊이 이해해주셨고, 내가 위태롭게 보일 때면 하나님의 길에서 벗어나지 않도록 부드럽게 인도해주셨다. 그런 그 분과 나 사이에는 말이 필요치 않고 마음으로 통하는 순간이 더 많았다.

인간적인, 너무나 인간적인

선생님이 내게 큰 울타리 노릇을 해준 데 비하면 미미하기 그지없지만 그분도 약한 인간이었기 때문에 때로 내게 숨은 고민을 털어놓고 의지하는 모습을 보이기도 했다. 그럴 때 우리는 사제간이라기보다는 한국이라는 광야에서 서로에게 의지하며 길을 걷는 동역자였다.

유신 체제의 맹독이 극성을 부리던 1970년대 후반의 일이다. 당시 김선생님은 함석헌 선생과 함께 반체제 민주화 운동의 지도자로 활약하고 있었고, 그런 만큼 정보부를 비롯한 당국의 탄압은 그칠 새 없이 그의 뒤를 따라다니고 있었다.

세상 사람들은 그분을 민주 투사로만 알고 있지만 내가 아는 그분은 그런 사람이 아니었다. 물론 정의감이 강했지만 '투사'라고 하기에는 그분의 사고 세계는 너무 넓고, 인격은 부드럽고 온화했다. 혼자 사색하는 것을 즐기고 자연에 취하기를 좋아해 시끄러운 정치 활동과는 기질상 맞지 않는 사람이었는데, 다만 극악했던 시대 상황이 그런 그분을 살벌한 투쟁의 장으로 내몰았던 것이다.

김재준 선생은 박정권에게 구체적으로 피해를 당한 사람이었다. 당시 군사 정부는 이른바 세대 교체론을 들고 나오면서 대학에서도 60세 이상 되는 교수들을 물러나게 했는데, 만 60세이던 그분도 그 조치에 걸려 한신대학에서 물러나게 되었다. 이 일은 그분에게 상당한 타격을 주었고, 그분이 박정권에 대해 반감을 가지게 된 여러 이유 중의 하나가 되었다.

몇 년 후 이철승 등이 이끄는 삼선개헌 반대 운동 단체의 지도자로 추대되면서 그분은 이후 반체제 민주화 운동의 대표적 인물로 부상하였다.

그 시절 늘 정보부의 감시에 부대끼는 그분을 보며 나는 제자로서 깊은 우려를 느끼고 있었다. 그러던 어느 날 그분이 내게 만나자는 연락을 해왔다.

"자네에게만 내밀히 꼭 하고 싶은 말이 있네."

아카데미 하우스의 301호실은 늘 보안에 신경을 쓰고 있는 방이어서 우리는 거기서 만났다. 그때 그분은 매우 괴롭고 곤혹스러운 표정으로 나를 바라보더니 이런 얘기를 했다.

"강목사, 나는 강목사가 알다시피 정치 개혁에 목숨을 걸 뜻도 없지만 그런 용기도 없는 사람이야. 며칠 전 함석헌 선생하고 같이 중앙정보부에 불려가서 조사를 받은 일이 있어. 한 열 시간 잡혀 있는 동안 내가 어떤 사람이란 걸 분명히 확인할 수 있었어. 감옥을 제 집 드나들듯 하는 사람이나 이런 일 하지 나 같은 사람은 정말 못할 노릇이야. 이젠 지금까지 했던 활동에서 좀 벗어나서 쉬고 싶네."

"무슨 방법이 있으세요?"

"생각해 봤는데 캐나다로 가고 싶어. 노친(아내)도 지금 거기 있고. 노친이 곁에 없으니 며느리가 아무리 잘 돌봐 준다고 해도 편하지가 않아. 밤에 배가 출출해질 때도 있는데 내색할 수도 없고……, 노친이 필요해."

참으로 인간적인 고백이었다. 자식이나 며느리에게도 하기 힘든 말이 아니었을까. 아니 어쩌면 가족에게는 더욱 하기 힘든 말이었을 터이다. 그 말을 하는 순간 그는 늙고 지친 한 인간 그 자체였고, 나는 그 어느 때보다 그에 대한 무한한 애정, 인간적인 친밀감을 느꼈다. 그때 우리는 스승과 제자이기에 앞서 가장 가까운 친구, 편한 친구였다.

"거기 가서 모든 일에서 손을 떼고 책을 읽으며 그 풍요로운 자연 속에서 나 자신을 좀 정리해보고 싶은 생각이야. 강목사는 어떻게 생각해?"

"그거야 선생님이 결정하실 문제지만 저도 좋다고 생각합니다. 좀 쉬실 필요가 있을 것 같아요."

"그런데 문제는 여권이야. 정부에서 절대로 안 내주려 할 텐데, 무슨 길이 없을까?"

"글쎄요, 제가 한 번 노력해 보지요."

그런 얘기를 나눈 후 나는 기독교인으로 나와 잘 알던 김재국이라는 경찰 간부에게 김목사의 여권을 부탁했다. 기독교 담당 정보일을 맡고 있었던 그는 처음에 대뜸 안 된다고 잘라 말했다.

"밖에 나가면 또 반정부 운동을 할 텐데 어떻게 내줍니까? 못 내줍니다."

"아닙니다. 연세도 있고, 정치 활동이 싫어 조용히 지내고 싶어서 떠나려 하시는 겁니다."

내가 거듭 설득하자 그도 차츰 마음을 바꿨다. 그렇게 해서 김재준 선생은 여권을 받게 되었다.

나는 그분이 떠나기 전 그분 제자들을 불러모아 환송연 겸 조그마한 대화의 자리를 마련했다. 솔직히 털어놓자면 환송의 뜻도 있었지만 다른 사람들이 그분의 본심을 모르고 있는 상태에서 갑자기 캐나다로 떠나게 되면 그후 내가 당할 엄청난 곡해와 공격이 두려워 그분의 뜻을 제자들에게 분명히 알리려는 의도도 있었다. 그만큼 세상이 살벌한 탓이었다.

그 자리에서 그분은 자신의 뜻을 이렇게 밝혔다.

"이제 캐나다에 가면 대학 도서관에서 책을 읽으며 못한 공부나 실컷 하고 싶어. 그리고 한국에 오는 것도 강목사와 의논해서 여러분이 돌아오라고 하는 경우에만 오도록 하지."

그러고 나서 그분은 떠났는데, 당시 캐나다와 뉴욕 등지에서 활발한 활동을 벌이고 있던 그의 제자들이 그분을 그냥 놔두지 않았다.

한인 교회에서 설교 등을 요청해오면 딱 잘라 거절하지 못하는 그분의 성품상 한 번 두 번 나가게 되고, 자연 사람들과 접촉이 시작된 것이다. 이미 민주화 운동의 명망가가 돼 있었으니 후배나 지인들이 조직한 이런저런 반정부 운동 단체에 자연 이름을 올리게 되어 결국 자연과 벗하며 조용히 책을 읽고자 하는 그분의 소망은 이루어지지 못하게 되었다. 열악하기만 했던 당시의 국내 상황이 외국에서조차 그분에게 자유를 허락하지 않은 셈이다.

그분을 누구보다 잘 아는 오랜 제자로서 나는 그분의 민주화 투쟁에 큰 의미를 부여하면서도, 본래 그분은 학자요 문필가이며 도인처럼 자연을 사랑하고 세상을 유유하게 풍류로 살아야 딱 맞는 분이라고 생각하고 있다.

그가 캐나다에 머무는 동안 나는 일부러 그를 뵈러 간 적이 있다.

그분은 나를 보자 대뜸 "서울에 가고 싶다"고 하셨다.

"이제 들어와 선생님의 정체성을 살려 선생님 사시고 싶은 대로 사십시오."

내가 캐나다에서 만나 뵌 이듬해, 그러니까 박정희 대통령이 죽은 다음해 추석 전날에야 그분은 돌아왔다. 나는 비행장에 나가지 못했기 때문에 추석날 아침 집으로 찾아갔다. 그때 그분은 내게 말씀하셨다.

"이제부터는 백운대 북한산을 바라보고 자연을 즐기며 살 거야."

그 말에서 나는 그분에게 진정한 휴식과 평화로움이 필요하구나 하는 생각이 들었다. 그후 선생님은 바라시던 대로 그렇게 사시다 생을 마치셨다.

한 인간을 기억한다는 것은

공원묘지에 그분을 안장하고 돌아온 날 밤, 나는 그분과 보낸 한 세월을 반추하며 아프고 쓰린 가슴을 달래느라 밤새 한잠도 이루지 못했다. 스승으로서, 선배 교역자로서, 생을 이끌어준 어른으로서 내게 큰 영향을 주고 많은 것을 베풀어 준 사람이었다. 그에 비하면 내 보답은 정말 미흡한 것이 아닐 수 없었다.

그날의 괴로움에는 김재준 목사님을 추억하는 복잡함도 있었지만 또 다른 일도 있었다. 그때 기독교 안에는 운동권 세력이 상당히 큰 힘을 지니고 있었는데 나는 그들과 본의 아니게 많은 갈등을 겪고 있었다.

선생님이 돌아가셨을 때 경동교회 내에 빈소를 마련하고 빈소에 도착한 화환을 가져오는데 나는 총회장과 노태우 대통령의 화환을 앞에 놓고 나머지는 도착하는 순서대로 놓기로 했다.

노태우 대통령은 화환만 보내고 조문을 오리라는 생각은 없었는데 갑자기 조문을 오겠다는 연락을 해와서 나가보니까 앞에 놓기로 했던 노태우 대통령의 화환이 밖에 놓여 있었다. 그리고 한경직 목사의 화환도 앞에 두기로 했었는데 그 역시 밖으로 나가 있었다.

나는 너무 당황해서 노대통령이 다녀간 다음 행사 실무를 맡은 운동권 사람들에게 따져 물었다.

"아무리 그래도, 이렇게 하는 법이 어디 있소? 너무 심하지 않나?"

"강목사님은 김재준 목사가 살아서도 그를 망치는 말만 하더니, 김재준 목사가 돌아간 다음에도 그를 망치는 말만 하는군요."

참으로 서글픈 말이 아닐 수 없었다.

이런 고통 속에서 장례식을 마치고 집으로 돌아오는 길에 내 딸이 울고 있었다.

"아니, 너 왜 우는 거냐?"

"장례를 하는데 운동권 사람들이 한자리에 앉아 있었어요. 그런데 아버지를 가리키며 김목사님은 살아서도 저 못된 제자 때문에 이름이 욕되었는데, 죽어서도 못된 제자로 인해 이렇게 화려한 무덤에 묻혀 이름이 욕되게 되었다고 수군거리더군요."

이렇게 편협한 사람들이었다. 그 당시의 과격한 운동권 세력이 실제 어떠했는가 하는 점에서 나는 이 일을 분명히 기억하고 있다. 그들에겐 민주화 운동이 중요하고, 김재준이라는 이름이 중요했을지 모르겠지만 나에게는 한 인간으로서 김재준 선생님이 중요했다.

돌아가신 그분에게 제대로 된 무덤을 마련해드리고 선배 목사와 대통령의 화환을 내세우는 것이 그렇게도 잘못된 일이란 말인가. 그 선배 목사와 대통령의 이데올로기가 맞고 안 맞고 따지기에 앞서 그들이 표한 슬픔과 애도의 뜻마저 고인을 위해 받아들일 수 없단 말인가. 그러면 비참한 죽음과 초라한 장례식과 보잘것없는 무덤이 되어야 그분 이름에 걸맞다는 말인가.

오늘날 김재준 목사 기념사업회 등에 참여해보면 사람들은 김 목사를 '민주화 투사'로 크게 부각시키고 있지만 내가 아는 그분은 그 이상이었다. 그의 인간적인 체취를 기억하는 나 같은 사람마저 사라지고 나면 이제 그의 인간성을 기억해줄 사람은 얼마나 있을까.

그런 상황을 보며 나는 한 인간을 기억한다는 것이 어떤 의미인가를 되묻지 않을 수 없었다. 나 역시 언젠가는 세상을 뜰 터인데, 후세 사람들이 나를 어떻게 기억할 것인가를 생각하면, 무섭다는 생각도 든다. 나의 단점은 완전히 지워버리고 대단한 인물로 변조되거나 덧칠되지 않기를 바란다. 불완전하고 단점도 많은 나약한 인간의 모습 그대로 기억되기를 바랄 뿐이다.

인생 칠십은 꽃봉오리가 맺히는 때

1987년은 내가 만 일흔 살이 되는 해, 즉 고희를 맞는 해였다.

고희를 맞는 내 심정은 참으로 복잡미묘했다. 원래 나는 육체적 나이에는 별 관심 없이 항상 새 일에 미치며 살아온 사람인데, 회갑이니 고희니 하는 때가 되면 타의에 의해 내 나이를 의식하지 않을 수 없으니 그런 때가 되면 어떻게 보내야 할지 참으로 곤혹스러웠다.

솔직히 말해 그런 특정 연령을 계기로 나 자신과 주위 사람들에게 내가 벌써 그렇게 나이를 많이 먹었다는 것을 알리는 것이

썩 기분 좋은 일도 아니었다. 나는 회갑을 넘긴 후로 비행기 타는 것을 은연중 싫어하게 되었는데, 그 이유는 비행기를 탈 때 생년월일을 기록해야 하기 때문이다. 될수록 내 나이를 잊고 항상 젊은 의식과 행동으로 살고 싶은 것이 지금도 변함없는 내 소망이다.

이같은 생각 때문에 나는 회갑 때도 가족 모임조차 갖지 않고 소리 소문 없이 무심하게 보내려고 했었다. 그래서 아무에게도 알리지 않고 있었는데 회갑날 아침 경동교회 장로들이 선물을 들고 집으로 찾아왔다. 그때 아내도 딸이 있는 미국에 가 있었기 때문에 집에는 며느리만 있었다.

나는 며느리가 내 지시를 어기고 교회에 연락을 한 줄 알고 "왜 이따위 쓸데없는 짓을 했느냐"고 호통을 쳤다. 그러자 며느리는 울면서 자기는 그런 일이 없었다고 하소연을 했다. 알고 보니 장로들이 스스로 알아서 찾아온 것이었다. 하지만 그들도 내 뜻을 알고는 그냥 인사만 하고 돌아갔다.

그러고 나서 아카데미에 나갔더니 이번에는 직원들이 또 어떻게 알았는지 회갑 선물이라며 액자를 들고 들어왔다. 액자에는 직원들 하나 하나가 내 회갑을 축하하며 쓴 짤막한 글과 서명이 들어 있었다.

"따뜻한 마음은 고맙지만 회갑이 되었다는 이유 하나만으로 축하받고 싶은 마음은 솔직히 없어요. 왜 이런 일을 해요?"

나는 오히려 야단을 쳐서 돌려보냈다.

굳이 회갑 기념 모임이라고 할 만한 게 있다면 그날 저녁 국내

에 있는 가족들과 함께 갈비집에 가서 갈비와 냉면을 먹은 일 정
도였다.

고희를 맞게 되었을 때도 나는 칠십이 되었다는 이유 하나로
잔치를 하느니 기념 행사를 벌이느니 하는 일은 피하고 싶었다.
그러나 이번에는 내가 반대할 겨를도 없이 몇몇 사람들이 나서서
일을 계획되고 진행해나가 나는 별수없이 이런저런 행사를 벌이
게 되었다.

아카데미에서는 고희 기념으로 책을 하나 출판하기로 하고 출
판추진위원회까지 구성했다. 위원장은 한림대의 고범서 교수였
고 이화수, 김문환, 신인령, 이신행 교수 등과 극작가 이강백 등
이 위원으로 참여했다. 앞서 언급한 『강원용과의 대화』라는 책이
바로 이렇게 해서 출간된 것인데, 이 책은 내 생애와 한국 현대사
의 흐름을 각 분야에 걸쳐 대조해 가며 내 삶을 전체적으로 조감
한 것이었다.

고범서 교수는 책머리에 이렇게 썼다.

이 책은 제1부 한국 사회, 제2부 한국 교회 두 부분으로 크게
나뉘어 있다. 1부는 정치 · 경제 · 노사 · 여성 · 종교 · 언론 ·
교육 · 문화 · 예술 · 농촌으로, 2부는 한국 기독교 신학 · 한국
기독교 문화 · 한국 교회 · 에큐메니컬 운동 · 카톨릭과 개신
교 · 기독교 학생운동 · 기독교 사회운동으로 세분되어 있다.
각 주제에 대하여는 그 분야를 대표하는 인물과 대화를 하는
형식으로 되어 있다.

한 사람의 생애를 각각 다른 주제로 나눠 부각시키고, 전체적으로는 역사적 흐름과 관련시키는 이러한 책은 내가 과문한 탓인지는 모르겠으나 한국에서는 최초의 일이다.

그때 나와 분야별로 대담을 나눈 사람은 김수환 추기경, 법정 스님, 이홍구, 정원식, 이어령, 이인호, 김병태, 유동식, 김경재, 주재용, 고범서 교수, 언론인 양호민, 개신교 인사인 조승혁, 오재식 강문규 등 모두 열다섯 명이었다.

이 책은 내 고희에 즈음한 1987년 7월에 출간되었고, 출간 직후 세종홀에서 출판 기념회가 열렸다. 이 모임에는 대통령 선거를 몇 개월 앞두고 대권 주자로 경쟁을 벌이던 노태우, 김영삼, 김대중이 모두 참석해 사람들의 이목을 모으기도 했다.

나는 출판 기념회에서 이런 얘기를 했다.

"내 나이 벌써 칠십이 되었지만 나는 내 인생이 마무리 단계에 들었다고는 생각하지 않습니다. 일본의 누군가가 인생 칠십은 꽃 봉오리가 맺히는 때요, 팔십은 꽃이 피는 때고 구십은 열매를 맺는 시기라고 했는데 내 생각도 같습니다. 내 인생은 이제부터 새로 시작되는 것입니다."

이 말에 사람들은 박수로 화답했다.

고희 때는 가족들이 준비한 잔치도 꽤 크게 벌어졌다. 외국에 있던 자식들이 모두 모여 아카데미 하우스 '대화의 집'에서 고희연을 준비하고 하객들도 많이 초청했다. 이 고희연에서는 가족과 친지들이 정성 들여 준비한 다양한 프로그램이 펼쳐졌는데, 특히 인상적이었던 것은 내 생애를 창으로 만들어 명창 박동진이 부른 것이었다. 기획도 좋고 실행도 성공적이어서 잔치가 끝난 후 "참 독특하고 멋진 고희 잔치였다"는 평을 들었다.

번지는 시위, 그리고 6·29선언

6월 29일 아침에 만난 전대통령

이제 정치 얘기로 돌아가 보자. 1987년이 되면서 정국은 전대통령의 임기 종료를 앞두고 후계 문제를 놓고 복잡하게 전개되었다. 전대통령이 과연 단임으로 물러날 것이냐, 정말 그런 결심이라면 후계자로 지목하고 있는 사람은 누구냐 하는 것이 정치권의 최대 관심사였다.

한편 시국은 박종철 군 고문 치사 사건 등으로 반정부 투쟁이 한층 격발되어 학원가와 재야 세력을 중심으로 격렬한 시위가 계속되었다. 전국 주요 도시에는 연일 화염병과 최루탄이 날아다니는 등 하루도 조용할 날이 없었다.

당시 전대통령의 후계자로 가장 유력하게 거론된 사람은 노태우 민정당 대표였으나 확실한 것은 아니었다. 일찍부터 후계자 문제를 고민해온 전대통령은 여론을 의식하여 후계자로 또 군 출신 인사에 경상도 사람을 내세우면 곤란하지 않을까 꽤 고민을 한 것 같다.

1982년 6월에 호남 출신으로 고려대 총장이던 김상협을 총리로 임명한 것은 이같은 그의 생각이 반영된 결과라고 나는 보았다. 그러나 김총리는 아웅산 사건이 터졌을 때 그 수습 과정에서 보인 행동이 전대통령을 실망시킨 탓이었는지 그 사건 직후 총리직에서 물러나고 말았다.

1985년 이북 출신으로 외교관 생활을 오래한 노신영이 총리에 임명되었을 때도 나는 그 인사를 후계 구도와 연결시켜 이해했다. 전대통령 자신 언젠가 그런 점을 시사한 일이 있었다. 그러나 그는 전대통령 측근들의 반대에 몰리고 있는 형편이었다. 안기부장이던 장세동 후계자설도 꽤 널리 퍼졌으나 이 두 사람은 박종철 군 고문 치사 은폐 조작 사건이 폭로된 후 1987년 5월 말 단행된 개각에서 함께 경질되고 말았다. 그리고 이 조치가 노태우 후계 체제를 구축하는 데 결정적인 영향을 주었다.

1987년 6월로 접어들면서 전대통령은 노태우 대표를 자신의 후계자로 확실하게 굳히고 민정당 지도부를 비롯한 관계자들에게 자신의 뜻을 공식적으로 표명하기 시작했다. 언론 용어로 전대통령의 '낙점'이 마침내 노태우 대표에게 떨어진 것이었고 이제 남은 것은 형식적인 절차뿐이었다. 그리고 그는 곧 정해진 절차에 따라 당 중앙위원회에서 민정당의 대통령 후보로 만장일치로 추대되었다.

나는 노대표가 후보가 된 데 대해서는 아무런 말을 할 입장이 아니었지만 이른바 민의를 대변한다는 정당의 대통령 후보가 최고 권력자 한 사람의 뜻에 의해 그렇게 '낙점'되고 마는 것에 대해서는 가만히 있을 수가 없었다. 그래서 당시 집권 세력에 속해 있던 한 관계자를 만나 이렇게 말했다.

"나는 노태우 씨가 후보가 된 것을 가지고 가타부타 시비하고 싶은 마음은 없어요. 다만 전대통령이 후보를 지명한 후 그것을 아무런 이의 없이 당 중앙위원회에서 가결하고 또 그렇게 추천된 한 사람을 놓고 전당 대회를 열어 형식적인 투표를 하는 방식은 이북식이나 다를 것이 없지 않소? 이런 대통령 선거가 어디에 있습니까? 형식이라도 좋으니 적어도 몇 사람이 당내에 나서서 경선하는 모양을 보여야지 이런 식으로 하면 어떻게 국민들이 받아들이겠어요?"

그러나 이런 내 얘기는 하나도 먹혀 들어가지 않았다.

노태우 대표는 6월 10일 열린 민정당 전당대회에서 단일 후보로 나서서 만장일치나 다름없는 투표 결과로 후보에 선출되었다. 선출이 아니라 일방적인 지명이었다.

대통령 직선제 개헌을 바라는 국민의 요구를 무시한 채 비민주적인 당시 헌법 그대로 대통령 선거를 실시하기로 하고 역시 비민주적인 방법으로 집권당이 후보를 선출한 일은 그 즉시 국민들의 거센 반발을 불러일으켰다. 그대로 선거가 실시된다면 대통령을 뽑는 데 국민들의 의사가 전혀 반영될 수 없으니 국민들의 반발은 당연했다.

민정당 전당대회가 열린 6월 10일, 전국 18개 도시에서는 야당인 민주당과 재야 세력인 민주헌법 쟁취 국민운동본부의 주도 아래 격렬한 시위가 벌어졌다. 그날 나는 힐튼 호텔에 갔었는데, 시위 때문에 사람이 하나도 없었다. 거리는 시위대와 경찰의 공방 속에 자욱한 최루 가스로 난장판이었다.

시위는 하루하루 더욱 격렬해졌고 전국적인 규모로 확산되어 갔다. 나라 전체가 정말 비상사태였다.

시위가 걷잡을 수 없이 커져가던 6월 20일경이었다. 5월 말에 있었던 개각으로 총리에 임명되어 집무한 지 얼마 되지 않은 이한기 총리에게서 급한 일이 있으니 만나자는 연락이 왔다.

이총리는 내가 미국 유학을 할 때부터 친하게 지낸 사이였고 그의 부인인 성악가 김혜경 교수도 중학교 다닐 때부터 나와 가까운 사이였다. 그렇게 가족처럼 지내는 관계였기 때문에 처음에 총리로 임명한다는 통보가 왔을 때 김혜경이 나를 만나 어떻게 하면 좋으냐고 상의를 하기도 했다.

공관으로 갔더니 이한기 총리의 얼굴이 새파랗게 질려 있었다. 그리고 극비라고 하면서 내게 충격적인 얘기를 들려주었다.

"어제 전대통령이 오라고 해서 갔더니 3군 참모총장과 국방부 장관이 다 모여 있더군요. 그런데 대통령께서 군을 동원해야겠다고 하는 겁니다. 나도 반대 의사를 드러내고 국방부 장관도 그랬는데 대통령은 별로 듣는 것 같지 않았습니다. 최악의 경우 오늘이나 내일 중으로 군이 출동할 것 같은데 어떻게 하면 좋겠습니까?"

나는 그 말을 듣고 정신이 아찔해졌다. 나는 그 즉시 단호하게 말했다.

"절대로 반대하세요. 군이 나서면 정말 안 됩니다. 만약 이총리의 의견이 받아들여지지 않는다면 이총리는 역사에 오점을 남기지 말고 그냥 물러나십시오."

"저 역시 같은 생각을 하고 있습니다."

그날 나는 정말 두렵고 무거운 가슴으로 총리 공관을 나왔다.

다행히도 군이 동원되는 비극은 되풀이되지 않았다. 무슨 연유에서인지는 정확히 몰라도 전대통령이 비상조치 계획을 철회했기 때문이었다. 대신 그는 시국 수습을 위해 각계 원로들과 대담을 가졌고 나도 기독교계 원로로서 전대통령을 면담하게 되었다.

내가 전대통령을 만난 날은 6월 25일이었다. 그날 전대통령은 오전에 김수환 추기경을 만난 후 오후에 한경직 목사와 나를 함께 만나도록 되어 있었다.

나는 처음에 비서실로부터 만나자는 연락을 받았을 때 이렇게 말해두었다.

"매스컴에 선전이나 하기 위한 대담은 하고 싶지 않습니다. 다만 단독 비공개 대담이라면 만나겠습니다."

"이번에 예정대로 와주시면 며칠 후에 각하를 독대할 기회를 따로 만들어 드리겠습니다."

그래서 나는 예정대로 한경직 목사와 함께 전대통령을 만나게 되었고 이 만남은 언론에 크게 보도되었다. 그날 얘기를 마치고 나올 때 전대통령은 내게 "다시 뵙겠습니다"라고 말했다.

청와대에서 다시 만나자는 연락이 온 것은 나흘 뒤인 6월 29

일 아침이었다. 유명한 6·29선언이 발표된 날이다. 그때까지도 6월 10일 이후 전국에서 벌어진 시위는 좀체 진정되지 않고 있었다.

약속 시간은 아침 여덟 시경이었다. 시간에 맞춰 청와대에 가니 이종률 대변인이 나를 맞았다. 그는 우리 교회에 학생 때부터 나온, 나와는 아주 가까운 사이였다. 그런데 그는 나를 보더니 불쑥 이렇게 말했다.

"목사님, 오늘 노대표가 중대한 선언을 발표할 겁니다. 현재의 정치적 상황을 극적으로 전환시킬 놀라운 선언인데, 그걸 미리 아시고 대통령을 만나십시오."

그러면서 그는 대통령 직선제 개헌, 김대중 사면 복권 등 6·29선언의 주요 골자를 얘기해 주었다.

"그리고 이 얘기를 절대 극비에 붙여 주십시오."

내가 전대통령을 만난 것은 6·29선언이 아직 발표되기 전이었지만 실질적으로는 그 선언을 전제로 하고 그를 만났던 셈이다.

전두환 대통령의 일곱 채널

내가 방에 들어가자 전대통령은 매우 허심탄회한 태도로 얘기를 시작했다.

"이제 내가 청와대를 떠날 날도 7개월여밖에 남지 않았습니다. 청와대를 떠난 이후 어떻게 지내야 할지가 문제인데, 그 일을 좀 의논하려고 목사님을 모셨습니다. 좋은 말씀을 부탁드립니다."

"현재 구상하고 있는 계획이 있습니까?"

"몇 가지가 있지요. 우선 대학을 돌아다니며 통일 문제를 비롯하여 우리나라의 중요한 문제들에 대해 강연을 했으면 하고, 또 재임 중 친교를 맺은 여러 나라 지도자들, 세계 명사들을 만나서 우리의 통일이나 국제 평화에 기여할 활동도 하고 싶고 여행도 많이 하고 싶습니다. 그리고 회고록도 집필할 생각입니다."

나는 그의 말을 듣고 그가 국내 상황과 자신에 대한 국민의 여론을 너무 안이하게 생각하고 있다고 느꼈다.

"좋은 계획입니다. 하지만 지금 국내 상황을 보면 퇴임 후 그런 일이 과연 쉽게 이루어질 수 있겠습니까?"

그는 내 말에 금방 얼굴이 상기되었다. 억울하다는 표정이었다.

"나는 우리나라에서 임기를 마치고 평화적으로 정권을 이양하는 첫번째 대통령이 될 겁니다. 또 마구 뛰던 물가를 안정시키고 고도 성장을 이룩했습니다. 사상 최초로 무역 흑자를 냈고, 아시안 게임을 개최했으며 역사적인 올림픽도 유치했습니다. 또 한강 개발도 이루었습니다. 이 모든 것이 내가 대통령으로서 해낸 것들입니다."

"그 말씀은 사실입니다. 그러나 한 지도자의 정치적 업적은 대차대조표를 만들듯이 그렇게 경제적으로 평가되는 것이 아닙니다. 사상 최초니 뭐니 하는 한건주의로 평가되는 것도 아니구요. 무슨 일을 생각할 땐 항상 최악의 경우도 염두에 두셔야 합니다. 5공화국은 정통성 시비가 뿌리 깊고, 또 그 정치 양태를 부정적으로 보는 시각이 오늘날까지 광범위하게 펴져 있습니다. 이런 점도 함께 생각하십시오."

"그러면 앞으로 내가 어떻게 해야 한다는 말씀입니까?"

"앞으로 남은 일곱 달 남짓한 기간은 길지도 않지만 그렇다고 짧지도 않은 시간입니다. 이 시간을 최대한 올바르게 사용하시는 것이 최선의 방책입니다. 우선 민정당 총재직을 노태우 후보에게 넘기십시오. 지금 김대중 씨나 김영삼 씨가 노대표를 만나지 않겠다는 것은 그에게 결재권이 없기 때문에 결재를 하는 대통령을 만나겠다는 것인데, 사실 옳은 얘기 아닙니까? 남은 기간을 그분들과 정치 씨름이나 하며 보내시겠습니까? 더구나 노대표를 후보로 공식 선출한 마당에 그럴 필요가 없는 일이지요. 백번 무익합니다.

그리고 모든 행정도 총리에게 맡겨버리십시오. 그런 후에 대통령께서는 국민 여론에 귀를 기울여 현 시국의 병리 현상을 근본적으로 분석하고 그 해결을 위해 모든 힘을 집중하십시오. 다시 한 번 강조하는데 퇴임 후의 일은 희망적으로 생각하지 마시고 냉정한 현실을 감안하여 계획을 세우시기 바랍니다. 권좌에 있는 사람은 현실에 눈이 멀기가 쉬우니 이 점을 조심하세요."

"내가 정보망을 일곱 채널을 갖고 있습니다. 한 군데서만 듣는 게 아닙니다."

나는 이 말을 듣자 가슴이 탁 막혀왔다. 귀 먹고 눈 먼 사람이 자신이 어떤 상태인 줄 모르는 것과 마찬가지였다.

"제가 생각하기에는 그런 정보들이 별로 도움이 될 것 같지 않습니다. 듣기 좋은 정보만 골라 올리는 정보망들이 아닙니까?"

박정희도 그랬지만 우리나라 대통령들은 취임하고 처음 얼마간은 겸손한 마음가짐으로 다른 사람의 말을 받아 적기도 하면서 경청한다. 그러나 2년쯤 지나 어느 정도 알 만해지고 자신감이 붙고 나면 남의 말을 듣기보다 자기 말을 하기에 더 바쁘게 된다. 더구나 이때는 주위에서 "잘 하십니다"라는 소리만을 들려주기 십상이다. 이러니 채널이 일곱 개 아니라 칠백 개가 있다 한들 소용이 없다. 조선시대의 사간원처럼 전문적으로 통치자의 잘못을 꼬집어 말하는 직책이라도 두어야 할 판이다.

어쨌든 이 만남이 전두환 대통령과 청와대에서 내가 가진 마지막 대담이었다. 그리고 이때 내가 한 조언은 일부나마 영향력을 발휘했던 것 같다. 한 국가의 복잡한 정책 결정 과정상 그것이 꼭 내가 얘기를 해서 이루어진 것이라고는 결코 얘기할 수 없겠지만, 우리의 만남이 있은 후인 7월 10일 전대통령은 민정당 총재직 사퇴 선언을 했다. 그리고 그 무렵 이한기 총리 후임으로 임명된 김정렬 총리에게도 행정에 관한 전권을 위임했다. 나는 그 얘기를 김총리로부터 직접 들었다.

노태우 후보의 대통령 당선

국민들의 노도 같은 민주 항쟁에 굴복하여 나온 6·29선언은 위기로 치닫던 정국에 일대 전환점이 되었다. 6·29선언은 그 극적인 효과를 노려 마치 전대통령은 모르는 채 노태우 대표가 전격적으로 한 것처럼 꾸며졌지만 사실은 앞에서 말했듯 전대통령측에서 미리 구상한 것이었다.

어찌됐든 그 선언의 결과로 10월 27일에는 대통령 직선제 합의 개헌안이 국민투표에 부쳐져 압도적인 지지로 통과되었다. 오랜 군사통치 하에서 빼앗겼던 대통령 선출권이 비로소 국민의 손으로 돌아온 것이었다.

이에 따라 1987년 하반기 정국은 눈앞에 둔 직선제 대통령 선거를 향한 대권 주자들의 치열한 경쟁으로 뜨겁게 달아올랐다. 대표 주자는 민정당의 노태우, 민주당의 김영삼, 평민당의 김대중, 공화당의 김종필 등이었다.

온 국민은 군부 통치를 종식하기 위해 김영삼과 김대중 두 사람이 후보를 단일화해주기를 간절히 염원했으나 끝내 합의를 이루지 못해 결국 1노 3김의 각축전이 벌어졌다. 이때 나는 다른 때와 달리 양 김씨의 단일화에 거의 희망을 걸지 않았다. 그간의 경험으로 보아, 특히 1980년의 경험을 통해서 그것이 불가능하다는 것을 알게 되었기 때문이었다.

그것은 나뿐 아니라 민정당측에서도 그렇게 생각하고 있었고, 바로 그 때문에 여러 면에서 자신이 없던 그들도 선거에 희망을 갖게 되었다.

'넷 중 누가 되어도 큰 희망이 없겠구나.'

정작 내가 우려한 것은 대통령 선거를 계기로 더욱 첨예화된 지역 감정이었다. 고질적인 경상도와 전라도의 대립에 충청도까지 가세해 크지도 않은 나라가 세 쪽, 네 쪽으로 갈라져 다투고 있었다.

사실 대통령 선거전이 벌어지고 있는 동안 나는 선거에 큰 관심을 쏟고 시간을 낼 입장이 아니었다. 서울올림픽을 앞두고 그 일로 국내는 물론 국제적으로도 동분서주하고 있었기 때문이었다. 그러나 이 지역 감정 문제만은 그 심각성이 워낙 커 나는 미력하나마 내 힘을 보태기 위해 선거를 앞두고 조직된 지역 감정 해소 국민협의회의 공동의장으로 활동했다.

　선거와 관련하여 내가 한 일은 거의 없다. 다만 노태우 후보를 한 번 만난 자리에서 "문화부를 공약하라"는 제안을 한 적이 있다.

　노후보에게 내가 그런 얘기를 하게 된 계기는 우리 교회에 나오는 황영시 감사원장 때문이었다. 황감사원장은 노태우가 민정당 대표가 된 것을 축하하는 자리에 나를 초청하면서 특별히 해방 후 이야기를 들려달라고 요청한 적이 있었다. 이후 대통령 후보가 된 노후보측에서 내게 연락을 해왔다. 그때 내가 대통령 후보인 그에게 제안한 것이 바로 문화부 설립안이었다.

　실제로 노태우 후보는 문화부 설립을 공약했고 대통령이 당선된 후 초대 문화부 장관으로 누가 좋은지 내게 물어오기도 했다. 그때 내가 추천한 사람은 이어령이었다.

　"아니 그 사람은 지난번에 문화공보처 장관 자리를 거절하지 않았습니까?"

　"그거야 문화공보처이니까 거절한 거지요. 그 사람이 왜 정보를 홍보하는 일을 하겠습니까. 하지만 문화부 일은 할 겁니다."

　과연 이어령은 문화부 장관직을 수락했고, 이렇게 하여 우리나라도 문화부 장관이 탄생하였다. 그러나 이후 문화부는 문화체육부로 바뀌었고 오늘날엔 또 문화관광부가 되고 말았다. 그때 많은 사람들이 실망하는 것을 나는 보았다. 아직도 순수 문화부의 중요성과 필요성을 정부가 제대로 인식하고 있지 못하는 것 같아 안타까울 뿐이다.

선거와 관련해 내가 특별히 노력한 것이 있다면 공정한 선거를 실시하기 위해 2차 결선 투표를 제안한 일이다. 내가 그런 노력을 하게 된 계기는 한 미국인의 권고였다.

대통령 선거일이 가깝던 어느 날이었다. 미국 카네기 센터에 있는 해리슨(Harrison)이라고 하는 사람이 나를 찾아왔다. 그는 지금도 한국 신문에 가끔 칼럼을 쓸 정도로 한국 관계에 나름대로 정통한 사람인데, 그때 나에게 여러 가지 얘기를 하다가 선거와 관련해 이런 권고를 했다.

"이번 선거를 제대로 치르려면 우선 5공화국 정부가 아니라 선거를 공정하게 치를 수 있는 과도 정부를 세워 그 정부가 선거 업무를 담당하도록 해야 합니다. 그리고 선거 결과 최고 득표자의 득표수가 과반수에 미치지 못하면 1위 득표자와 2위 득표자 두 사람을 놓고 다시 결선 투표를 하도록 선거법을 바꿔야 합니다. 과반수 이상 득표를 한 사람이 대통령이 되어야 앞으로 있을지도 모르는 정국 불안을 막을 수 있습니다. 목사님께서 이 두 가지 얘기를 전대통령에게 건의하고 잘 설득해서 성사되도록 노력해 보십시오."

나는 그의 견해에 동감을 표시하고 관계자들을 만나 열심히 설득해보았다. 그러나 내 건의는 끝내 응답 없는 메아리에 그치고 말았다.

12월 16일 실시된 대통령 선거에서 승리한 사람은 민정당의 노태우 후보였다. 그러나 그의 득표율은 36.6퍼센트에 불과했다. 예상했던 대로 총투표수의 과반수를 얻지 못한 '약한 대통령'이 등장한 것이다.

그러나 그는 군사 정권의 후계자라는 치명적 결함에도 불구하고 1971년 선거 이후 국민이 직접 뽑은 첫 대통령이라는 점에서 어느 정도 정통성은 확보한 셈이었다.

대통령에 당선된 노태우는 취임 전 각계 각층의 인사들을 만나 앞으로 국정 운영에 관한 조언을 들었는데, 그 대상자 중에는 나도 포함되어 있었다.

노태우 당선자측으로부터 만나자는 연락이 온 것은 취임식이 있기 바로 전이었던 것으로 기억한다. 처음에 나는 그와의 면담이 그때까지 역대 대통령과 나눴던 면담이 그러했듯 필요한 얘기를 충분히 개진할 수 있는 시간 동안 이루어지는 것으로 생각했다. 그런데 알고 보니 면담 인사가 많아서 그런지 한 사람에게 배정된 시간이 삼십 분도 채 못 됐다.

"그렇게 짧은 시간 동안이라면 할 얘기를 제대로 할 수도 없거니와 그런 형식적인 만남은 나뿐 아니라 노태우 당선자에게도 귀한 시간을 낭비하는 게 되니 사양합니다."

그랬더니 그쪽에서 다시 "시간은 충분히 드릴 테니 만나자"는 연락이 왔다.

안가에서 노태우 당선자를 만나다

내가 노당선자를 만난 것은 어느 개인 집이었는데, 지금 생각하니 아마 '안가'(安家)라는 안기부 시설이었던 것 같다. 나는 그집에서 오후 여섯 시에 노태우 당선자를 만나 밤 열 시가 넘도록 긴 이야기를 나누었다. 나는 그 자리에서 해방 이후 격동의 현대사를 겪어온 증인으로서 충심으로 그에게 하고 싶은 말을 다 털어놓았다.

우선 얘기한 것은 '민심은 천심'이라는 너무나 당연한, 그러나 역대 어느 통치자도 실천하지 못한 정치 철학과 전두환 대통령에게도 얘기한 바 있는 호민론이었다. 그 얘기를 하면서 나는 "어느 편에도 가담하지 않은 채 시시비비를 냉정히 판단하는 사람들의 낮은 목소리를 경청하여 그 여론을 과감히 수렴해야 한다"는 것을 강조했다.

"전대통령은 통치 말기에 호민들이 등을 돌리게 하는 결정적인 잘못들을 범했습니다. 그래서 호민이 원민과 합세를 하게 되었고 6월의 격렬한 국민적 저항을 불렀던 거지요. 4·19도 역시 같은 양상이었습니다. 호민이 원민과 합세를 하게 되면 어떤 정권도 견뎌낼 수가 없습니다."

그리고 대통령이 되어 해야 할 일에 대해 구체적으로 세 가지를 언급했다. 경제나 국방·외교같이 내가 잘 모르는 분야는 제외하고, 평소 내가 관심과 문제 의식을 갖고 지켜봤던 문제들 중 가장 중요하다고 생각된 세 가지 문제를 지적했다.

"첫번째는 이념 문제로 공산주의를 포함한 모든 이념에 대해 정부가 개방적이고 당당한 태도를 취해 달라는 것입니다. 그 일환으로 정신문화연구원을 일종의 사회과학연구원 같은 기관으로 바꾸는 게 어떻겠습니까?

사회과학연구원에는 공산주의 관련 서적을 비롯해 전세계에서 나오는 각종 사회과학 서적과 자료들을 비치해 사람들이 이용할 수 있도록 정부에서 지원해야 한다는 것이 내 생각입니다. 이북에서 발행되는 각종 신문과 잡지, 텔레비전과 라디오도 그곳에서 다 접할 수 있도록 하구요.

이북 자료를 일반인들에게까지 개방하는 게 아직 시기상조라면 대학원 학생 이상의 지식층에게 먼저 푸는 것도 좋습니다. 이승만 정권 이후 우리 반공 정책의 가장 큰 맹점은 반공만 외쳤지 정작 반대해야 할 공산주의에 대해서는 그 실체를 전혀 모르게 막았다는 데 있습니다. 공산주의와 관련된 책은 읽지도 소지하지도 못하게 해왔는데 원래 사람이란 하지 말라면 더 해보고 싶은 심정이 생기는 것 아닙니까?

더구나 요즘은 복사기 팩시밀리 컴퓨터 등 기계의 발달로 문서나 정보의 교환이 간단하기 그지없습니다. 아무리 막으려고 해도 막을 재간이 없지요. 그러니 정부에서 먼저 규제를 풀고 공산주의의 실체를 알도록 하는 게 여러 모로 유익합니다. 그래야 공산주의에 대한 비판도 제대로 이루어질 수 있게 됩니다."

다음으로 나는 국가안전기획부를 개편하자고 했다. 그 전신인 중앙정보부 시절 그 폐해를 직접 겪어 본 나로서는 이름만 바꿨을 뿐, 그 부정적 역할은 하나도 변하지 않은 안기부의 개편 필요성을 누구 못지 않게 절감하고 있었다.

"지금 우리 국민들은 안기부에 대해 상당히 부정적인 인식을 갖고 있습니다. 무소불위의 권력을 갖고 정치 공작이나 하는 곳으로 알고 있어요. 그러니 안기부에 대해 일대 수술을 단행하십시오. 정권을 유지하기 위한 정치 공작이나 사찰 같은 일은 일절 하지 못하게 하고 본연의 업무만 하도록 해야 합니다. 이름 그대로 국가 안전을 위한 대공 업무만 하도록 기능을 제한하고 기구도 대폭 축소하십시오."

마지막으로 내가 말한 것은 방송에 대한 것이었다. 현대 사회에서는 방송만큼 위력을 가진 매체가 없는데다, 영향력이 큰 만큼 잘 쓰면 선약이 되지만 잘못 쓰면 극약이 되어 그 폐해가 엄청나기 때문이었다.

"5공시절 방송은 정부 홍보 매체처럼 되어 시청료 거부 운동까지 벌어졌습니다. 6공화국에서는 어떻게든 방송문제를 바로잡아야 합니다. 방송을 바로잡기 위해서는 지금처럼 방송을 정부 통제 아래 두면 안 됩니다. 전파는 근본적으로 국민이 주인이라는 인식을 갖고, 국민의 여론이 제대로 반영되고 공정성과 공익성이 보장될 수 있도록 구조적인 개편을 해나가야 합니다. 그래야 말 그대로 공익을 위한 방송, 국민에게 정신적인 양식을 제공할 수 있는 방송이 될 수 있다고 봅니다. 방송 민주화 없이는 정치 민주화도 이루어질 수 없을 것입니다."

나는 이상 세 가지 문제가 해결되지 않으면 호민의 마음을 잡기가 불가능하며 민주화 또한 이룰 수 없음을 재차 강조했다. 내 말에 노태우 당선자는 상당히 긍정적인 반응을 보였다.

"목사님이 오늘 해주신 말씀은 앞으로 제가 아랫사람들과 의논해서 잘 진행해 보겠습니다. 이제 5년 동안 대통령이라는 중책을 맡게 돼 마음이 무거운데 앞으로도 계속 좀 도와주십시오."

"통치자라면 누구나 엄정한 역사적 평가를 피할 수가 없습니다. 그런데 어느 통치자를 특징적으로 언급할 때 독재자니 부패정권이니 하며 부정적 측면을 가지고 말하기도 하지만, 반면에 대표적인 치적으로 표현하는 경우도 있습니다. 예를 들어 세종대왕은 '한글을 만든 사람', 이승만 대통령은 '해방 후 혼란과 전쟁 속에서 국가의 기틀을 잡고 지킨 사람', 박정희 대통령은 '경제발전과 근대화를 이룬 사람', 전두환 대통령은 '물가를 잡아 경제를 안정시키고 올림픽을 유치한 사람'으로 표현되기도 합니다. 이제 대통령에 취임하게 되면 할 일이 산적해 있을 텐데 어떤 생각을 가지고, 다시 말해 어떤 치적을 남긴 대통령으로 평가받기를 바라면서 일을 해나갈 생각입니까?"

그는 내 말에 잠시 생각하는 표정이더니 이렇게 대답했다.

"민주화를 실현시킨 대통령으로 평가받고 싶습니다."

그의 이 대답은 나를 놀라게 했다. 군부 출신인 그가 민주화에 대해 이런 신념을 갖고 있으리라곤 생각하지 못했기 때문이었다.

그러나 그가 그 정도로 확고한 신념과 희망을 가지고 있다면 비록 과반수에 훨씬 못 미치는 득표를 했지만 국민의 손으로 선출된 대통령인 만큼 그 신념을 실현시킬 가능성도 있다고 보았다.

나는 마지막으로 이런 얘기를 했다.

"정말 좋은 생각입니다. 하지만 그 희망을 실현시키는 데는 상당한 난관이 있을 것을 각오하셔야 할 겁니다. 왜냐하면 민주주의처럼 하기 힘든 것도 없기 때문입니다."

그로부터 얼마 지난 후였다. 노태우 당선자가 보냈다며 박준병 민정당 사무총장이 나를 찾아왔다.

"곧 탄생할 노태우 정부의 국정 운영 방향을 정립하기 위해 민주화합 추진위원회라는 것을 조직하려 하는데 목사님도 참여해 주십시오."

그러면서 평의원이 아니라 책임 있는 직책을 맡아 줬으면 좋겠다는 뜻을 비쳤다.

그러나 나는 그 자리에서 거절의 뜻을 분명히 했다. 5공화국에서 국정 자문위원으로 일했던 나는 그런 통치권자의 외곽 조직에서 할 수 있는 일의 한계를 이미 뼈저리게 느끼고 있었을 뿐 아니라, 5공의 국정 자문위원이 됨으로써 입은 타격만 해도 치명적인데, 또 그런 직책을 맡음으로써 구설수에 오르내리기도 싫었기 때문이었다.

1988년 1월 11일 발족된 민주화합 추진위원회는 이후 국민들의 기대 속에 국민 화합과 민주 발전 등을 목표로 내세우고 광주 사태를 민주화 투쟁으로 규정하는 등 일련의 조치들을 취했다. 간혹 문제점으로 느껴지는 일들이 있어도 나는 그들이 벌이는 일에는 조금도 관여하지 않았다.

위장된 민주화

6공화국의 출범

1988년 2월 25일 노태우가 대통령에 취임하면서 6공화국이 출범했다. 5공화국에 뿌리를 둔 채 5공화국을 포함한 이른바 '구시대'를 청산하고 새로이 민주화를 이루고자 하는 6공화국의 과제는 애초부터 자가당착적이라고 할 수 있었다. 6공화국은 입지가 그래서 그런지 처음부터 어정쩡해 보였고, 어쩐지 손발이 제대로 맞아 들어가는 것 같지 않았다. '민주화를 실현해 보겠다'는 의지를 보여 내게 깊은 인상을 남겼던 노대통령은 그런 생래적 제한으로 운신의 폭이 좁았고 추진력마저 부족해 시간이 갈수록 의구심만 키워냈다.

내가 취임 전 노대통령에게 건의했던 문제들만 해도 그랬다. 안기부 개편 문제야 긍정적인 반응을 보이면서도 확실한 답변은 안 했고 사안 자체가 쉽게 결정할 수 없는 성격이니 차치해두고,

정신문화연구원을 사회과학연구원으로 대체하자는 내 건의가 빚어낸 결과는 참으로 뜻밖이었다.

그때 노대통령은 내 얘기를 듣고 나서 며칠 후에 나를 다시 만나자고 해서는 내 건의를 적극 수용하겠다고 말했다.

"사회과학연구원으로 개편한다면 원장으로 누가 좋겠습니까? 추천할 만한 사람이 있는지요?"

그는 이렇게 묻기까지 했다. 그래서 나는 당연히 일이 그런 방향으로 추진될 줄 알았는데 대통령 취임 얼마 후 신문을 보니 정신문화연구원을 내가 얘기한 것과는 영 다른 방향으로 개편한다는 기사가 나왔다. 나는 놀라서 홍성철 청와대 비서실장에게 전화를 했다.

"아니, 신문에 보도된 내용은 도대체 어떻게 된 거예요? 약속이 틀리지 않습니까?"

"그래요? 그렇다면 어떻게 된 건지 제가 한 번 알아보겠습니다."

그러고 나서 곧 그로부터 연락이 왔다.

"대통령께서 문교부 장관에게 그 일을 적극 검토하라고 지시했는데 문교부 장관이 대통령의 뜻을 잘못 이해해서 그런 착오가 생긴 것 같습니다."

그후 청와대에서 무슨 얘기를 들었는지 김영식 문교부 장관이 만나자는 연락을 해왔다.

"일이 잘못 추진되어서 미안합니다. 강목사님이 본래 말씀하신 의도가 무엇인지 다시 한 번 잘 설명해 주십시오."

그러나 이미 주사위는 던져진 후여서 내 뜻을 반영시키기가 불가능한 상황이었다. 그리고 그후에도 내 의견은 끝내 반영되지 못했다. 나는 그런 일을 겪으면서 노태우 정부의 실행 능력에 대해 의문을 품지 않을 수 없었다.

내가 건의했던 방송 문제는 그 전해인 1987년에 여야 합의 아래 방송법을 개정하고 그 시행을 기다리고 있던 중이었기 때문인지 특별한 정책이 새로 모색되지는 않은 것 같았다. 대신 노대통령은 내게 새 방송법에 의해 조직될 방송위원회의 위원이 되어달라고 부탁했다. 그 부탁을 전한 사람은 강용식 보좌관이었다.

1987년 11월 28일에 공포된 새 방송법에 따르면 방송의 최고 기관인 방송위원회의 위원은 대통령, 국회의장, 대법원장이 각각 네 명씩 추천하여 대통령이 임명하도록 되어 있었다. 노대통령은 자신이 추천하는 방송위원 네 명 중 하나로 나를 선정한 것이었다. 나는 그 얘기를 듣고 거절을 했다.

"내가 방송에 대해 말씀을 드린 것은 방송에 대한 정책을 옳게 세우는 데 조언을 하려 한 것이지 내가 그런 일을 하겠다는 뜻이 아닙니다."

그러나 청와대측에서는 여러 번 사람을 보내 재고를 요청해왔다.

"규정상 5월 27일까지 위원회를 구성해야 하니 나중에 빠지더라도 일단 위원 명부에 목사님 이름을 넣게 해주십시오."

나는 그 요청마저 차마 거절할 수가 없어 위원 명부에 이름을 올리게 되었고, 다시 거듭된 요청에 결국 방송위원이 되는 것을 수락하게 되었다.

그리고 8월 3일 프레스 센터에서 열린 방송위원회 첫 회의에서

위원들의 만장일치로 새 방송위원장에 선출되었다.

다시 불발로 끝난 노대통령의 약속

6공화국이 출범하고 두 달 후인 4월 26일에는 개정된 선거법에 따라 소선거구제에 의한 국회의원 총선거가 실시되었다. 선거 결과 민정당이 과반수 의석을 확보하는 데 실패하여 이른바 여소야대 국회가 구성되었다. 야당 의석수는 평민당, 민주당, 공화당 순으로서 평민당이 제1야당으로 떠올랐다.

야당의 힘이 여당보다 커지자 정국은 그 전처럼 집권층의 의도 대로 일사불란하게 움직일 수 없게 되었다. 그때는 새마을운동 중앙본부의 비리로 전대통령의 동생인 전경환이 구속된 것을 시발로 각계에서 '5공 청산'과 민주화를 요구하는 목청이 커져 가고 있던 중이었다.

선거가 끝나고 얼마 후 나는 노대통령의 점심 초대로 그와 얘기를 나눌 기회가 있었다. 나는 그 자리에서 그에게 몇 가지 조언을 했다.

"제가 보기에 우선 내각 구성부터 잘 된 것 같지 않습니다. 새 공화국을 출발하는 시점에서 민심을 하나로 결집하고 새로운 비전을 제시하기에 새 내각은 너무 빈약합니다.

그리고 여소야대에 대해 걱정을 하시는 것 같은데 대통령으로서, 그리고 집권당 총재로서 결코 유쾌할 수야 없겠지만 이는 하나님의 뜻인 것 같습니다. 저는 여소야대가 오히려 민주화로 가는 지름길 역할을 할 수 있을 것이라고 봅니다. 민주화를 진행해 나가는 데 여당의 의석수가 너무 많으면 오히려 알게 모르게 걸림돌이 될 수 있으니까요. 앞으로 5공화국 비리 문제나 광주 문제, 기타 여러 가지 문제로 야당이 과격하게 나오면 힘도 들고 난관에도 부딪치게 되겠지만 대통령께서는 낙관도 비관도 하지 말고 원칙에 따라 일을 처리하십시오. 국가 기본에 대한 원대한 비전과 계획을 갖고 야당에게 양보할 부분이 있으면 과감하게 양보하세요."

그로부터 얼마 후인 7월 말경 나는 다시 한 번 노대통령을 만나 정국에 대해 얘기할 기회를 가졌다. 그때 나는 그에게 이런 제언을 했다.

"여소야대 국회를 가지고 여당이 바라는 안정을 기할 수는 물론 없습니다. 하지만 그렇다고 인위적으로 여대야소를 만들 수도 없는 노릇이지요. 그러면 현재 상황에서 어떻게 정국 안정을 기할 것인가 하는 게 문제인데, 제 생각에는 야당과 일종의 정책 연합을 하는 게 좋을 것 같습니다.

당장 손잡기 쉬운 사람은 김종필 씨라고 볼 수 있겠지요. 하지만 그렇게 되면 안 그래도 6공화국을 5.5공화국이니 뭐니 하는 데 어떤 부정적인 평가를 받을지 보지 않아도 뻔한 노릇입니다. 5공화국에 3공화국의 이미지까지 가세될 테니 하나도 득될 게 없을 뿐 아니라 잃는 게 더 많습니다. 그렇다면 김영삼 씨와 얘기를 해보는 게 좋을 것 같습니다. 그분과 대화를 해서 국가를 위해 중요한 정책들에 대해 선별적으로 힘을 합하는 일을 모색해 보십시오. 그 일을 성사시키려면 대통령께서 그분의 협조를 얻는다기보다 그분 의견을 받아들인다는 자세로 노력하셔야 할 겁니다."

8월 29일에 과연 노대통령과 김영삼 민주당 총재가 단독 회담을 가졌다. 나는 신문과 방송을 통해 그 소식을 알게 되었는데, 마침 그 날은 방송위원회 발족 기념 연회가 세종홀에서 열려 김영삼 총재도 참석하기로 되어 있었다. 그날 김총재는 청와대 회담을 마치고 곧장 파티에 참석했던 모양인지 기념식장에 나타나 나와 인사를 나누고는 갑자기 내 귀에 대고 이런 얘기를 했다.

"오늘 내가 노태우 대통령과 만나 중요한 얘기를 많이 했습니다. 앞으로 목사님이 국가적 견지에서 우리 둘 사이에 가교 역할을 해주셔야 하겠습니다."

나는 그가 무슨 얘기를 하는지 즉각 알아들었다.

그 이후 나는 노대통령과 김영삼 총재의 양 측근들로부터 자세한 얘기를 듣고 각자 의중을 다시 한 번 확인한 결과 두 사람의 생각이 비슷하다는 것을 알게 되었다.

노대통령의 말은, 김총재를 만나 내가 한 얘기를 했으며 앞으로 국가적 차원에서 서로 협력할 일이 생기면 날 통해 서로의 의견을 전달하기로 합의를 봤다는 것이었다.

그런데 이상하게도 그후에 내게 그런 역할을 할 기회는 한 번도 주어지지 않았다. 어째서 그렇게 되었는지 이유는 자세히 모르지만 결국 그 약속도 불발탄이 되어버렸고, 노대통령과 김영삼 총재 사이는 다시 멀어져서 오히려 평민당의 김대중 총재보다 더 사이가 벌어져 버렸다. 어찌됐든 나로서는 한 번 입 밖에 꺼낸 말을 실천에 옮기지 못하는 노대통령의 면모를 또 다시 확인한 셈이었다.

올림픽 행사에 뛰어들게 된 사연

나는 일에 쫓긴다기보다 내 스스로 일을 만들어 가면서 잠시도 쉴새없이 움직이며 살아왔지만 1988년 여름은 그 어느 때보다 바쁘게 살았다. 이미 말한 것처럼 8월에 방송위원회 위원장에 선출되었고, 곧이어 9월에는 서울 올림픽 개막을 앞두고 문화예술 축전과 국제 학술회의를 책임지고 있었기 때문이다. 나는 문화예술 행사를 총괄하랴 대규모 국제 학술회의를 준비하랴 정말 분초를 쪼개가며 움직이고 있었다.

올림픽 조직위원회는 '24회 서울올림픽은 몸(스포츠 행사)과 가슴(문화예술 축전) 그리고 머리(학술회의)가 조화된 올림픽'이라는 구상 아래 이 세 가지 행사를 주관했는데, 어쩌다 보니 내가 스포츠 분야를 제외한 두 행사의 책임을 지게 되었다.

물론 올림픽의 핵심은 스포츠 행사지만 예술 공연과 학술회의도 한국의 국제 위상을 결정짓는 중대한 행사이므로 결코 소홀히 할 수 없었다. 그때 나는 이미 고희를 넘긴 나이였으나 젊은이 못지 않은 의욕과 정열로 그 모든 복잡하고 어려운 일을 이끌어 나갔다.

사실 내가 올림픽 일을 맡으리라고는 나 자신 상상도 하지 못했다. 1981년 국제 올림픽 위원회(IOC)에서 88년 올림픽을 서울에서 개최하기로 결정을 내린 이후 온 나라가 올림픽 준비로 떠들썩할 때도 나는 국민의 하나로서, 특히 일제하에서 손기정 선수의 일장기 말소 사건을 비통하게 지켜봤던 사람으로서 올림픽 유치를 감격스럽게 받아들일 뿐, 내가 어떤 역할을 할 수 있으리라고는 기대하지 않았다. 나는 원래 운동은 좋아하지도 않고, 할 줄 아는 운동도 한 가지도 없는 사람인데다 평생 각계 인사와 폭넓은 교유를 해왔으면서도 유독 체육계 인사와는 별 교분이 없었기 때문이었다. 한 마디로 운동이나 체육은 나와는 인연이 먼 분야였다.

그런데 1986년 어느 날, 한국 올림픽 조직위원회의 박세직 위원장으로부터 만나자는 연락이 왔다.

"올림픽 문화예술 행사 추진협의회 위원장을 맡아서 일을 좀 해주십시오."

"나는 올림픽과도 관계가 없고 문화 예술인도 아닌데, 왜 내게 그런 부탁을 하는지 잘 모르겠군요. 이 자리에서 확답은 할 수 없고 나중에 연락을 드리지요."

나는 그렇게만 얘기를 해둔 뒤 도대체 어떤 연유로 그런 제의가 나오게 되었는가를 알아봤다. 마침 문화예술 행사 추진협의회에는 나와 가까운 이어령, 김문환, 서울신문 논설위원 이중환 등이 일하고 있었다. 그들에게 내막을 물어보니 그들이 바로 나를 추천했다는 것이었다.

"추진협의회에는 위원이 열다섯 명이 있어요. 처음에는 그 위원들 중에서 위원장을 뽑으려 했지요. 그런데 문화 예술계 인사들이 워낙 개성이 강해서 그런지 누구를 내세워도 감정 대립과 알력을 조정하기는 힘들 것 같아 결국 외부 인사를 영입하기로 한 겁니다."

말하자면 나는 문화 예술계와 관련이 없다는 역설적 이유로 위원장감으로 지목되었고, 내 역할은 전문적 실무를 맡는 것이 아니라 일이 잘 진행될 수 있도록 사람들 사이의 대립과 알력을 완화해주는 일종의 조정역이었다.

애기를 듣고 보니 위원장직을 맡는 것이 그렇게 자랑스러울 것도 없으나 그렇다고 꺼릴 것도 없었다. 나는 나라의 역사적인 행사에 조금이나마 이바지한다는 마음으로 그 제의를 받아들였다.

그런데 정작 그 일을 맡고 보니 올림픽이 우리 문화를 세계에 알리는 절호의 기회이므로 엄청나게 중요한 일이라는 것을 금방 느끼게 되었고 따라서 나는 바짝 긴장하지 않을 수 없었다.

그런데 들어가 보니 협의회 운영에 문제가 적지 않았다. 우선 회의 운영부터가 형식적인 느낌이 들었다. 우리나라 조직이라는 것이 항용 그렇지만 실제적인 일은 간부 몇 사람이 하고 회의는 요식 행위로 하는 듯한 인상이 짙었다. 나는 당장 그런 관행에 제동을 걸고 회의를 통해 모든 것을 계획하고 결정하는 방향으로 일을 해나갔다.

내가 들어가기 전에 이미 계획되고 추진 중인 문화예술 행사는 매우 다양했다. 음악, 무용, 연극, 미술, 전통예술 등 각 분야에 걸쳐 여러 프로그램이 준비되어 있었다. 그런데 이탈리아의 스칼라 오페라단이니 영국의 로얄 발레단이니 하는 세계적으로 명성이 있는 예술 단체들을 초청하거나 외국의 유명한 조각가들을 초빙해 조각 공원을 만드는 일 등에는 막대한 예산이 배정되어 있는 반면, 정작 우리 예술을 소개하는 것은 프로그램이나 예산 면에서 매우 빈약했다.

올림픽 문화예술 축전을 계기로 우리 고유의 문화와 수준 높은 우리 예술인들을 세계 무대에 소개해야 한다고 생각하고 있었던 나는 그런 문제로 사람들과 토론을 벌였다. 그런 토론의 초점은 곧 그 작품이 세계적 보편성과 한국적 특성을 어떻게 보여 주는가에 대한 논쟁으로 귀결되었다. 나는 그런 논쟁에 참여하기도 하고 지켜보기도 하면서 '세계는 서울로, 서울은 세계로'라는 슬로건에 맞춰 보편성과 특수성을 조화시키기 위해 부심을 하기도 했다.

나를 힘들게 만든 또 한 가지는 우리 문화 예술계의 고질적인 파벌 문제였다. 각 분야별로 소위원회가 조직되어 거기에서 프로그램을 만들어 올리는데, 각자 자기 파벌만 내세우려 하고 다른 계열의 사람들은 배제하려고 하니 그런 다툼을 중재하고 조정하느라 나는 많은 땀을 흘려야 했다.

문화예술 축전의 꽃은 역시 개폐회식 행사였다. 이 프로그램을 짜는 데는 많은 사람들이 고생을 했으나, 특히 애를 많이 쓰고 탁월한 기여를 한 사람은 '아이디어 맨'으로 통하던 이어령이었다. 그는 자기 이름을 내세우지 않으면서도 총기획을 실제적으로 담당하는 책임을 졌다.

서울올림픽은 제3세계로서는 처음 열리는 것이고 동양 문화권에서는 일본 다음으로 두번째였다. 그러나 동경올림픽의 경우 문화 예술 행사가 성공적이지 못했다는 것이 대체적인 평이었다. 그러니 서울올림픽은 동양 문화를 올림픽을 통해 세계에 알리는 사실상 첫 기회라고 할 수 있었다. 우리는 개폐회식 주제를 동양 사상인 '천·지·인'(天·地·人) 삼재(三才)로 정하고 특히 분단 국가에서 열리는 올림픽이니 만큼 '벽을 넘어서'라는 개념을 크게 부각시켰다.

이어령은 한국 문화를 기반으로 하되 세계인이 함께 느끼고 즐길 수 있는 프로그램을 만든다는 원칙 아래 아이디어를 쏟아냈다. 그때 내가 한 일은 그의 의견에 대해 이견이 분분하거나 관계자들 사이에 마찰이 생기면 그것을 조정하는 일이었다. 그러니 나도 덩달아 신경전을 벌이느라 힘든 경우가 적지 않았다.

세계 석학들을 한자리에 모으다

내가 서울올림픽 국제 학술대회의 책임을 맡게 된 것은 문화예술 행사 추진협의회 위원장직을 맡은 얼마 뒤인 1987년 6월 들어서였다. 사실 올림픽이 끝날 때까지 약 2년 간은 내 시간을 올림픽에 거의 다 바쳤다고 해도 과언이 아니다.

앞서 말했듯 서울올림픽을 '몸과 가슴과 머리가 조화된 올림픽'으로 만든다는 구상 아래 올림픽 사상 최초로 국제 학술회의를 개최하려는 계획을 세운 조직위원회는 학계를 비롯한 각계 인사들을 초청해 학술회의 개최에 관한 의견을 듣는 자리를 마련했다. 나도 그 자리에 초청되었는데, 박세직 위원장을 비롯한 조직위원회 간부들과 이한빈(전 부총리), 정의숙(전 이대총장) 등 여러 인물들이 모여 있었다.

그날의 주된 논의는 학술회의를 어디에다 맡기느냐 하는 것이었다. 먼저 제기된 안은 학술대회니까 대학에 맡기자는 것이었다. 그러나 특정 대학이 학술회의를 주관할 경우 다른 대학들이 협조를 하지 않을 것이라는 반론이 제기되어 그 안은 채택되지 않았다.

다음으로 제안된 것은 학술 단체였다. 그러나 그것도 단체들간의 성격과 입장 차이 때문에 특정 단체를 선택하기가 힘들 것이라는 이유로 반대 의견이 더 많았다.

그렇게 난상토론을 벌이다가 누군가의 입에서 크리스챤 아카데미가 해보면 어떻겠느냐는 얘기가 나왔다.

"아카데미는 지난 20여 년 동안 대화 모임 등을 통해 숱한 학술회의를 치러낸 경험을 축적하고 있으며 유능한 실무진도 있으니 한 번 맡겨 볼 만하지 않습니까?"

이 제안에 대해서도 물론 반대 의견이 제기되었다. 그러나 그날 제기된 안 중에서는 가장 많은 찬성을 얻어 결국 크리스챤 아카데미가 주관하게 되었다.

나는 올림픽 국제 학술위원회를 책임지기로 승낙하면서 한 가지 조건을 내걸었다.

"단 올림픽 조직위원회에 소속된 형식으로 일을 하지는 않겠습니다. 그렇게 되면 운신의 폭이 좁아질 뿐 아니라, 체육 행사인 올림픽을 준비하는 기관에서 부대 행사로 벌이는 학술회의에 학자들이 잘 오려고 하지 않을 것이기 때문입니다."

그래서 나는 '크리스챤 아카데미가 학술회의 기획 및 운영을 전담하고 올림픽 조직위원회는 재정을 지원한다'는 협약을 맺고 일을 시작했다.

이렇게 해서 내게 학술회의의 책임이 맡겨지자 들려오는 뒷공론도 많았다. 예를 들어 아카데미 하우스를 증개축했으니 그것을 써먹으려 한다는 등 별별 소리가 다 들렸지만 말 같지도 않은 소리였으므로 신경 쓸 필요조차 없었다.

아카데미는 협약서 체결과 함께 조직위원회로부터 그 동안 그들이 준비한 기본 계획서를 넘겨받았다. 그때까지 계획된 내용은 '후기 산업시대의 세계 가족'이라는 주제 아래 국내외 학자 250명 정도를 초청, 4박 5일 일정으로 5개 분야 분과 회의를 각기 다른 장소에서 동시에 여는 것으로 되어 있었다.

그러나 학자들을 한꺼번에 250명씩이나 모아 놓고 학술회의를 하는 것은 깊이 있고 진지한 토론을 전개한다기보다는 쇼맨십에 그치게 될 확률이 더 컸다.

나는 연세대 박흥수 박사, 과학기술처의 박원훈 박사, 서울신문의 이중한 등 일곱 명으로 상임위원회를 구성하고 맨 먼저 우리가 넘겨받은 기본 계획을 수정하고 보완하는 작업에 들어갔다.

그 결과 한 분야에 국내외 학자 50명 정도가 모여 3박 4일씩 회의를 갖는 방식으로 바뀌게 되었다. 즉, 5개 분야별 회의를 3박

4일씩 연이어 열고 마지막에 그 다섯 번의 회의를 종합하는 대회를 이틀간 갖기로 한 것이다. 그러면서 다섯 개 분야 중 스포츠 분야는 빼고 대신 동서 문화를 집어넣었다.

대회의 주제도 '후기 산업사회의 세계 가족'이 비현실적인 낭만주의에 빠질 위험이 있다는 지적이 있어 인류 공동체의 지향점을 뚜렷이 드러내는 '후기 산업사회의 세계 공동체'로 바꾸었다.

이처럼 계획이 바뀌자 부정적인 견해도 나왔다.

"새 계획대로 한다면 회의 기간이 19일로 늘어나게 되는데, 기간도 너무 길 뿐더러 예산 문제도 있지 않습니까?"

그러나 과시용이 아닌 진짜 의미 있는 학술회의가 되게 하자면 어쩔 수 없는 노릇이었다.

나는 다섯 개 분야별로 준비위원회도 구성하고 아카데미 하우스에 사무국도 설치해 학술회의에 관한 모든 일을 총지휘하기 시작했다. 그런 일은 내 전문 분야나 다름없었기 때문에 아무래도 바깥손님처럼 업혀 있는 듯한 느낌이 없지 않았던 문화예술 축전 일에 비해 훨씬 일도 익숙했고 신명도 났다.

공산권 학자 모셔오기 작전

일을 시작하면서 대두된 가장 큰 난제는 외국 학자들, 특히 저명한 학자들과 공산권 학자들을 초청하는 문제였다. 세계적으로 유명한 학자들을 초청하려면 적어도 2, 3년 전에는 교섭을 해야 하는데, 시일이 너무 촉박하니 나는 별수없이 직접 현지에 찾아가 사정을 해야 했다.

유럽 지역 학자들은 그곳 학자들 모임인 아카데미 연합회를 찾아가 라우델 사무총장을 만나 협조를 부탁했으며, 북미는 그 동안 내가 통하던 채널을 동원해 연락망을 만들어 놓았다. 남미 쪽은 연락할 길이 없어 일본 상지대학에 와 있던 남미인 교수를 통해 연락을 했으나 아프리카 지역은 연락망을 찾기가 매우 힘들었다. 그래도 그쪽은 WCC의 도움으로 다행히 성사가 되었는데, 마지막까지 어려웠던 것은 소련, 중국, 동구권 등 공산권 학자들을 초청하는 일이었다.

당시 우리나라는 올림픽을 앞두고 폐쇄와 경직 일변도였던 공산권 외교에 일대 전환점을 맞고 있었다. 올림픽에 소련의 참가가 확실시되고 있었고 문화예술 분야에서도 교류 움직임이 활발하던 때였으므로 나는 학술회의에도 꼭 그들을 참석시키고 싶었다. 하지만 공산권과는 정식 외교 관계가 전혀 없었던 때라 일을 추진하기가 보통 어려운 게 아니었다.

그래도 동구권은 유럽을 몇 번 오가면서 노력한 결과, 그런 대로 연결이 되었으나 소련과 중국은 해결의 기미가 보이지 않았다. 하지만 우리는 끝까지 포기하지 않고 노력을 계속했다. 올림픽 개회 직전까지 그쪽 학자들은 자기네 정부에서 여권만 발급해 주면 오겠다고 연락을 해왔지만, 애석하게도 그들은 끝내 오지 못하고 말았다.

소련과 중국의 학자들이 불참하자 나는 다른 문제에 부딪치게 되었다. 학술회의의 마지막 이틀 동안 열릴 대회(Congress)

의 주제 강사로 우리는 미국의 석학 존 갤브레이스(John K. Galbraith), 프랑스의 석학 미셸 크로지에(Michel Crozier)와 더불어 중국의 페이 샤오퉁(費孝通), 소련의 칭기즈 아이트마토프(Tchinguiz Aitmatov)를 초청해 놓고 있었는데, 강사 네명 중 두 사람이 빠지는 것은 큰 차질이 아닐 수 없었다.

다급해진 나는 페이 샤오퉁 대신 아시아 지역을 대표할 학자로 일본의 니시타니 게이지(西谷啓治)를 찾아갔지만, 그 역시 고령이라 참가가 어려운 형편이었다. 할 수 없이 나는 오랜 지기이기도 한 인도의 M.M. 토마스(전 WCC 의장)에게 부탁을 했다.

토마스는 화학자이자 신학과 정치, 사회 등 여러 분야에 깊은 지식을 갖고 있는 학자였다. 그는 기독교 신학과 공산주의를 접합하여 당시 세계적으로 각광을 받고 있어 학술대회에 나올 만했지만 그가 사는 곳은 통신 사정이 좋지 않아 시간이 걸린 관계로 대회가 끝나기 전날 밤에야 간신히 도착해 겨우 급히 땜질을 할 수 있었다.

한편 나는 학술회의 기간 중 하나의 이벤트로서 세계의 영화제작자, 감독, 배우들을 초청해 세계 영화인 모임을 열려는 계획도 세워놓고 영화감독 신상옥에게 그 준비 책임을 맡겼다.

당시 그는 최은희와 함께 북한에서 8년 만에 탈출해 미국 워싱턴에 살고 있었다. 그가 영화인 모임 준비를 거의 마친 상태였는데, 안기부에서 "신상옥은 아직 대한민국 정부의 조사 절차를 거치지 않은 사람이므로 그런 일에 개입시켜서는 안 된다"고 하는 바람에 결국 수포로 돌아가고 말았다.

크고 작은 산고를 거쳐 마침내 올림픽 국제학술회의의 막이 올라간 것은 8월 21일이었다. 사실 올림픽을 준비하는 2년여 동안은 내 시간을 올림픽에 거의 다 바쳤다고 해도 과언이 아니지만 특히 이 회의가 시작되기 며칠 전부터 끝날 때까지 나는 거의 눈을 붙이지 못하고 그 일에 매달렸다. 이미 그 닷새 전인 16일에 문화예술 축전이 시작되어 거기에도 신경을 쓰지 않을 수 없었으므로 당시 나는 말 그대로 몸이 열 개라도 부족할 지경이었다.

국제 학술회의는 19일 동안 아카데미 하우스와 힐튼 호텔에서 열렸다. 저명한 국내외 학자 270명이 참가한 가운데 150편의 논문이 발표된 이 회의는 언론의 큰 관심을 끌어 회의에 대한 보도가 매일 텔레비전과 신문에 등장하곤 했다. .

이 학술회의에서 토론된 다섯 가지 분야의 주제는 '가족의 변화와 전망', '커뮤니케이션의 단절과 회복', '윤리 가치관의 혼란과 새로운 윤리의 정립', '동서 문화의 만남과 세계 문화의 창조', '자연의 훼손과 재창조'였다.

이 다섯 가지 주제 토론이 아카데미 하우스에서 진행된 후 9월 7일에는 그 토론들을 종합하는 대회가 힐튼 호텔에서 6백 명이 모인 가운데 성황리에 개최되었다. 대회 개회식 축사는 이현재 국무총리, 사마란치 국제올림픽 위원장이 했고 갤브레이스 박사가 '지구촌의 새로운 현실, 전환기에 처해 있는 자본주의와 사회주의'라는 제목으로 특별 강연을 해 많은 사람들의 관심을 모았다. 다음날 오후에는 역시 특별 초청된 미셸 크로지에 박사와 토마스 박사의 강연이 이어졌다.

폐회식에서 나는 대회장으로서 다음과 같은 내용의 폐회사를 했다.

우리의 공식 일정은 이것으로 끝나지만 서울에서 열아흐레 동안 토의한 이 문제는 이야기의 시작에 불과하다는 것을 다시 한 번 말씀드리고 싶습니다. 그 동안 후기 산업시대니 세계 공동체니 지구촌이니 하는 말들에 대해 여러 가지 논란이 있었습니다만, 대회의 주제강연을 맡은 세 분 석학들이 이 점에 대해 그 방향을 보여주신 데 대해 무척 고맙게 생각합니다. 이런 중대한 문제들이 앞으로 논의될 때마다 서울에서 한 이야기가 배경이 되고 참고가 되리라고 저는 믿습니다.

이 회의를 시발점으로 이후 세계 도처에서 이와 같은 문제가 계속 추구되기를 바랍니다. 이를 뒷받침하기 위해 우리는 19일 동안 논의된 논문과 토론 내용을 책으로 출판해서 보급하려 합니다.

그리고 올림픽 국제 학술회의가 앞으로 올림픽이 열리는 곳에서 계속되기를 바랍니다. 어제 저녁 사마란치 위원장께서 그의 고국인 스페인 바르셀로나에서 열리게 된 다음 올림픽에서 이런 회의를 계속 해보겠다는 약속을 하신 것은 여러분이 미래의 세계 문제를 해결하는 데 큰 공헌을 했고 큰 출발점을 만들어 주었다는 것을 확인해준 것이었다고 생각합니다.

회의가 끝난 뒤에는 폐회사에서 밝힌 대로 학술회의에서 발표된 논문과 토론 내용을 간추려 담은 책이 한국어와 영어로 여섯 권씩 출간되었다.

그 회의에 참가했던 스리랑카의 고명한 불교학자이자 성직자인 월폴라 라훌라(Walpola Rahula)는 떠나면서 내게 이런 인상적인 말을 남겼다.

"이런 학술회의는 큰 광산 속에서 작은 보석을 캐는 일이라 생각하시오."

나로서는 세계적인 규모의 학술회의를 대과 없이 치러냈다는 것이 무엇보다 기쁘고 고마웠다. 학술회의를 준비한 모든 사람들의 능력과 노력, 올림픽 조직위원회의 아낌없는 협조 덕분으로 학술회의는 참가자들과 이를 지켜 본 사람들 다수로부터 인색하지 않은 찬사를 받았다.

프랑스의 석학인 알랭 투렌 교수는 인사말을 하면서 "세계에서 일을 제일 짜임새 있게 하는 사람은 독일인이고 손님 접대를 가장 잘하는 사람은 한국인이라고 들었는데, 이번 학술회의는 이 두 가지 모두가 잘되었다"고 칭찬하기도 했다.

『동아일보』는 학술회의에 대해 총평을 하면서 "칭찬에 인색한 서구 학자들조차 이처럼 조직적이고 진지한 분위기 속에서 진행된 학술회의는 처음이었다고 말할 만큼 운영면에서 긍정적인 평가를 받았다"고 평했다.

나로서는 미흡하게 느껴지는 부분이 많았지만 사람들이 그런 평을 해주니 우선은 고마운 일이 아닐 수 없었다.

목발 짚고 참석한 올림픽 개회식

학술회의가 끝나갈 무렵 내게는 좋지 않은 일이 하나 생겼다. 학술회의 관계로 너무 바빠서 늘 하던 등산을 못하다가 아카데미 하우스 회의가 모두 끝나던 9월 6일 모처럼 아침 등산을 했다. 그러다 그만 발목의 뼈가 부러지는 부상을 당하였다. 넘어져 발목이 삐는 순간 고통보다 더 먼저 내 머릿속에 들어온 것은 '아직 학술대회 일정이 남아 있는데!'라는 걱정이었다.

병원에 갔더니 의사는 당장 회붕대를 하라고 했으나 대회장으로서 그런 모습으로 사람들 앞에 나설 수가 없어 말을 듣지 않았다. 그리고 그날 밤부터 대회 장소인 힐튼 호텔에 방을 하나 얻어 발목에 계속 얼음 찜질을 하면서 아픈 것을 참고 8일의 폐회식과 리셉션 행사까지 억지로 마쳤다.

그리고 나서야 병원에 가서 회붕대를 했는데, 그 뒤 아흐레 만인 9월 17일에 올림픽 개회식이 열렸다. 나는 문화예술 축전을 책임지고 준비해온 사람으로서 개회식에 빠질 수가 없어 무리를 해서 개회식 장소인 잠실 운동장에 갔다. 차에서 내리자마자 휠체어를 타야 했는데, 내 자리가 4층이라 거기까지는 또 목발에 의지한 채 사람들의 부축을 받으며 올라가야 했다.

그런데 더 힘들었던 것은 식이 끝나 내려올 때였다. 나는 일부러 사람들이 우르르 쏟아져 나오기 전에 자리에서 일어나 내려갔는데, 부축을 받고 걸음을 옮기는데도 어찌나 힘이 드는지 곧 앞으로 고꾸라질 것만 같았다. 많은 사람들이 불안하게 지켜보는 가운데 기도하는 마음으로 겨우 빠져나오고 보니 온몸이 마치 땀으로 목욕을 한 것 같았다.

그날부터 나는 올림픽 현장에는 가보지도 못하고 진행 상황을 텔레비전과 신문 보도를 통해 지켜볼 수밖에 없었다.

발목은 올림픽이 끝나가도록 회복되지 못해 폐회식 역시 목발에 의지한 채로 참석해야 했다. 비록 발목을 다쳐 고생스러운 가운데 개폐회식을 비롯한 올림픽 행사를 지켜보긴 했지만, 그 기간은 내 일생 중 가장 보람있는 시간이었다. 특히 개폐회식이 세계의 격찬을 받으며 성공리에 치러진 것은 내게도 한국민으로서 긍지를 느끼게 해주었다.

한마디로 말해 서울올림픽은 내게 사는 보람을 느끼게 한 참 감격적이고 역사적인 행사였다. 무엇보다 그것을 통해 우리 민족의 저력을 확인할 수 있었기 때문이다. 우리 문화의 긍지를 새삼 일깨운 개폐회식을 비롯한 문화 행사, 올림픽에서 당당히 거둔 4위 기록과 함께 올림픽을 잘 치르기 위해 온 국민이 한마음으로 뭉쳐 질서를 지키고 협조를 한 일은 '위대한 한국'의 모습을 잠시나마 드러내주었다.

최근의 월드컵에서 확인했듯이 우리 민족은 신바람만 나면 못해낼 것이 민족이다. 올림픽 때도 택시를 타면 기사들은 내게 말하곤 했다.

"요즘은 정말 세상살 맛이 납니다."

강대국에 포위된 채 오랜 세월 외침에 시달려 오면서도 단일 민족과 언어, 그리고 고유의 문화를 잃지 않은 우리 민족에게는 부정적인 면도 있지만, 반면에 어떤 특별한 저력, 얼(영성)의 위대한 잠재 능력이 있다고 나는 믿어왔다. 일찍이 만주에서 우리 민족의 저력을 확인했던 나는 올림픽을 통해 그런 나의 믿음이 입증되는 것 같아 감격은 그만큼 컸다. 우리 민족의 이런 능력이 도덕적이고 힘있는 지도자를 만나 올바로 계발되는 날 우리 민족은 위대한 역사를 창조할 수 있게 될 것이다.

그런데 나의 그런 보람과 감격은 올림픽 폐회식과 함께 마치 환상처럼 사라져버리고 말았다. 올림픽이 끝난 후 서울 거리에는 다시 화염병과 최루탄이 난무하기 시작했고 정국은 다시 '5공청산' 공방으로 연일 시끄러웠다.

일이 이같이 된 데는 신바람만 나면 더할 나위 없이 멋진 모습을 보여주지만 일단 그것이 빠져나가면 난장판이 되기 쉬운 우리 민족성에도 원인이 있겠으나, 가장 큰 원인은 그런 민족의 에너지를 제대로 이끌어가지 못하는 노태우 정부의 정치력 부족이었다.

올림픽이 시작되기 전 나는 노태우 정부가 5공 청문회를 올림픽 이후로 미루려는 태도를 못마땅하게 생각하여 이렇게 제안했었다.

"5공 청산 등 비리 문제는 과감하게 올림픽 전에 대부분 마무리 짓고 올림픽을 새 공화국이 새 출발하는 계기로 삼아야 합니다."

그러나 정부는 5공 청산 문제를 놓고 실기를 거듭하다가 결국 올림픽의 성공이 가져다 준 소중한 도약의 기회를 물거품처럼 놓쳐버리고 만 셈이었다. 그것은 노태우 정부뿐만 아니라 우리 민족을 위해서도 불행한 일이 아닐 수 없었다.

방송민주화를 향해

제자리 찾기 위한 방송계의 진통

올림픽이 성공리에 끝나고 온 국민이 흥분과 감격에서 벗어나 본연의 일상으로 돌아가기 시작할 때, 나도 역시 그간 미뤄뒀던 일로 복귀했다. 그때 내게 가장 중요한 일은 방송 일이었다. 앞서 말했듯 나는 8월 3일에 방송위원장으로 선출되어 산적한 과제를 안고 있었으나 올림픽 관계 일로 너무 바빠 그 모든 일을 올림픽 뒤로 미루지 않을 수 없었다.

방송위원장으로서 본격적으로 일을 시작하게 된 나는 3년간 주어진 임기가 방송에 대한 내 평소의 소신을 펼 수 있는 모처럼의 좋은 기회라는 생각으로 각오를 단단히 했다.

나를 바라보는 사람들의 시선 또한 예사롭지가 않았다. 언론의 관심도 대단했다. 그럴 수밖에 없는 것이 새 방송법에 의해 방송위원장이 된 내 위치와 역할은 이전의 경우와는 근본적으로 달랐기 때문이다.

새 방송법은 6·29 이후 봇물처럼 터진 민주화 열기 속에서 5공 시절 언론을 통제하기 위해 만들어진 언론기본법을 폐지시키고 여야 합의로 만든 것이었던 만큼, 비록 문제점이 남아 있다고는 해도 방송 민주화를 바라는 여론이 상당 부분 반영된 것이었다.

내가 방송위원 제의를 받고 처음엔 거절했다가 결국 수락하게 된 것도 그 같은 배경 때문이었다. 방송위원이 행정·입법·사법부의 추천에 의해 고루 임명된다는 것은 다시 말해 방송위원회가 3부의 어느 곳에도 예속되지 않은 제4부라는 의미였다. 적어도 나는 그렇게 생각했다.

방송위원회는 그 위상이 이처럼 전과는 비교할 수 없을 정도로 독립적이었을 뿐 아니라 업무 면에서도 실권을 가진 방송의 최고 기관으로 규정되어 있었다. 방송의 운용과 편성의 기본 정책을 심의·결정하는 최고 정책기구로서 인사와 예산에서도 실질적인 권한이 부여되어 있었다. 일례로 방송 광고를 통해 조성되는 막대한 공익 자금도 방송위원회가 그 사용 계획을 심의·결정할 수 있었다.

한마디로 말해 방송위원회는 방송의 최고 사령탑, 겸허하게 표현하자면 관제탑이었고 방송위원장이라는 직책은 방송계의 수장이 되는 셈이었다. '제2의 신'으로 표현될 만큼 현대 사회에서 방송이 가지는 막강한 위력을 감안한다면 방송위원장이라는 직책은 3부의 수장 못지않았다.

특히 방송은 5공 시절 권력의 완전 통제 아래 정권 홍보 매체로서 악명을 떨쳤기 때문에 새 방송위원회에 대한 국민의 관심은 엄청났다. 사회 각계에서 넘쳐나는 민주화 열기 속에서 이제 방송도 본연의 자리를 찾아야 했고, 그럼으로써 우리 사회의 민주화를 앞장서 이끌어야 했다.

그 때문에 나는 방송위원장에 취임하면서 무엇보다도 '방송의 중립성'을 강조하고 나섰다. 앞서 말했지만 내가 1962년에 방송윤리위원장직을 맡아 방송과 첫 인연을 맺었다가 몇 년 후 그만두게 된 이유도 정부가 돈을 대주며 조종하려 했기 때문이었다. 방송의 중립성, 특히 권력으로부터 독립하는 것은 이미 그때부터 내 변함없는 소신이었다.

전파는 국민의 것이지 절대로 정치 권력이나 특정 집단, 혹은 금력의 시녀가 돼서는 안 된다. 따라서 방송의 공정성과 공익성, 그리고 공공성은 어느 경우에도 침해될 수 없는 것이다. 또한 일반 국민의 의식과 일상 생활을 지배하고 있기 때문에 국민 문화 함양에 가장 효과적이고 영향력이 큰 수단이기도 하다. 그러므로 프로그램의 질 또한 품격이 있어야 한다. 비유하자면 맛(오락성)도 있고, 영양(공익성)도 있어야 하며, 보기에도 좋은(예술성) 음식이 되어야 하는 것이다.

나는 새 방송법이라면 나의 이런 소신을 어느 정도라도 펼 수 있을 것이라고 기대했고, 또 대통령도 내 뜻을 뒷받침해 줄 테니 한 번 해 달라는 부탁을 했으니 그럼 진짜 한 번 의욕을 갖고 방송 일에 전념할 각오였다.

방송위원장으로서 일을 시작한 나는 우선 민주화 시대에 맞도록 구시대를 정리하는 의미에서 방송위원회의 내부 정리부터 단행했다. 그리고 곧 새 방송법에 따라 방송 체제를 개편하는 작업에 들어갔다.

방송위원회가 가장 먼저 해야 할 일은 KBS의 이사 열두 명을 추천하는 것이었다. 임명권자는 대통령이었으나 그것은 형식에 지나지 않았으므로 추천권을 갖는 방송위원회가 이사를 임명하는 것이나 마찬가지였다. 특히 KBS는 5공 시절 정치 권력에 의해 심하게 왜곡되어 있었으므로 사장 선출권을 갖는 이사진의 추천은 방송계 안팎의 비상한 관심을 모았다.

나는 먼저 방송위원들과 함께 이사의 인선 기준을 정했다. 즉 방송의 공공성을 구현할 의지를 가진 불편부당한 인물로서 일반 국민들의 신뢰를 받을 수 있는 사람으로 이사진을 구성하도록 했다. 그리고 그 이사들이 사장을 뽑게 되었는데 내가 추천한 서영훈이 선출되었다. 그는 적십자와 홍사단에서 오랫동안 일해온 청렴하고 신실한 사람이었다.

관심이 컸던 인사였던 만큼 내가 그를 추천한 것이 사람들의 입방아에 오르기도 했지만, 나는 그를 결코 개인적 친분이나 이해 관계에서 추천한 것이 아니었다. 아마 본인도 자신이 왜 추천되었는지 잘 모르고 있었을 것이다.

나는 새로 태어나는 KBS 사장이 될 수 있는 조건으로 네 가지를 생각했다.

첫째, 그 사람의 경력이 여나 야 어느 한쪽에 몸담았거나 치우친 사람이 아닐 것.

둘째, 외부의 부당한 간섭이나 압력을 배제할 수 있을 만한 사람일 것.

셋째, 국민의 사표가 될 만큼 뚜렷한 가치관과 건전한 양식을 가진 사람이어야 할 것.

넷째, 방송사라는 복잡하고 다원적인 조직을 거느릴 수 있을 만한 행정 관리 능력을 가진 사람이어야 한다는 것이었다.

나는 적임자라고 생각되는 50여 명의 후보를 놓고 이 네 가지 조건에 따라 각각 점수를 매겨보았는데, 서영훈이 가장 높고도 고른 점수를 얻은 것뿐이었다.

어찌됐든 서영훈이 새로 태어나는 KBS의 사장이 됨으로써 표류하던 KBS는 일단 자리를 잡게 되었다.

KBS 일이 해결되자 이번에는 MBC 사태가 일어났다. 당시 MBC는 KBS가 70퍼센트, 정수장학회(5·16재단)가 30퍼센트의 주식을 소유하고 있어 사장 임명권이 KBS의 손아귀에 있었다.

그런데 문공부가 내 의견을 듣지 않고 KBS를 조종해 박정권 때 유정회 국회의원을 하던 사람을 사장으로 내세운 데서 문제가 발생했다. 노조가 들고일어난 것이었다. 사장 선임 문제와 함께 노조는 MBC 위상 문제를 사안으로 내세우면서 자기들의 요구가 받아들여지지 않을 경우 파업에 돌입하겠다고 나왔다.

나는 사태 수습을 위해 정부측과 MBC 노조 양측의 입장을 조정하면서 MBC의 새 위상을 정립하기 위한 법안 마련에 관심을 쏟았다. 그 결과 국회 문공위원회는 방송문화 진흥법안을 마련해 공익 재단인 방송문화 진흥회를 설립, 이에 KBS가 소유하고 있는 주식 70퍼센트를 출연하도록 했다. 그때만 해도 야당이 강하던 때라 공익 재단을 설립해 문화방송의 대주주로 내세울 수 있었고, 이로써 권력과 자본으로부터 어느 정도 독립을 꾀할 수 있었다.

1988년 12월 25일 국회에서 통과된 이 법안은 방송문화진흥회 이사 열 명 중 네 명은 국회가, 그리고 나머지 여섯 명은 방송위원회가 추천하도록 되어 있었다. 따라서 방송위원회는 KBS뿐만 아니라 MBC의 이사 선임에도 큰 권한을 가지게 된 셈이었다.

방송위원회는 법안이 통과된 후 닷새 만인 12월 30일에 여섯 명의 MBC 이사를 추천했다. 그리고 곧 새로 구성된 이사진이 새 사장을 선출하게 되었는데 갖은 곡절 끝에 결국은 방송위원회 상임위원이던 최창봉이 선출됨으로써 파업 위기로 치달았던 MBC 사태는 일단락을 지었다.

방송위원회는 이처럼 처음부터 어려운 문제들에 부딪쳐 고생을 했으나 그것은 지난 시절을 청산하고 새 시대를 열기 위해 어쩔 수 없이 거쳐야 하는 통과 의례이기도 했다.

재상 자리를 사양하다

KBS와 MBC 문제로 정신없이 뛰어다니던 1988년 연말이었다.

11월 29일로 기억하는데, 최병렬 청와대 정무 수석으로부터 급히 만나자는 연락이 왔다. 약속 장소로 나갔더니 느닷없이 내게 국무 총리직을 맡아달라는 것이었다. 개각 소식은 알고 있었지만 내게 그런 제의가 올 줄은 꿈에도 생각하고 있지 않았기 때문에 나는 깜짝 놀랐다.

그러나 그 제의에 대한 내 입장은 망설임조차 필요 없었다. 나는 그 자리에서 거절의 뜻을 분명히 밝혔다.

"내가 목사 안수를 받았을 때 하나님과 한 약속이 있습니다. 내 일생을 통해 다른 약속은 못 지켰으나 그래도 한 가지, 정치를 하지 않겠다는 약속만은 지켜왔는데 지금 와서 그 약속을 깨뜨릴 수는 없습니다. 그러니 더 이상 내게 그런 얘기는 하지 말아 주십시오."

그런데 다음날인 30일에 홍성철 비서실장으로부터 만나자는 얘기가 있어 나갔더니 다시 그 얘기를 꺼내는 것이었다. 당시 정국은 '5공 비리', '광주 문제', '언론 문제' 청문회가 텔레비전으로 생중계되면서 온 국민의 뜨거운 관심 속에 진행되고 있어 정부 당국을 곤혹스럽게 만들고 있었다.

처음 청문회가 시작될 때 노대통령은 아시아 태평양 4개국을 순방 중이었는데, 그때 자카르타에서 홍실장이 내게 전화를 한 일이 있었다.

"목사님, 노태통령께서 곧 귀국길에 오를 텐데 목사님께서 대통령께 귀국 전에 해주실 말씀이 있으면 해주십시오."

나는 갑작스럽게 전화로 긴 얘기를 할 수 없어서 간단히 '큰 정치를 하라'는 요지의 의견을 말했다. 노대통령은 귀국하자마자 나를 청와대로 초청하여 점심을 같이했는데, 그때는 시국에 대한 내 견해를 상세하게 개진할 수 있었다.

내 생각에 아마도 그런저런 이유로 대통령이 내게 총리직을 제의한 것 같았다.

나를 만난 홍실장은 "이 난국을 타개하려면 목사님 같은 분이 나서서 방향을 잡아줘야 한다"며 설득했지만 나는 내 개인 사정부터 여러 가지 이유를 들어가며 내가 적임자가 아님을 설명하고 다시 거절 의사를 분명히 했다.

그러나 홍실장은 쉽게 포기하려 들지 않았다. 이튿날인 31일에는 원래 간이 나빠 술을 안 하는 사람이 저녁 때 술자리까지 만들어 가며 나를 다시 한 번 설득하려고 했다. 그러나 내 대답은 바뀌지 않았다.

그런데 청와대와 나 사이에 요청과 사양이 반복되는 사이 어느새 언론에 그 얘기가 새어나간 모양이었다. 그날 저녁 집에 들어가니 아내가 하는 말이, 내가 잘 아는 조선일보의 서국장에게서 전화가 왔다는 것이었다.

"서국장이 '목사님이 총리가 된다는 게 사실이냐'며 자꾸 확인을 하더군요."

아내의 얘기가 끝나자마자 다시 전화벨이 울려 받았더니 바로 그였다.

"절대로 그런 일은 없습니다. 그러니 그리 아세요."

나는 한마디로 잘라 말하고 전화를 끊었다.

밤에 자리에 누우니 이런 생각 저런 생각으로 잠이 잘 오지 않았다.

그런 중책을 감당하기에는 힘도 들고 다른 이유에서도 수락하면 안 된다는 것을 잘 알면서도 청와대의 요청이 하도 강했기 때문에, 한편으로는 '평소에 생각해왔던 정치적 소신을 펼 수 있는 처음이자 마지막 기회일 텐데 한 번 해보는 것이 어떨까' 하는 생각도 드는 게 솔직한 심정이었다. 그러나 이런 유혹도 아침이 되면 '그렇게 해서는 안 된다'는 생각에 밀려 꼬리를 내리곤 했다.

12월 2일경부터는 신문의 개각 관련 기사에 총리 물망에 오른 유력 인사로 내 이름이 거론되기 시작했다. 그렇게 되니 주위에서도 말이 나고 시끄러워져 나는 가능한 한 집에 있는 시간을 피하고 전화도 잘 받지 않았다.

그런데 12월 3일 밤 홍성철 실장이 집으로 직접 찾아왔다.

"내일 오전에 대통령을 한 번 만나보십시오."

그런데 다음날인 4일은 주일로서 경동교회 창립 기념 예배가 있는 날인데다 내가 설교를 하기로 되어 있었다.

"내일 오전은 안 됩니다. 교회에 나가야 합니다."

"교회 일보다는 대통령께서 만나자고 하시는데, 그 일이 더 중요하지 않습니까? 교회 일은 다른 사람에게 맡기시지요."

"그렇지 않습니다. 내일은 우리 교회 창립 43주년 기념일입니다. 내게는 그 일이 훨씬 중요한 일이고 또 대통령을 만나 뵙더라도 내 대답은 지금과 별로 달라질 게 없을 겁니다."

"알겠습니다만 우리도 5일까지는 발표를 해야 합니다. 자꾸 시간을 끌 수가 없어서."

"대통령께서 만나자고 하시는 걸 거절할 순 없으니까 4일 오후

라면 시간을 내서 직접 만나 내 의사를 전달하겠습니다."

그래서 오후 2시 이후에는 내가 집에 있기로 하고 그와 헤어졌다.

주일날 교회에 나가니 신문 보도 때문에 벌써 교인들이 나를 붙들고 어떻게 되는 거냐고 야단이었다. 나는 그런 분위기를 견딜 수가 없어 가능한 한 빨리 일을 마치고 집으로 돌아가려 했다. 그런데 이미 집에 기자들이 잔뜩 몰려와 있다는 전언이었다. 할수 없이 나는 집에 들어가지도 못하고 딸네 집으로 몸을 피해버렸다. 어떻게 알았는지 그곳으로 홍실장의 전화가 왔다.

"대통령께 말씀드리니까 퍽 애석해하시면서 본인의 의사가 그렇다면 어쩔 수 없다고 하셨습니다. 대신 앞으로 고문으로 모시고 좋은 말씀을 듣겠다고 하시니 잘 부탁드립니다."

"나야 나라를 위한 일이라면 언제든 도와드리지 않을 이유가 있겠습니까? 고문이니 뭐니 별스런 이름은 붙일 것도 없습니다."

"그리고 알려 드리는 건데 총리로 강영훈 씨가 결정되었습니다. 오늘 아침까지 그분은 전혀 모르고 있다가 조금 전 연락이 갔습니다."

나는 그 얘기를 듣고 참 잘된 인사라고 생각했다. 그날 오후 뉴스에서는 벌써 강영훈 민정당 의원이 총리로 기용되었다는 소식이 보도되기 시작했다.

돌이켜보면 아마도 그때가 노대통령이 나에 대해 가장 호감을 가졌던 때가 아니었나 싶다. 그러나 그 일은 결국 이렇게 끝났고 노대통령과 나의 사이는 이후 점차 변하게 된다.

가공의 '신원로' 그룹과 중간평가

그런데 여기서 한 가지 짚고 넘어가야 할 일은, 강영훈 의원이 총리로 기용되자 난데없이 '신원로(新元老) 그룹'이라는 말이 언론에 등장한 일이다. 이 말은 한동안 신문, 잡지 등에 뉴스거리로 등장해 사람들의 관심을 모았는데, 참으로 어처구니가 없었던 것은 일부 언론이 이 신원로 그룹의 대표로 나를 지목한 것이다.

언론 보도에 의하면 '개각 이면에 부상한' 이른바 '신원로 그룹'은 이북 출신들로 노대통령에게 상당한 영향력을 행사하며 TK(대구 경북 출신)와 함께 6공 권력의 양대 지주를 이루고 있다는 것이었다. 그러면서 그 핵심 멤버로 나를 비롯해 강영훈 총리, 김재순 국회의장, 홍성철 대통령 비서실장, 서영훈 KBS 사장, 최창봉 MBC 사장, 이한빈 전 부총리, 언론인 양호민 등을 거명했다.

그러나 신원로 그룹이란 존재하지도 않았고 나도 그 말을 언론 보도를 통해서야 처음 접했을 만큼 그런 기사들은 완전 허위였다. 물론 거론된 인사들이 노대통령에게 개인적으로 정책 자문역을 담당하고 있었던 것은 사실이지만, 이들이 무슨 조직을 만들어 비밀리에 계보나 형성하고 있는 것처럼 보도한 것은 한마디로 터무니없는 것이었다. 계보 형성은커녕 나와 그들이 한자리에 모인 일조차 없었다.

내 생각에 이것은 아마도 당시 새로운 권력 핵심으로 부상해 언론의 집중 조명을 받던 이른바 TK 그룹이 자신들에게 쏟아지는 화살을 다른 데로 돌리기 위해 일부러 그런 얘기를 만들어 언론에 흘린 것 같았다. 나와 함께 거론된 다른 사람들의 의견도 대체로 비슷했다. "TK가 부각되면서 경상도 내에서도 남북으로 갈라지는 현상을 보이니까 이북 출신들을 내세워 관심을 남북 대결로 돌리려는 유치한 정치 모략이 아니냐"는 분석이었다.

결론적으로 말해서 신원로 그룹 멤버로 거론된 사람들은 그 문제로도 함께 모인 일이 한 번도 없으니 그런 조직은 아예 존재하지도 않았고 따라서 없어지지도 않은 셈이다.

신원로 그룹 얘기가 언론에 보도되기 시작했을 때 정가의 최고 관심사는 노대통령이 선거공약으로 내걸었던 중간평가 문제였다. "올림픽이 끝난 후 민주화 진척 등에 대해 중간평가를 받겠다"는 공약에 따라 야당은 올림픽 이후 중간평가 문제를 놓고 계속 공세를 취하고 있었다.

이에 따라 노대통령은 1989년 1월 기자 회견을 통해 중간평가에 대한 자신의 입장을 표명했으며, 여야간에는 중간평가가 대통령 신임을 건 것이냐 아니냐, 국민투표로 하느냐 아니면 여론만 물어보면 되는 것이냐 등등 의견이 분분했다.

그런데 이에 대한 대통령의 입장은 "중간평가를 받기는 하겠으나 국민 화합과 나라 발전에 걸림돌이 되지 않도록 하겠다"는 식으로 분명치 않고 애매했다.

중간평가 문제로 정국이 시끄럽던 1989년 3월 중순 나는 방송위원회 관계로 유럽 시찰을 떠났다. 그런데 떠나기 전에 노대통령으로부터 만나자는 연락이 와 중간평가 문제를 놓고 서로 얘기를 나누게 되었다. 그때 나는 그에게 이런 말을 했다.

"지금 상황을 6·25에 비유한다면 어폐가 있을지 모르지만 대통령께서는 지금 여소야대 국회에 밀려 왜관까지 와 있는 상황이라고 할 수 있습니다. 여기서 극적인 전환점을 만들어내지 않으면 곧 부산 앞바다로 밀려날지도 모르지요. 그러니 이번 기회에 중간평가를 반드시 받으십시오. 그래서 국민들에게 신임을 물으세요. 선거 때 국민들과 한 약속이니 신뢰성 면에서도 반드시 지켜야 되지 않겠습니까?

물론 중간평가에서 과연 확고한 지지를 받을 수 있을 것인가 하는 게 문제가 되겠지만 이런 때일수록 정면돌파로 난국을 풀어나가야 합니다. 단, 평가를 받기 전에 국민들에게 '내가 이번 평가에서 국민 과반수의 지지를 받지 못한다면 물러나겠다'는 뜻을 확실히 밝히십시오. 그러면 다수의 국민들은 그렇지 않아도 혼란스러운 이 시기에 대통령이 물러나 국정에 공백이 생기고 세 김씨가 다시 대결하는 것을 바라지 않을 것이므로 충분히 승산이 있으리라 봅니다. 그렇게 정면돌파를 해 국민 과반수의 지지를 얻게 되면 36.6퍼센트 득표라는 약점도 벗어버릴 수 있고 소신껏 정치를 해나갈 수 있을 것입니다. 그러니 이번 기회에 자신을 갖고 중간평가를 실시해서 획기적인 전환점을 만드십시오."

내 말에 노대통령은 전폭적으로 동감한다는 뜻을 표시했다, 그리고 반드시 그렇게 하겠다는 분명한 태도를 보이면서 중간평가 실시 발표 날짜와 투표일까지 대략 말해 주었다. 내 기억에 3월 20일에 발표하고 4월 10일경에 투표를 할 것이라고 했다.

그러고 나서 나는 유럽으로 떠났다. 3월 20일에는 파리에 머물고 있었는데 과연 노대통령이 특별 담화를 발표한다는 소식을 듣게 되었다. 담화 내용이 궁금해 서울로 전화를 했더니 천만 뜻밖에도 중간평가를 무기 연기한다는 것이었다.

나는 그 소식을 듣고 깜짝 놀랐다. 아무리 야당과 합의하여 그런 결정을 내렸다 하지만 '노대통령의 결단력이 정말로 부족하구나' 하는 느낌이 들지 않을 수가 없었다.

언젠가 나는 그에게 "결단력이 약하다"는 항간의 평을 들려주며 충고 비슷한 얘기를 한 적도 있었다. 그때 그는 이렇게 말했었다.

"나는 결코 박정희나 전두환 대통령처럼 군대식으로 밀어붙이는 통치를 하지 않겠습니다. 민주화를 위해 모든 일을 참으면서 원만하게 정국을 이끌어갈 작정입니다."

그의 좋은 의도는 이해하지만 그래도 좀더 과감하고 추진력이 있었으면 하고 아쉬웠던 적이 많았다.

오해 속에 좌절된 방송개발원

정국의 추이야 어떻든 나는 방송 민주화와 발전을 위한 일에 매달렸다. 방송사의 법적 제도적인 기반이 새롭게 마련되고 주요 인사도 마무리된 터라 이제 내가 계획한 일을 하나하나 구체화시켜 나갈 수 있을 만큼 제자리를 잡고 있었다.

맨 처음 내가 추진한 일은 방송개발원을 설립하는 것이었다.

이 안은 프로그램의 질을 높이기 위해 '프로그램 향상 연구위원회'에서 연구한 결과 나온 것이었다.

내가 일차적으로 관심을 두었던 것은 물론 공정보도와 관련된 방송언론의 정립이었다. 그러나 방송문화의 수준 향상 또한 그에 못지 않게 중요한 문제여서 나는 프로그램 질을 높이는 방안에도 큰 관심을 쏟고 있었다. 따라서 연구 결과 제안된 방송개발원 설립에 적극적으로 매달렸다.

방송개발원은 단순하게 비교하기는 어렵지만 프랑스의 INA, 미국의 TV-LAP, 영국의 톰슨 재단, 네덜란드의 RNTC, 이탈리아의 국제 아카이브(FIAT) 등을 염두에 두고 구상한 기구로, 실험적인 프로그램을 연구 개발하고 방송인 연수, 방송자료 지원 등의 사업을 펼칠 계획이었다. 말하자면 한국 방송 발전의 산실이 되는 셈이었다.

방송위원회는 이의 설립을 위해 여덟 명의 위원으로 설립 추진위원회를 구성하고 거기에 드는 예산은 공익 자금에서 충당하기로 했다. 설립에 필요한 돈은 70억 원 정도였다.

그런데 이를 놓고 심한 제동이 걸렸다. 정부뿐만 아니라 방송 종사자, 심지어 방송학자, 방송노조에서도 그렇게 많은 돈을 써가며 그런 기관을 굳이 만들 필요가 있느냐고 반대하며 나섰다.

그러나 내 생각은 달랐다. 방송을 위해 투자를 하겠다는데, 왜 방송 관계자들이 그렇게 반대하고 나서는지 이유를 알 수가 없었다. 당시 한국 방송광고공사는 광고를 통해 1년에 1천억 원 이상의 공익 자금을 조성해 쓰고 있었다. 그런데 방송을 통해 벌어들인 그 돈을 정부가 마음대로 주무르는 바람에 정작 방송을 위해 쓰이는 경우가 거의 없었다. 마침 방송위원회는 새 법에 따라 그 막대한 자금의 사용에 대해 심의 의결할 수 있게 되었으므로 그 중 70억 원을 모처럼 방송을 위해 투자하려는 생각이었다.

나는 예술의 전당이나 프레스센터 등의 건축에 수백억 원씩 막대한 돈을 배분하면서 방송의 질을 위해 돈을 좀 쓰려는 데 그렇게 인색하게 구는 것을 이해할 수 없었다. 법적으로는 아무런 권한이 없는 문공부가 음성적으로 갖은 방해를 하는 등 방송개발원 설립은 처음부터 가시밭길이었다.

그러나 나는 온갖 방해와 비판에도 불구하고 1989년 3월 방송개발원을 재단법인으로 발족시켰다. 방송위원회와는 별도로 독립된 기구로서였다. 그리고 비슷한 시기에 민영방송 부활, 위성방송, CA-TV 등 방송 환경변화에 따른 방송 정책과 법적 제도적 뒷받침을 위해 정부와 공동으로 방송제도 연구위원회도 발족시켰다.

안타까운 것은 방송개발원이 설립된 후에도 이에 대한 사람들의 인식 부족과 냉대가 그치지 않았다는 것이다. 참으로 기가 막힌 일이 아닐 수 없었다. 일본 NHK의 경우만 하더라도 자료 보관소에 보유하고 있는 자료가 5백만 종에 이르고 완전한 전산 체제를 갖추고 있었다. 그리고 연수원을 설립한 지는 이미 60년이 넘었다. 프랑스, 독일, 영국 등 유럽의 기관들은 직접 둘러보기도 했지만 역사도 오래될 뿐 아니라 내실도 훌륭했다.

이에 비하면 우리나라는 이만저만한 후진 상태가 아니었다.

따라서 나는 방송개발원의 필요성을 국회에 호소하고 신문에 글을 쓰고 방송을 통해 주장했으나 별 반응이 없었다. 그러니 나는 허허벌판 고립무원의 처지에서 좌절을 느끼지 않을 수 없었다.

거기에 눈에 보이지 않게 조금씩 뒷다리를 걸고 나온 것이 문공부를 앞세운 정부 여당이었다. 방송개발원의 이사진 선임과 관련해 방송법을 아전인수격으로 해석해서 방송위원이 개발원에 참가하는 것을 막았던 문공부는 계속해서 방송위원회에 곱지 않은 눈길을 보냈다.

정부는 정부대로 방송위원회가 자기편을 들어주지 않는다고 뒷다리를 걸고 급진 세력은 또 그들대로 방송위원회가 친여 보수 집단이라고 매도하고 나서니 나는 그 사이에서 협공을 견뎌내기가 점점 어려워졌다.

·

좌절된 방송민주화

과연 이 기차가 종착역에 닿을 수 있을까

1989년 중반에는 정부 기구를 개편할 목적으로 행정 개혁위원회가 구성되어 개편안을 만들고 있었다. 그런데 그 개편 대상에는 방송의 소관부처인 문공부도 포함되어 있었다. 문공부를 문화부와 공보처로 분리한다는 안이었다. 문제는 그렇게 될 경우 방송의 소관 부처가 어디가 되느냐 하는 것이었다. 나는 당연히 문화부로 될 줄 알았는데 들려오는 얘기는 그와 달랐다. 공보처 소관이 될 것이라는 소문이었다.

나는 그 얘기를 듣고 인터뷰 등 기회가 있을 때마다 방송의 소관 부처는 문화부가 되어야 한다는 점을 강조했다.

"방송을 공보처 소관으로 하려는 것은 과거처럼 방송을 정부의 홍보 기구로 만들겠다는 것이다. 방송은 정치 매체가 아니라 문화 매체다."

아무리 열심히 주장해도 결국 방송의 주무부처는 공보처로 결정되고 말았다. 이런저런 일로 정부와 나 사이의 갈등은 시간이 흐를수록 점점 더 그 골이 깊어져 갔고 방송위원장으로서 내 역할에도 한계가 느껴지기 시작했다.

나는 방송위원장으로 취임하면서 가진 한 인터뷰에서 이렇게 공언했었다.

"나는 부산으로 갈 요량으로 차를 탔는데 차가 만약 의정부 쪽으로 간다면 지체 않고 뛰어내리겠습니다."

그런데 당시 내 기분은 의정부로 방향을 튼 것까지는 아니라 하더라도 부산으로 가기로 한 그 차의 발동이 아무리 노력해도 걸리지 않는 것과 비슷했다. 따라서 나는 '발동이 걸리지 않는 이 차에 계속 이대로 앉아 있어야 하는가' 하는 문제로 고민하지 않을 수 없었다.

그런 고민이 시작되고 있는 가운데 1989년 9월 국회의 국정 감사가 시작되었다. 방송위원회는 문공위 감사 대상 기관이었기 때문에 나도 감사 현장에 불려나가야 했다.

내가 처음 국정 감사 현장에 나간 것은 1988년이었으나 그때는 방송위의 업무가 시작된 지 얼마 안 되었을 때이고, 또 내가 발을 다친 것이 다 낫지 않아 휠체어를 타고 목발에 의지한 모습으로 나타났기 때문인지 별 탈이 없었으나 1989년 감사에서는 상당한 곤욕을 치러야 했다.

여당은 여당대로 정부에 불리한 프로그램을 규제하지 않았다고 으르렁거리고 야당은 야당대로 비위에 맞지 않는다고 목소리를 높이니 나는 완전히 샌드위치가 되어버렸다. 그러면서 '내가 왜 이 나이에 이런 꼴을 당해야 하나' 하는 한심한 생각이 들기도 했지만 다른 한편으로 냉정히 생각해 보면 '확실히 방송의 공정성이 어느 정도 성공을 거두긴 했구나' 하는 결론이 나서 스스로 부끄럽지 않았던 것도 사실이었다.

국정 감사를 받으면서 느낀 것은 야당보다 여당 의원들의 분위기가 더 살벌하다는 것이었다. 그들은 앞뒤가 안 맞는 억지 질문을 계속하며 목청을 높였으나 나는 그렇다고 위축될 이유가 없었으므로 당당하게 맞서 답변했다.

그런데 9월 25일의 감사에서였다. 곤욕을 치르며 받던 감사가 막 끝나가려는데, 갑자기 여당인 민정당의 신경식 의원이 질의할 것이 있다고 나섰다.

"나는 깜짝 놀랐습니다. 작년 12월의 방송위원회 급여표를 보면 강위원장의 경우 상여금을 포함한 한달치 월급 733만 4,850원에 품위 유지비 150만 원을 합쳐 883만 4,850원을 받아간 것으로 되어 있더군요. 이게 사실입니까?"

급여표를 근거로 추궁하는 그의 얘기는 형식적으로는 사실이었다. 그러나 그 자료를 근거로 내 평균 월급이 그 정도에 달하는 것처럼 몰아세운 것은 명백한 오해였다. 원래 나는 방송위원장직을 맡을 때, 그 자리가 상임인 줄도 몰랐고 또 월급을 받는 자리인 줄도 몰랐다. 1960년대에 맡았던 방송윤리위원장직은 무보수였기 때문이었다. 나는 방송위원장 일을 하면서도 크리스찬 아카데미 일을 계속 하고 있었기 때문에 '상임'이라는 조건에는 아무래도 하자가 있다고 생각되어 방송위원회로부터는 월급을 받지 않을 생각이었다.

그래서 올림픽이 끝나고 방송위원회에 일을 하러 들어가니 8월부터 밀린 월급을 받아가라는 얘기가 있었으나 나는 받지 않겠다며 거절했다. 그러자 총무부에서는 예산은 계획대로 집행해야 하니까 나도 모르게 내 이름으로 통장을 만들어 거기에 봉급을 입금시켰다. 그래도 나는 내 결심대로 그 돈에 신경을 쓰지 않고 있었는데 한 번은 방송위원 중 사법부 추천으로 온 한 법조인이 내게 와서 말했다.

"방송법에 위원장은 상임으로 되어 있는데 월급을 안 받으면 위법이 됩니다."

결국 나는 방송위원회에서 주는 월급을 받기로 마음을 바꾸고 대신 아카데미에서 받는 돈은 다 끊어버렸다. 내가 방송위원장으로서 받은 돈은 실수령액이 매월 140~150만 원 정도 되는 본봉 뿐이었다. 업무 추진비니 품위 유지비니 하는 수당들은 받지 않았다. 그런데 12월이 되어 연말 정산을 하게 되니 8월 이후 5개월 동안 쌓인 수당들이 12월 급여에 합산되어 그처럼 거액이 되었던 것이다.

신의원의 질문에 방송위원회 사무총장이 나가서 사실 그대로 그간의 경위를 설명했다. 그러면서 작년 12월에 위원장이 받은 돈은 세금을 제외하면 4백 몇십만 원이 된다고 밝혔다. 사무총장의 답변으로 그날의 감사는 끝났다.

그런데 다음날 아침 한국일보 기사에는 우리의 해명은 일언반

구도 언급되지 않고 신의원의 질문만 크게 부각되어 있었다. 그러면서 방송위원들의 월급이 4백만 원 선으로 재벌 총수급 보수를 받고 있다는 등 마치 우리가 예산을 자기 배 불리는 데 마구 쓰고 있는 것처럼 보도했다. 나는 참 어처구니가 없었다.

언론에 보도가 그런 식으로 나가자 방송위원회는 즉시 비난의 표적이 되어 마구 쏟아져 들어오는 화살을 받아내야 했다. 심지어 4컷짜리 신문 시사 만화에서도 나는 '돈 많은 사람'으로 도마 위에 올랐으며 방송위원은 '황금의 직책'이라는 둥 별별 소리가 다 돌았다.

신문의 왜곡 보도가 있은 후 방송위원회 사무총장은 그런 기사가 사실무근임을 해명하는 자료들을 각 신문사에 보내고 항의도 했으나 별 효과가 없었다. 이미 엎질러진 물이었고 지워지기 힘든 흙탕물이 튄 셈이었다.

나는 평생을 살면서 별별 구설수를 다 겪은 사람이지만 그래도 돈 문제로는 그런 일이 없었는데, 칠십을 넘긴 나이에 그런 꼴을 당했으니 너무나 억울했다. 당해도 엄청나게 당한 것이었고 그 타격과 후유증은 회복이 힘들 정도로 심각했다. 후일에야 짐작하게 된 일이지만 그 일은 방송위를 눈엣가시같이 여기던 문공부와 여당, 그리고 언론이 공조하여 꾸민 음해 공작이었다.

그 일을 당한 후 나는 내 거취 문제를 심각하게 고려하였다. 그런 수모를 당하면서까지 그런 난장판에 더 이상 끼여 있기가 싫었다. 거기다 앞으로 또 어떤 일이 벌어질지도 모르는데, 더 망신 당하기 전에 아예 이쯤에서 물러나는 게 현명한 일이 아닐까 하는 생각에서 거의 사의를 굳혀가고 있었다.

방송위원장으로서 한계를 절감하기 시작하던 1989년 말, 1990년 초는 당시 정치 상황까지도 나를 실망시켰다. 6공 출범 이후 최대 현안이었던 5공 청산이 1989년 말 전두환 전대통령의 국회 증언으로 대강 마무리됨에 따라 나는 1990년대를 실질적인 민주 발전의 시기로 기대하고 있었다.

노정권이 '과연 그럴 힘이 있을까' 하는 의구심이 들지 않는 것도 아니었지만 어차피 정치라는 것이 '전부 아니면 전무'식이 되어서는 안 되는 것이니 문제가 있는 가운데서도 뭔가 이루어지겠지 하는 기대는 포기하지 않고 있었다.

더구나 노정권은 내치에는 무능해도 외교 면에서는 소련을 비롯한 공산권의 대변혁을 배경으로 동구권과 수교하고 소련과 영사처를 설치하기로 합의하는 등 이른바 북방 외교에서 괄목할 만한 성과를 이루어가고 있었다. 이런 성과들을 내치로 잘 연결만 시킨다면 세계적 추세도 민주화, 개방화로 나아가고 있으니 우리의 숙제인 민주화도 그리 어렵기만 할 것 같지는 않았다.

그런데 1990년 1월 22일 노대통령은 김영삼, 김종필과 함께 민정당, 민주당, 공화당 3당 합당이라는 깜짝쇼를 불시에 연출하고 말았다.

그 모습을 보고 나는 노대통령이 일찍이 내게 표명했던 민주화에 대한 의지가 과연 진심이었는지 강한 회의가 들지 않을 수 없었다. 민주화를 위해선 여소야대를 그렇게 인위적으로 여대야소로 바꾸면 안 되는 것이었다. 그렇게 3당이 합당함으로써 전라도

가 고립되니 지역 감정이 더욱 첨예화될 것도 큰 문제였다.

내가 방송위원장직을 맡기로 한 데에는 노대통령의 민주화 의지를 믿고 방송을 통해 민주화 작업을 돕겠다는 뜻도 적지 않았는데, 상황은 내 기대와는 다르게 전개되고 있었다.

이미 버스는 의정부 쪽으로 방향을 튼 것 같았다.

'서영훈 축출'이 불러들인 KBS 사태

실제로 거대 여당인 민주자유당의 탄생과 함께 노정권의 민주화 의지는 실종되고 말았다. 그러면서 방송에 대한 정부의 간섭과 통제도 구시대를 연상시킬 만큼 심하게 되살아났다.

1990년에 들어 내가 접한 첫 도전은 서영훈 KBS 사장의 축출이었다. 서사장이 정부 뜻대로 움직여주지 않으니 재정 감사를 실시해서 꼬투리를 잡아 몰아낸 것이다. 감사에서 잡힌 것은 법정 수당을 변태 지출했다는 것이었는데, 따지자면 서사장은 그 일에 실질적인 책임도 없는 사람이었다. 그러나 그는 그 일에 책임을 지고 물러나라는 압력을 받게 되었다.

서영훈 사장은 평생을 안창호, 함석헌 선생 같은 분들을 존경하며 살아온 보기 드물게 청렴한 사람인데, 그런 사람을 돈 문제를 빌미 삼아 억지로 몰아내려는 것을 보고 나는 심상치 않은 음모가 진행 중임을 눈치채지 않을 수 없었다.

당시 서사장 사임 압력을 두고 방송가에 널리 퍼진 얘기 중의 하나는 정부가 나와 서사장 중 누구를 먼저 내쫓느냐 하는 문제를 여러 가지로 검토한 결과 먼저 서사장에게 화살을 겨누기로 했다는 것이었다.

방송위는 서사장 문제에 관여할 법적 근거를 가지고 있지 않았다. 하지만 나는 그 일을 그대로 두고볼 수 없어 억울한 처지에 놓인 서사장을 위해 KBS 이사들뿐 아니라 최병렬 공보처 장관도 만나 많은 얘기를 했다. 그러나 정부측 태도는 이미 확고한 것이어서 "자진 사퇴를 하지 않으면 형사 입건하겠다"는 것이었다.

나는 서사장의 명예를 가능한 한 살려주기 위해 일단 사표를 내되 이사회에서 반려하는 것을 서사장이 뿌리치는 식으로 하자고 제안해 약속을 받았다. 그러나 그 약속마저도 결국은 지켜지지 않은 채 서사장은 불명예 퇴진을 하고 말았다.

내가 방송위원장이 된 후 언론에서는 나를 두고 '방송계의 황제'니 심지어 '방송 마피아'니 하는 선정적 호칭을 붙이기도 했지만, 실상 그것은 속을 모르는 터무니없는 호칭이었다.

1990년 3월 서영훈 사장이 나간 후 후임 사장으로 선출된 사람은 서울신문 사장을 지낸 서기원이었다. 그를 강력하게 민 것은 정부였다. 나는 그의 임명을 여러 가지 이유를 들어 반대했으나 정부는 모든 수단을 동원해 끝내 그를 사장으로 취임시켰다.

그런데 그가 사장에 임명되자 KBS 노조는 '정부가 방송을 재장악하려는 음모'라며 그의 취임에 항의, 반대 투쟁을 선언하고 나섰다. 정부와 노조가 사장 선임을 놓고 첨예하게 맞부딪친 것이다.

그 무렵 나는 미국과 캐나다의 방송 시설을 돌아보기 위해 출국했는데, 그곳에서 시찰을 다니면서도 KBS일이 궁금해 전화와 팩스로 계속 연락을 취하고 있었다. 들려오는 소식은 갈수록 더 복잡하고 심각해지고 있었다.

걱정 속에서 북미 지역 시찰을 마치고 동경에 와 있던 4월 12일이었다. 일을 마치고 호텔에 들어가 보니 팩스가 들어와 있었는데, KBS에 마침내 경찰이 투입되었다는 소식이었다. 노조원들이 서기원 사장 출근 저지 시위를 하고 나서자 그런 극약 처방이 내려진 것이었다.

깜짝 놀란 나는 더 이상 국외에 머무를 수가 없어 남은 일정을 취소하고 곧 귀국길에 올랐다. 그리고 비행장에 내리자마자 KBS를 방문해 제작 거부를 결의한 채 농성을 벌이고 있는 노조원들을 만났다. 아마 이 일도 정부의 비위를 거슬리게 했을 것이다.

정부야 나를 미워하든 말든 나는 정부와 노조 양측 인사들을 수시로 접촉하며 사태를 해결하기 위해 노력을 할 수밖에 없었다. 그 결과 4월 26일에는 기자 회견을 열어 해결 방안을 내놓았다. 그 방안의 골자는 우선 공권력은 절대로 개입돼서는 안 된다, 방송 제작도 거부해서는 안 된다, 서기원 사장은 자진해서 태도를 바꾸라는 것이었다.

이 방안에 대한 여론은 긍정적이었으나 정부의 반발은 매우 노골적이었다. 정부는 사태 해결을 하는 데도 밖으로 드러내놓고 모색하는 게 아니라, 어떻게든 뒤로 숨어서 시도하려는 태도였다. 양측의 대립이 더욱 강경해지는 가운데 방송위원회는 노조 간부들을 만나 설득을 계속했다. 그 결과 "노조가 총회를 열어 제작 복귀를 결의하면 방송위원장이 노대통령과 정부측 인사들을 만나 서기원 사장 임명을 재고하도록 하고, 잡혀간 사람들을 풀어주도록 건의한다"는 합의를 끌어냈다.

그래서 일이 잘 풀리려고 하는데 이런 나의 노력은 정부에 의해 완전히 무시당하고 말았다. 공권력이 다시 투입되고 말았던 것이다. 이에 따라 KBS 사태는 타 방송사 노조까지 합세해 전 언론사로 확산되어 가고 KBS는 제작 거부로 파행 방송이 계속되었다.

KBS에 두 차례에 걸쳐 공권력이 투입된 것은 이유야 여하간에 상식 밖의 일이었으며 정부의 엄청난 실책이었다. 노조가 사장 취임을 몸으로 저지한 것도 옳은 일은 아니었지만 그렇다고 그 해결 방법으로 공권력을 사용해 노조원들을 잡아간 것은 나로서는 이해하기가 힘들었다. 나는 그 사건을 보면서 민주화에 대한 기대는 이미 물거품이 되어 버리고 말았음을 절감하지 않을 수 없었다.

"드라마 '땅'의 PD를 구속하시오"

정부는 나에 대한 견제도 드러내기 시작했다. 1990년 7월 국회에서 날치기 통과된 방송법 개정안은 정부측 주도로 개정된 방송법으로 여러 가지 면에서 방송위원회를 무력화하려는 법안이었다. 최고 정책기구인 방송위원회를 마치 심의기구처럼 격하시켜 놓고 독자적으로 결정해온 방송위 예산도 공보처 장관의 승인을 받도록 족쇄를 채워놓았다. 이 문제는 내가 끈질기게 항의해 시행령에서 고쳤지만 이것도 실행 면에서는 나중에 문제가 되었다.

새 방송법에 의하면 방송위원회 예산은 문예진흥원, 공보처, 방송위원회가 공동으로 구성한 공익 자금 관리위원회에서 위원장과 협의하여 심의 결정하도록 되어 있었다. 이에 따라 방송위는 68억 원 규모의 예산을 세워 공익 자금 관리위원회에 제출했는데, 거기에서의 심의 결과 61억 원으로 결정이 났다. 그런데 이렇게 확정된 예산을 공보처가 법적 권한도 없이 마음대로 뜯어고쳐 광고 공사에 통고한 것이다. 이것은 명백한 불법이요, 억지였고 방송위를 공보처 마음대로 휘두르려는 의도를 적나라하게 드러낸 처사였다.

내가 보기에 버스는 이미 의정부를 향해 달리고 있었다. 내게 남은 문제는 이제 언제 뛰어내리느냐 하는 것뿐이었다.

그 무렵 돌출한 것이 MBC에서 방영된 드라마 「땅」 문제였다. 우리 사회의 고질인 빈부격차, 계층 갈등을 정면으로 다룬 이 사회 고발성 드라마는 방영되자마자 시청자들의 큰 주목을 끌면서 정부 여당의 심기를 불편하게 만들고 있었다. 이 드라마는 여러 긍정적 요소들에도 불구하고 그대로 놔두기에는 국민 화합 측면에서 다소 문제가 있어 방송위원회에서 사과 명령을 내리도록 했다.

하지만 정부측에서는 그 정도로 만족하지 않았다. 청와대 손주환 정무 수석은 나를 만난 자리에서 그 드라마의 프로듀서를 사법 처리해달라고 요구했다. 나는 기가 막혔다.

"나는 그런 권한도 없고 그런 일을 할 생각도 없습니다!"

그런데 그 다음날 밤 손수석 아래에서 일하는 사람이 내게 전화를 걸어 무슨 법 몇 조 몇 항을 적용하면 그 프로듀서를 형사고발할 수 있다고 알려주는 것이었다. 나는 너무 화가 나서 마구소리를 지르고 전화를 끊어 버렸다.

그런 일이 있고 난 직후인 1991년 1월 29일이었다. 느닷없이방송위원회에 감사원의 감사가 시작되었다. 원래 방송위는 정부와는 독립된 기구로서 감사원의 감사 대상이 아닌데, 공보처 감사에 포함시켜 감사를 한다는 것이었다. 그런 일은 내가 방송위원장이 된 후 처음 겪는 일이었으며 도대체 있을 수가 없는 일이었다.

그런데 더 큰 문제는 10일이 넘는 긴 감사 기간뿐만이 아니라감사의 초점이었다. 일반적인 감사가 아니라 나 개인의 비리를의도적으로 캐는 느낌이 뚜렷했다. 총무부장은 내게 와서 이런귀띔을 해주기도 했다.

"이상합니다. 위원장님의 여행 경비 같은 것만 꼬치꼬치 캐고있습니다."

이같은 '표적 감사'는 당시 언론에 그 내막이 보도되기도 했었다.

'정부가 서영훈 사장을 몰아내던 수법을 내게도 쓰는구나.'

감사에 걸릴 것은 아무것도 없었지만 감사만 끝나면 사임할 결심을 굳혔다.

나는 방송법 개정에 따라 2개월 전인 1990년 12월 임기 3년의 방송위원장에 재선되어 임기가 많이 남아 있었지만 미련 없이 그 자리를 버리기로 했다.

덧붙이자면 감사 결과 방송위나 내가 걸린 것은 아무 것도 없었다. 그러나 감사원에서는 뚜렷한 이유도 없이 질의서를 보내는 등 계속 깨끗하지 못하게 굴었다. 내가 스스로 버스에서 뛰어내리지 않으면 언젠가는 오물을 뒤집어쓴 채 등 떠밀려 떨어질 게 뻔했다.

바이체커의 방문으로 미뤄진 사표

나는 감사가 끝난 직후인 2월 중순에 사표를 제출할 예정이었다. 그런데 마침 2월 말에 독일 대통령 바이체커가 방한하게 되어 나는 그 관계 일로 사표 제출을 잠시 미룰 수밖에 없었다. 바이체커 대통령의 방한은 내가 여러 해 전부터 정부에 건의해 온 일이었던 만큼 그 일이 성사된 이상 내가 돕지 않을 수 없는 처지였다.

정부에서는 나와 그의 오랜 친분 관계를 알고 그의 방한을 앞두고 양측 입장을 조절하기 위해 그를 한 번 만나달라고 부탁해 왔다. 그래서 나는 정부 특사 자격이 아니라 친구라는 개인 자격으로 만날 것을 전제하고 여비도 내 돈으로 쓰면서 그를 만나러 독일로 떠났다.

바이체커와 친교를 맺기 시작한 것은 1968년 WCC 웁살라 총회에서 내가 중앙위원이 되면서부터였다. 당시 그는 명망 높은 국회의원이자 독일 평신도연합회 총재로서 WCC 중앙위원 겸 실행위원이었다.

같이 WCC 중앙위원으로 활동하면서 그와 나는 교분을 맺게 되었으며 유신체제 때는 내 초청으로 그가 일본을 방문하는 길에 한국에 들러 아카데미 하우스를 둘러보기도 했다. 그후에도 그는 한 번 더 아카데미 하우스를 방문한 일이 있으나 그때는 대통령이 되기 전이었다.

이같은 친분 때문에 바이체커는 1975년 독일에서 출간된 내 책 『호랑이와 뱀 사이에서』(*Zwischen Tiger Und Schlange*)의 발문을 써주기도 했다.

그런데 책 제목이 그렇게 정해진 경위가 재미있다. 이 책을 출판한 사람은 롤프 이탈리안더(Rolf Italiaander) 박사인데, 그는 함부르크에서 사설 박물관을 운영하며 인물전을 많이 집필해온 사람이었다. 1970년대 초 그는 인도네시아의 시마 투팡, 일본의 다케나카 마사오 등 아시아 지역에서 기독교 사회운동을 벌이고 있는 인물 다섯의 전기를 준비하고 있었는데 그 중에 나도 끼여 있었다.

1971년 나를 만나기 위해 한국을 방문한 이탈리안더는 10월 17일 경동교회에서 통역을 옆에 앉혀놓고 내 설교를 들었다. 그 때 나는 설교를 하면서 당시 박정권 아래에서 내가 처한 상황을 동양의 옛 우화에 비유해 설명했다.

어떤 사람이 호랑이에 쫓겨 막 도망을 치다가 커다란 구덩이를 발견하고 그 속에 뛰어들었다. 구덩이에는 마침 나무가 한 그루 있어 그 사람은 나무를 타고 밖으로 나가려 했다. 그런데 나무에 올라 밖을 보니 밖에는 아직도 호랑이가 으르렁거리고 있었다. 깜짝 놀라 내려가려고 아래를 보니 거기에는 또 커다란 뱀이 혀를 날름거리며 그를 노리고 있었다.

'호랑이와 뱀 사이에서 어쩔 줄 모르고 있는 사람'은 바로 나 자신이었다. 박정희와 김일성 양측 모두에게서 위협을 느끼고 있던 당시의 내 상황은 사실 그와 다를 바가 없었다.

그런데 이 내용이 이탈리안더에게 상당히 강한 인상을 준 모양이었다. 그는 그 자리에서 내게 책을 내자고 제의했고 그 결과 내 설교와 한국 기독교에 대한 글이 담긴 그 책이 나오게 된 것이다. 그 책에 바이체커는 다음과 같은 발문을 써주었다.

강원용 박사는 그의 나라를 넘어서 세계적으로 알려진 인물이다. 많은 사람들이 아시아기독교협의회 회장 및 세계교회협의회 중앙위원으로서 그를 만나왔으며 그의 청렴 강직한 성품과 비타협적인 진리에의 열정을 인식해왔다.

그러나 이같이 국제 관계에서 그를 안다는 것은 제한적인 의미를 지니고 있을 뿐이다.

강박사는 크리스챤 아카데미를 한국의 어느 곳에서도 존재하지 않는 각계 각층의 사람들 및 집단의 대화 장소로 만들었다. 나는 수차례 방문을 통해 감명 깊은 실례들을 함께 체험했다. 강박사는 노동조합과 기업의 대화가 절박하게 요청되는 상황에서 그 실마리를 푸는 시도를 수행했다. 그리고 국가는 민주주의 관계를 기본으로 해야 한다는 정신을 바탕으로 정부와 야당 지도자들을 화해시키기 위해 노력하고 있다.

이렇게 볼 때 강박사는 분열을 피하기 위해, 파트너십을 통하여 대립을 해소하기 위해, 그리고 자조(自助)를 가능케 하기 위해 힘써 왔다고 할 수 있다. 이 때문에 그는 양자택일론의 오류에 빠지지 않는다. 강박사는 사회의 모든 계층에서 조건 없이 대화 장소를 제공해 줌으로써 한국 국민의 복지에 도움이 되는 방향을 추구하고 있다.

강원용 박사는 갈등에서 완전히 벗어난 사람은 아니지만 모두가 그를 이해하지 못한다 하더라도 자신의 위치를 명확하게 지킬 인물이며, 자신의 가치 기준과 힘의 원천을 믿음 속에 가지고 있는 사람이다. 그렇기 때문에 그는 곤궁한 처지에 있는 자신의 동료 및 동포들을 누구보다도 많이 도울 수 있다.

독일로 건너간 나는 2월 20일 오후 6시 대통령 관저로 가 두 시간 동안 그를 만났다. 친구로서 정담을 나누고 방한과 관련된 얘기도 했다.

비이체커가 국빈으로 한국을 방문한 것은 2월 25일이었다. 인격과 철학과 신념을 고루 갖춘 정치가로 독일 국민의 큰 존경과 사랑을 받고 있는 그의 방한은 언론의 관심을 끌기도 했다.

바이체커는 방한 일정에 아카데미 하우스 방문을 잊지 않고 27

일 부인과 함께 비공식으로 아카데미 하우스를 찾았다. 나는 친구로서 그를 맞이했고 함께 초청한 가까운 친구들 몇 명과 함께 아카데미 내의 '구름의 집'에서 점심 식사를 같이했다. 그때 바이체커는 내게 아카데미에 대해 이런 얘기를 했다.

"한국인으로서는 가장 오래된 친구인 강원장님, 나는 크리스챤 아카데미를 통하지 않고서는 한국을 이해할 수 없었을 것입니다. 나는 이 나라가 가지고 있는 소중한 것 중의 하나가 바로 아카데미의 대화 운동이라고 여기고 있습니다. 갈라진 남북한 사람들이 함께 자리해서 통일 문제를 놓고 대화할 수 있는 장소로도 아카데미만한 적소는 없을 것입니다. 한국인과 우리 부부를 연결시켜 준 이곳은 우리의 가슴 속 깊은 곳까지 와닿는 장소로서 다시 와보고 싶은 곳이기도 합니다."

그의 아카데미 하우스 방문과 이같은 얘기는 방송위원장직 사의를 굳히고 새 출발을 모색하고 있던 내게 큰 격려가 되었다.

마침내 도중하차

내가 대통령에게 사표를 제출한 것은 3월 5일이었다. 그리고는 사퇴 발표를 하고 곧장 일본으로 가버렸다. 그곳에서 한 열흘 머물다가 사표가 수리되었다는 소식을 듣고서야 귀국했는데, 돌아온 직후 노대통령으로부터 만나자는 연락이 있었다.

나를 만난 그는 우선 예의를 차리느라고 그랬는지 섭섭한 감정을 표했다.

"아직 임기도 많이 남았고 해서 내 임기가 끝날 때까지는 계속 해주실 줄 알았는데 그만두시겠다니 섭섭합니다."

"대통령께서는 제게 그런 기대를 하고 계셨지만 대통령 아래에 있는 분들이 조직적으로 계속 뒷다리를 거는데 어떻게 일을 할 수 있었겠습니까?"

"평생 성직자 생활을 하신 분이 관료들하고 잘 맞지 않는 것은 당연하지요."

나는 그 말에 놀라지 않을 수 없었다. 그로써 나는 노대통령의 의중을 확실히 파악한 셈이었다.

2년 7개월 동안의 방송위원장 시절을 마치고 나는 다시 아카데미 하우스로 돌아왔다. 아쉬운 점도 있었지만 후련한 마음이 더 컸다. 언제나 내 고향집 같은 아카데미 하우스에 돌아와 지난 방송위원장 시절을 조용히 되돌아보았다.

'도대체 내 나이가 몇이기에 이렇게 철이 들지 못하는가.'

칠십을 넘긴 사람이 마치 10대 소년 같은 꿈을 꾼 것이었다.

정치적 상황 변화나 이해 관계에 따라 조변석개할 수 있는 통치자의 말을 순진하게 믿었던 것, 그리고 민주화 시대를 맞았으니 모든 일이 법대로 될 수 있으며 노력만 하면 방송의 중립성과 독립성이 성취되리라고 기대했던 것 등이 모두 착각이요, 오판이었다. 복잡하고 더러운 판에 내가 너무 소박한 믿음을 갖고 달려들었던 셈이다.

오랫만에 시간을 갖고 그런저런 반성을 한 나는 큰 망신당하지 않고 그 판에서 헤쳐나온 것이나마 다행이라고 자위를 하면서 다시 새 출발을 위해 몸과 마음을 가다듬었다. 그때 내 나이 이미 일흔넷이었으니 더 이상 헛된 일에 내 시간과 노력을 쏟을 수는 없는 일이었다.

그러던 1991년 4월 1일이었다. 그날 우리 가족은 딸네 집에 모여 예배를 드리고 있었는데, 제네바에 가 있는 박경서 박사에게서 전화가 왔다. 아카데미 부원장을 지내기도 한 그는 WCC 관계 일로 평양을 자주 드나들고 있었는데 평양 방문길에 북한에 있는 내 가족의 소식을 알게 되었다는 놀라운 소식이었다.

"목사님의 부모님이 돌아가신 때와 경위에 대해서는 알 길이 없었으나 목사님보다 네 살 위인 누님은 아들과 함께 아직도 생존해 계시더군요. 또 사촌동생인 정용군은 1952년에 죽었다는데 아마 전사한 듯합니다. 그 밑의 사촌동생 운용 씨는 고향인 다보골에서 농사를 지으며 살고 있다고 합니다."

전화로 갑자기 이같은 소식을 들은 우리 식구들은 감격과 안타까움에 모두 울어버리고 말았다.

고령인 누님이 세상을 떠나기 전 꼭 한 번 만나봐야 하는데, 아직도 그 방법을 찾을 수 없으니 그 생각을 할 때마다 나는 조급증과 답답증에 시달리곤 한다. 그리고 또 부모님이 돌아가신 날짜를 알아내는 일도 내게 숙제로 남아 있다.

지금까지 우리 식구는 궁여지책으로 아버님과 어머님의 생일을 추도일로 정해 온 식구가 모여 예배를 드리고 있다. 생전에 효도 한 번 제대로 하지 못했던 나는 이유야 여하간에 두 분 사후에도 기일마저 제대로 지키지 못하는 불효를 저지르고 있는 셈이다.

문민정치시대의 개막

22년 만에 먹어본 아이스크림

그해 6월 중순에는 이탈리아의 로베레토(Robereto)에서 세계 종교인 평화회의 국제위원회 모임이 있어 출국하였다. 나는 이 회의에 참석해 1994년 총회는 한국에서 개최할 것을 요청한 후, 시간이 있는 주말에 로마를 방문했다. 꼭 한 번 가보고 싶었던 호콜라레(Focolare) 본부를 찾아가기 위해서였다.

호콜라레는 기독교 사랑을 실천하는 운동을 펼치고 있는 공동체 조직으로 나는 진작부터 그 본부를 한 번 방문하려고 별러온 참이었다.

호콜라레 운동은 2차 대전 중이던 1943년 이탈리아 트렌토에서 스물세 살의 처녀 키아라 루빅(Chiara Rubich)을 중심으로 일곱 명의 젊은 여성들이 시작한 것으로 전쟁의 절망과 암울한 상황 속에서 꽃핀 사랑의 기적이라고 할 수 있다.

그들은 모든 것을 파괴해버리는 전쟁의 참상을 목격하면서 아무리 끔찍한 전쟁도 파괴할 수 없는 것이 하나님인데 이런 상황에서 하나님의 능력이란 과연 무엇이며 그는 지금 무엇을 하고 있을까하는 문제로 고민을 하고 토론을 했다.

그러다 그들은 "하나님은 곧 사랑"(「요한일서」 4:8)이라는 절실한 결론에 이르렀고, "내가 너희를 사랑하듯 너희도 서로 사랑하라. 그것은 곧 사람이 친구를 위해 목숨을 버리면 이보다 더 큰 사랑이 없다"(「요한복음」 15:12~13)는 말씀에 따라 사랑을 실천하기로 의견을 모았다. 그들이 서로 맺은 서약은 "나는 너를 위해 죽을 준비가 되어 있다"는 것이었다.

이때부터 이들은 사랑이 있는 곳에 하나님이 계시다. 우리가 진실로 사랑하면 이미 죽음의 나라에서 생명의 나라로 옮겨간 것이다. 사랑하지 않는 사람은 죽음의 나라에 머물러 있다는 성경 구절을 몸으로 받아들여 구체적인 사랑을 실천하는 운동을 펼쳤다.

이들의 숭고한 활동은 메마른 대지에 물이 스며들듯 이탈리아 전역뿐 아니라 세계 곳곳으로 퍼져나가 현재는 백만 명이 넘는 83개국 회원들이 활동하고 있다.

호콜라레 회원은 인종이나 성별, 심지어 종교도 가림이 없이 다양한 구성을 보이고 있으며 세계 곳곳에서 사랑의 화해 운동, 빈민구호 활동, 청년교육 및 봉사활동을 펼치고 있다. 나는 그들이 벌이고 있는 활동을 비디오를 통해 접할 수 있었는데, 특히 청년들의 활동은 감동적이었다.

나는 그곳에 머문 이틀 동안 본부 간부로 일하는 한국인 엄엘레나의 친절한 안내로 이곳저곳을 둘러볼 수 있었다. 내가 처음 찾은 곳은 본부 센트로 마나폴로와 그들이 공동 생활을 하고 있는 라피아노(Lappiano)였다. 나는 그 공동체를 둘러보고 그들의 감동적인 역사보다 오늘의 모습에서 더 큰 감격을 느꼈다.

라피아노에는 그야말로 다양한 사람들이 모여 살고 있었는데 매우 인상적이었던 것은 그들 중 어느 누구를 만나보아도 기쁨과 평화, 사랑이 담긴 얼굴을 하고 있다는 것이었다. 그들과 대화를 나누면서 나는 '누구를 만나든 그 사람 하나 하나에서 그리스도의 현존을 믿는 태도를 느낄 수 있는 게 바로 이것이구나' 하는 깨달음과 함께 큰 감명을 받았다.

그 사람들의 사랑은 구호가 아니라 구체적인 생활이었다. 한번은 그들과 점심을 함께한 식탁에 아이스크림이 나왔다.

"이걸 드셔보세요."

"감사하지만 나는 오래 전부터 당뇨병이 있어 못 먹습니다."

그러자 그들이 웃으며 말했다.

"우리도 알고 있습니다. 그래서 당뇨병이 있는 사람도 먹을 수 있도록 특별히 만든 것이랍니다."

덕분에 나는 22년 만에 아이스크림을 처음 먹어볼 수 있었다.

'따뜻한 화롯가'라는 뜻의 호콜라레라는 이름도 자기들이 지은 게 아니라 사람들이 붙여준 것이라 한다. 정말로 그곳에 있는 동안 겨울 화롯가 옆에 앉은 것처럼 따뜻함과 정겨움을 흠뻑 느낄 수 있었다.

그때까지 맹수들이 사는 빈들에서 상처받고 갈등을 겪어 오며 지쳐 있던 나는 그 사람들을 만나는 동안 마치 감겨 있던 한쪽 눈이 뜨이듯 새로운 세상을 찾은 느낌이었다. 귀국하는 비행기 안에서 나는 내가 살아온 삶과 그들의 삶을 비교하면서 참으로 많은 생각에 잠겼다. 나도 그들처럼 '하나님은 곧 사랑이고 사랑이 있는 곳에 하나님도 계시다'는 생각으로 살아왔다. 그러나 그들은 구체적으로 그 사랑을 실천하고 있다는 느낌이 들었다. 나와 그들의 실천 방법은 비록 다르지만 나와 같은 생각을 하는 사람들을 만나 공감을 나누고 서로의 생각을 확인하는 것은 흐뭇한 일이 아닐 수 없었다.

그해 10월 말에는 네팔의 수도 카트만두에서 아시아 종교인 평화회의가 열렸다. 나는 의장인 관계로 회의 준비를 위해 개회일인 10월 28일보다 며칠 앞서 떠났다. 회의 주제는 내 의견이 반영된 것으로서 '21세기를 향한 아시아 종교인'이었다.

네팔은 힌두국인데도 우리를 환영하는 현수막이 카트만두의 온 거리에 널려 있었다. 경제적으로는 매우 뒤떨어졌으나 오염되지 않은 환경이 신선하게 느껴졌다. 특히 기억에 남는 것은 개회식 때 국왕 부처가 참석한 일이다.

원래 이 나라는 전제왕국이었는데 그 전해에 민주화 물결을 타고 대대적인 시위가 일어났다고 한다. 시위는 유혈 사태로까지 번지려 했으나 다행히 국왕이 용단을 내려 내각 책임제를 실시하기로 함으로써 평화적으로 해결되었다는 것이다.

이에 따라 네팔에는 총선거가 실시되어 의회주의 시대가 열렸다. 그런데 국왕은 그 이후 외출을 전혀 하지 않다가 그날 처음으로 모습을 드러낸 것이었다.

따라서 개회식날 회의장 주변 시가지는 모처럼 국왕이 행차하는 모습을 보려는 사람들로 들끓었고, 각료들과 국회의원, 외국 대사 등도 대거 참석해 성황을 이루었다. 그날 모인 사람들은 18개 종교, 22개국 대표와 방청객 등 모두 600여 명에 달했다.

개회식에서 국왕은 원고도 없이 즉석 기념사를 했는데 그 내용이 매우 조리 있어 그의 지적 수준을 엿볼 수 있었다. 개회식이 끝난 후 나는 국왕 내외와 차를 마시며 뜻있는 환담을 나누기도 했다. 그 자리에서 국왕은 내게 정중하고도 특별한 초청을 해주었다.

"내년 여름쯤 다시 와서 히말라야 산 휴양지에서 쉬다 가도록 하시죠."

그 모임 폐회식에는 새 헌법에 의해 실권을 쥐게 된 수상이 와서 태국말로 강연하였는데 내가 보기에는 국왕이 훨씬 더 인상적이었다.

그로부터 12년이 지난 지금까지 나는 국왕이 초청해준 히말라야에 못 갔을 뿐 아니라 국왕 가족이 비극적인 최후를 마쳤다는 보도를 듣고 애도의 정을 금치 못했다.

특기할 것은 이 회의에 북한 대표 두 명이 참석한 일이다. 한 사람은 70대의 품위 있는 천도교 교령으로 정신혁이라는 사람이었고, 또 한 사람은 도마라는 카톨릭 대표였다. 이들은 아시아 종교인 평화회의에 가맹하고 싶다는 뜻을 내보이며 한국 대표들과의 접촉도 꺼리지 않아, 예상에도 없던 남북한 종교인 모임이 자연스럽게 이루어졌다. 우리들은 함께 모인 자리에서 "남북 종교인이 상호 방문하는 등 종교 교류를 하자"는 데 의견을 같이했다.

귀국 후 사전 허가도 받지 않고 북측 대표를 만났다고 해서 좀 문제가 되기도 했으나 그들이 오는 줄도 모르고 나가서 만난 것이었으니 결국 별 탈없이 수습되었다.

내게 자연의 거대함을 새삼 일깨워 준 히말라야의 웅장한 산줄기를 배경으로 열린 카트만두 회의에서 나는 만장일치로 의장에 재선되어 1996년 사임할 때까지 여러 활동을 하였다.

노대통령과의 마지막 면담

방송위원장을 그만둔 후 나는 더 이상 정치적인 일에 조언을 하거나 간여할 생각이 아니었다. 그러나 1991년 여름 북경을 방문해 중국 지도자들과 조선족 학자들, 우리 대사 등을 만나 한중 관계의 앞날에 대해 여러 가지로 얘기를 나누고 느낀 바도 있고, 특별히 의논할 일이 있어서 귀국한 뒤 내가 먼저 노대통령에게 면회 신청을 했다.

내가 조국에 대해 가지고 있는 최고의 꿈은 민주화와 통일인데, 민주화 문제야 노정부에 실망을 했다 하더라도 통일 문제나 그와 직결되는 북방 외교에 대해서는 그냥 수수방관할 수 없었기 때문이었다.

노태우 정부가 공산권 붕괴라는 세계사적 대변혁을 배경으로 힘을 쏟고 있는 북방 외교에 대해 나는 그 적극적인 자세는 환영하면서도 다른 한쪽으로 지나친 낙관주의와 조급한 성과주의에 쫓기고 있는 것은 아닌가 하는 의문을 갖고 있었다. 우리 기업인의 북한 방문이다, 남북 고위급 회담이다, 유엔 동시 가입이다 뭐다 해서 화해 무드로 들떠 있던 남북 관계 역시 마찬가지였다. 그 징후는 여러 가지 면에서 느껴졌다.

한국과 소련의 국교가 수립된 후 1990년 12월 노대통령은 한국 대통령으로서는 처음으로 소련을 방문했다. 역사적인 방문을 마치고 귀국한 그는 곧 나를 포함한 몇 사람을 만찬에 초대해 매우 흡족한 태도로 소련 방문에 관한 이야기와 한소 관계 등에 대해 얘기를 했다. 그런데 내가 보기에 그가 지나치게 앞날을 희망적으로 보는 것 같아서 그 자리에서 나는 이런 얘기를 했다.

"저는 브레즈네프가 통치하던 1982년에 스무 날 가까이 소련을 다녀온 일이 있습니다. 그때 보니까 소련은 위에서부터 저 아래 말단까지 완전히 경직되고 부패한 사회였습니다. 고르바초프가 서방의 지원을 받으며 과감한 개혁 정책을 펴고 있지만, 그것이 꽁꽁 얼어붙은 저 아래 말단까지 녹이기는 거의 불가능하다고 봅니다. 아마 고르바초프는 오래 견디기 힘들 것이고 그 다음 사람이 계속 개혁 정책을 편다고 해도 가까운 장래에 성공하기는 매우 어려울 것입니다. 그러니 모든 것을 신중하게 생각해서 결정하십시오."

그러나 노대통령은 평소의 그답지 않게 "그렇지 않다"고 단언하면서 고르바초프의 성공을 장담했다.

또 남북 합의서를 위한 총리 회담이 최종적으로 열렸을 때에는 이런 일도 있었다. 회담이 열리기 전날 나는 정원식 총리와 점심을 함께했는데, 그때 그는 걱정스런 얼굴로 이런 말을 했다.

"이번 회담에서는 아무 것도 성사될 것 같지 않아 걱정이 되어 어제 대통령께 말씀을 드렸더니 그냥 '잘 될 터이니 걱정 말고 잘 해보라'고 하시더군요. 무슨 의중에서 그런 말씀을 하시는지 잘 알 수가 없어요."

남북 문제에 깊은 관심을 가지고 있던 나는 남북 합의서가 남북간 최대 이슈로 떠오르던 1992년 1월 20일 '남북 화해와 민의'라는 주제로 관계자 70여 명을 모아 대화 모임을 개최했다. 이 모임에서는 김점곤 교수가 합의서에 대한 주제 강연을 맡았고 정원식 총리, 민자당 김영삼 대표, 민주당 김대중 공동대표 등이 논평자로 참가해 진지한 토론을 벌였다.

어쨌든 내가 중국을 다녀온 후 노대통령에게 처음으로 내가 먼저 면회를 요청한 것은 '특별히' 할 얘기가 있었기 때문이었다.

그해 내가 북경에 갔던 것은 아시아 종교인 평화회의 총회에 참석하기 위해서였다. 그때 나는 북경에서 중국 정부 원로인 오학문 장군을 만났다. 그런데 그는 나를 보더니 놀라운 제안을 해왔다.

"평양에 가서 김일성 주석을 한 번 만나보세요."

나는 상상도 못한 그 제안에 깜짝 놀라서 말했다.

"나는 김주석에 대해 별로 좋은 감정을 가지고 있지 않을 뿐더러 그에 대해 비판만 해온 사람이에요. 또 그는 무신론을 토대로 한 공산주의자요, 나는 기독교 목사입니다. 더욱이 나는 정치적 직함이 없는 사람이 아닙니까?"

"아, 그런 것은 김주석도 다 알고 있습니다. 김주석은 이제 고령입니다. 그래서 세상을 떠나기 전에 남쪽 지도자와 만나 민족 문제를 터놓고 이야기하고 싶은데, 남쪽 지도자 중 현역으로 있는 사람들은 대개 자기 아들뻘 나이고, 또 나이 든 사람들은 대개 일제시대 때 친일을 했거나 해방 후 미군정, 아니면 역대 어느 정부와 깊이 관계된 사람들이 대부분입니다. 그가 한 번 만나 이야기해보고 싶은 사람은 그와 나이도 비슷하고 일제 시대 때부터 모든 정권과 거리를 유지하고 살아온 사람입니다. 그 때문에 강 목사님을 만나고 싶어하는 겁니다."

"그렇다면 깊이 생각해보겠습니다."

그런 일이 있었기 때문에 나는 처음으로 자진해서 노대통령에게 면회 신청을 했던 것이다.

청와대에서 노대통령을 만났을 때 나는 김주석 면담건을 솔직히 이야기했다. 내 이야기를 들은 노대통령은 약간 놀라는 표정이었다.

"법적 절차를 밟아오면 승인하도록 하지요."

"법적으로는 평양에 종교 단체를 만나러 가는 것으로 하고 김주석 면담 이야기는 안 하는 게 좋겠습니다."

"하지만 그런 일에 '위법'할 수는 없지 않아요?"

"김주석이 나를 어떤 정치적인 안건으로 만나자는 것이 아니라 그가 생각하는 민족 문제를 이야기해보자는 것입니다. 그런데 내가 안기부에 김주석 면담으로 방북을 신청하면 이것저것 물어보고 이런저런 이야기를 해달라고 요청할 겁니다. 또 김주석에게 직접 받은 초청이 아니라 중국인을 통한 간접 초청이니, 과연 만나게 될지도 알 수 없구요. 다만 통수권자인 대통령께 정직하게 이야기하고 갔다가 만일 만나면 그 결과도 정직하게 이야기해드리겠습니다. 김주석을 만난다면 노대통령을 직접 만나라는 말은 하겠습니다."

"생각해보게 말미를 좀 주세요."

그런 얘기를 하고 청와대를 나왔는데 그 뒤 나는 아무 연락도 받지 못했고, 자연 그 계획은 포기하고 말았다. 여하간 노대통령 임기 중 내가 그를 만난 것은 이 청와대 만남이 마지막이었다.

그후 김주석이 묘향산에서 부하들에게 유언 비슷한 이야기를 하다가 뇌졸중으로 쓰러졌다는 말이 돌았을 때, 나는 이런 생각이 들었다.

'그것이 사실이라면 그가 유언 비슷하게 한 말은 평소 마음에 품어왔던 민족 문제 이야기가 아니었을까?'

김주석이 김영삼 대통령과 정상 회담을 바로 앞두고 별세한 이듬해인 1995년 나는 심양에서 북한 정부의 원로인 황장엽을 만났는데, 그가 남쪽 사람과 어떤 식으로 접촉하는지 궁금하여 물어본 적이 있었다.

"당신이 이렇게 나를 만나는 걸 김정일 위원장은 알고 있습니까?"

"물론!"

그 대답을 듣고 나는 중국 관리가 말했던 김주석 초청건과 황장엽과 나의 만남이 아주 상관없지는 않은 것 같다는 생각이 들기도 했다. 어쨌든 만일 그때 김주석이 나를 만났거나 아니면 김영삼 대통령을 만날 수 있었더라면 오늘날 남북 관계는 좀 달라지지 않았을까 생각해보기도 한다.

승리를 확신하는 두 김씨

1992년은 국회의원 총선거와 대통령 선거로 한 해 내내 온 나라가 선거 열기로 달아올라 있었다. 국민들의 최고 관심사는 두말할 것도 없이 대통령 선거였다. 민자당, 민주당, 그리고 새로 창당되어 총선에서 돌풍을 일으킨 국민당은 우여곡절 끝에 각각 김영삼, 김대중, 정주영을 대통령 후보로 내놓았고 그 외에 민자당 후보 경선 과정에서 생긴 갈등으로 탈당한 이종찬, 신정당의 박찬종 등이 후보로 나섰다. 30여 년 만에 처음으로 군 출신은 하나도 없이 전부 민간인이 후보로 나서게 된 것이다. 그것만으로도 우리나라의 정치는 진일보한 셈이었다.

3월 24일에 있었던 총선이 끝나고 얼마 되지 않아 시작된 대통령 선거전은 김영삼, 김대중, 정주영의 3파전으로 좁혀졌다. 현대그룹 회장이었던 정주영의 대통령 출마가 참 충격적이었는데, 대기업가인 그가 대통령이 되는 것은 여러 가지 면에서 문제가 있어 보였다.

양 김씨에 대해서도 염증을 내는 사람들이 많았지만 나는 어차피 이 나라의 정치가 순리대로 풀리려면 '양김 시대'를 한 번은 거쳐야 한다고 생각하고 있었다. 하지만 누가 당선될는지는 정말 예측하기가 어려운 상황이었다.

대통령 선거전이 시작될 무렵 나는 우선 14대 국회 개원에 초점을 맞춰 아카데미의 대화 모임을 개최했다. 주제는 '14대 국회 개원과 한국 정치의 과제'였고, 일본에 있는 지명관 교수와 언론인 박권상이 발제 강연을 맡았다.

원래 이 대화 모임을 기획할 때는 대선에 나선 세 후보와 각 당의 주요 국회의원, 학자, 언론인, 종교인 등을 광범위하게 모이도록 할 생각이었다. 그래서 국내 언론뿐 아니라 한국 대선에 큰 관심을 쏟고 있던 일본의 NHK 텔레비전, 아사히신문, 월간『세계』지 등에서도 취재에 나서기로 되어 있었다.

그런데 민자당의 김영삼 후보가 "세 후보가 어디든 함께 줄줄이 나다니는 게 모양이 좋지 않다"며 불참을 통보해오는 바람에 계획에 큰 차질이 빚어졌다. 그러나 그 외에는 잘 진행이 되어 모임은 성공리에 치러졌다.

선거전이 차츰 가열되면서 나는 김영삼, 김대중 후보로부터 각각 연락을 받고 만나 얘기를 나눈 적이 있다.

김영삼 후보를 만난 곳은 가든 호텔이었다. 그는 내게 대충 다음과 같은 얘기를 했다.

"내가 집권하면 과감한 개혁 정책을 펴서 1년 이내에 각 분야의 썩은 부분을 도려낼 생각입니다. 그러자면 이번 선거에서 60퍼센트 이상의 지지를 얻어야 할 것 같습니다.

민주주의와 강력한 지도력을 양자택일의 문제인 것처럼 생각하는 사람들이 있는데 나는 결코 그렇게 보지 않습니다. 민주적인 방법으로 강력한 개혁 정치를 해보려는 게 내 생각입니다."

"연세에 비해 매우 젊은 생각을 갖고 계신데 그런 생각을 실현하려면 예상보다 높은 벽이 있다는 것을 각오해야 할 것입니다."

김대중 후보는 롯데 호텔에서 점심을 함께했다. 그가 한 얘기의 요점은 부정 선거만 안 하면 자기가 확실히 당선될 거라고 믿지만 부정 선거를 할 것이라는 것이었다. 나는 그 말을 듣고 이렇게 대답해주었다.

"이미 민도(民度)도 예전과는 비교할 수 없이 높아졌고, 또 정치인으로서 몇 번이나 죽을 고비를 넘긴 김후보가 부정 선거를 결코 용납하지 않을 것을 상대방도 알고 있을 텐데 큰 부정이야 있겠습니까."

내가 두 후보를 만나고 나서 받은 느낌은 둘 다 당선을 확신하고 있다는 것, 그런데 둘 다 아쉽게도 '어떻게' 대통령이 될 것인가에 대해서는 많은 말을 해도, '왜' 대통령이 되고자 하는가에 대해서는 거의 언급이 없다는 것이었다.

그런데 민자당을 탈당한 이종찬 의원이 신당을 추진하는 등 대선 구도가 복잡하게 전개되면서 내 의사와는 전혀 상관없이 내 이름이 선거판에 오르내리기도 했다. 한번은 이종찬 의원과 관계된 몇 사람이 나를 찾아왔다.

"이종찬 의원은 자신이 출마하는 대신 국민 후보를 내세워 밀 생각인데 혹시 강목사님이 국민 후보로 추대되면 나설 생각이 있습니까?"

나는 너무나 뜻밖인데다 별로 고려할 가치도 없는 제안이라 그 자리에서 일축해 버리고 말았다.

그런 일이 있은 지 얼마 후 이종찬 의원이 만나자는 연락을 해왔다. 약속 장소로 나갔더니 그는 얼마 전 내가 들은 것과 비슷한 얘기를 하는 것이었다.

나는 이렇게 대답했다.

"국민 후보라는 것은 말 그대로 각계 각층 대표들이 모여서 국민 대다수가 수긍하는 적절한 절차를 거쳐 국민의 신망을 받는 사람을 내세워야 되는 것이지, 정치인이 누구를 택해서 민다고 되는 것이 아닐 것입니다. 어떤 경우에도 내 이름은 거론치 말아 주십시오."

9월에 들어가자 선거전은 새로운 국면을 맞았다. 노대통령과 김영삼 후보 사이에서 마찰음이 나고 한준수 연기 군수가 총선 부정에 대한 양심 선언을 발표하면서 노대통령이 민자당을 탈당하고 공명 선거를 위한 이른바 '중립 내각'을 구성한다고 발표한 것이다. 이같은 일은 우리나라 선거사상 유례가 없는 일로서 온 국민을 크게 놀라게 하면서 공명 선거에 대한 기대와 활동을 고무시켰다.

그 무렵 나는 아시아 종교인 평화회의 관계 일로 몽고와 중국을 다녀왔다. 몽고를 거쳐 중국 북경을 방문했을 때는 마침 노대통령이 막 중국과 수교를 하고 처음으로 중국을 방문하고 있던 중이었다. 그곳에서 나는 주중 대사를 만났는데, 그가 대통령이 주최하는 교포 리셉션 자리에 나를 초청했다. 그래서 그 자리에서 노대통령을 보게 되었는데, 그때도 그는 북방 외교에 대해 매우 낙관적인 기대를 갖고 있었다.

그런데 귀로에 동경에 들른 나는 뜻밖의 소식을 접하고 놀랐다. 한국 신문에 중립 내각 총리로 내 이름이 거론되고 있다는 얘기였다. 내가 귀국한 후에도 하마평은 계속되었다.

나는 그런 상황을 지켜보면서 지난번 거절 때와는 달리 문민정부를 탄생시키는 역사적인 선거를 공정하게 관리하는 일이라면 한 번 해볼 만하지 않겠느냐는 생각을 하기도 했다. 그러나 그렇다고 적극적으로 나서볼 생각은 전혀 없었다. 간단히 말하자면 '돼도 그만, 안 돼도 그만'인 편안한 심정이었다.

결국 중립 내각 총리는 현승종 한림대 총장으로 결정되었고, 그는 무리 없이 선거 관리 내각을 잘 이끌어갔다.

원로들 자발적으로 모이다

선거전이 한창 달아오르던 1992년 9월 나는 선거와 관련해 세 가지 문제로 큰 걱정을 하고 있었다. 하나는 항간에 쉬쉬하면서 퍼져가던 이른바 '11월 위기설'이었다. 11월경에 선거를 물리적인 힘으로 중단시키고 과도 내각을 구성해서 새로운 정치 일정에 따라 새 정권을 세울 것이라는 게 그 내용이었다. 이 얘기는 언론에서도 민감하게 다루는 만큼 터무니없는 헛소문만은 아니었다.

두번째 우려했던 점은 안기부가 대대적으로 발표한 이른바

'남조선 중부 노동당 사건'과 관련된 것이었다. 그 사건으로 많은 사람들이 검거되었지만 그것은 극히 일부에 불과하고 관련자 중에는 양 김씨 휘하의 사람들, 심지어 청와대 요인까지 포함되어 있다는 얘기가 끊이지 않고 돌았다. 이 사건은 11월 위기설과도 결부될 수 있는 것이었다.

세번째는 목숨을 건 듯한 세 후보의 과열 경쟁이었다. 세 후보 다 연령이나 경력 면에서 그 선거가 사실상 마지막 기회라 할 수 있었고 또 막상막하의 힘 겨루기로 누가 될지 예측불허의 상황이었으므로 선거전은 과열 현상을 보이지 않을 수 없었다.

게다가 더 걱정스러운 것은 선거 후유증이었다. 세 명 다 난형난제니 당선자와 차점자 사이의 득표 차가 근소할 것이고, 그러면 낙선한 두 명이 부정선거 운운하며 선거 결과에 승복하지 않을 가능성이 높다는 것이 내 주위 사람들의 예측이었다. 나는 이런 문제점들을 그냥 놔뒀다가 혹시라도 선거에서 불상사가 터지지 않을까 하는 우려로 국민과 후보들에게 조언을 할 수 있는 원로들의 모임을 구상하게 되었다.

이 구상을 실천에 옮기는 일은 생각처럼 쉽지 않았다. 우선 어떤 사람이 원로냐 하는 것부터 논란이 많았다. 많은 토론을 거쳐 잠정적으로 내린 원로의 정의는 '70세 이상으로 각 분야에서 뚜렷한 업적과 명망을 쌓은 사람이되 현재 정치와는 관계가 없고 국민들이 이마를 찌푸리지 않는 사람'이라는 것이었다.

다음 문제는 각 분야의 원로들을 한자리에 모이게 하는 것도 어렵겠지만 그 사람들이 평생 살아오며 취해온 정치적 입장과 시각이 다 다를 텐데 어떻게 의견을 하나로 수렴할 수 있겠느냐 하는 것이었다.

그 문제는 일단 모임을 가진 뒤 해결해 나가기로 하고, 우선 몇몇 사람과 함께 명단을 작성하는 등 준비 작업에 들어갔다. 정치에 관계하고 있는 사람은 제외하고 명단을 작성하고 보니 90명 정도가 되었다.

아카데미 하우스에서 원로들의 첫 모임이 열린 것은 9월 17일과 18일 이틀이었다. 첫 모임에서는 특별한 주제 없이 각자가 자유롭게 하고 싶은 얘기를 하기로 했기 때문에 특별한 결과물이 없었다. 선거를 비롯한 구체적인 시국 현안이 거론된 것은 2차 모임부터였다. 10월 29일과 30일에 있었던 이 모임에서는 양호민이 발제 강연을 한 후, 참석자들이 토론을 거쳐 '위기와 기회의 기로에서 국민에게 드리는 글'이라는 성명서를 채택했다.

이 성명서는 당시 상황을 위기라고 규정하고 그같은 위기가 새로운 도약의 기회가 될 수 있음을 강조한 후 남조선 중부 노동당 사건의 전모를 명확히 밝힐 것, 11월 위기설은 낭설에 그쳐야 한다는 것, 대통령 후보들은 깨끗하고 공정한 경쟁을 벌일 것 등을 주장하는 내용이었다. 성명서에 서명한 원로들은 56명이었다. 처음으로 자발적으로 모인 이 원로들의 발언은 '어른이 없는 세대'라는 점을 아쉬워하던 언론으로부터 긍정적인 반응을 얻어 그 내용이 크게 보도되기도 했다.

원로들의 3차 모임은 대통령 선거 직전인 12월 15일과 16일에 있었다. 절정에 오른 선거전을 보며 공명 선거와 선거 후유증에 대해 꼭 말을 해야 할 필요성을 느꼈기 때문이었다.

54명이 모인 이 모임 결과로 나온 성명서 제목은 '대선에 임하는 후보와 국민 여러분께 바랍니다'였다. 내용은 유권자들은 빠짐없이 투표에 참가해줄 것, 선거에서 패자는 승자에게 깨끗이 승복하고 만일 후유증이 발생한다면 공정한 법적 절차를 거쳐 처리할 것, 선거 결과 당선자가 과반수에 미달하는 득표를 했을 경우 초당적 협력을 구할 것 등이었다.

12월 18일에 있었던 선거 결과는 다소 의외였다. 득표 차가 근소하리라는 예상과 달리 김영삼 후보가 비록 과반수에 미달한 42퍼센트의 득표이긴 했지만 김대중 후보를 확실하게 이겼기 때문이었다. 비교적 공명한 선거였고 득표 차가 확실했기 때문인지 다행히 우려했던 선거 후유증은 생기지 않았다. 특히 김대중은 선거 결과에 깨끗하게 승복하는 모습을 보여 박수를 받았다.

김영삼 정부가 출범하면서 이제 이 땅에는 그렇게도 소원했던 문민 정치 시대가 열렸다. 내가 그토록 안타까워했던 독재와 무질서의 악순환에서 이제야 벗어나게 된 것이다. 평생 동안 정치에 관심이 있어서라기보다는 신앙 실천의 외연(外延)으로서 정치에 관심을 끊을 수 없었던 나로서는 이제 정치에서 한 발 뒤로 물러나 내적인 성찰을 할 수 있는 여유를 얻게 된 셈이니, 문민정치 시대 개막은 국가적으로나 나 개인적으로나 큰 행운이라고 아니할 수 없었다.

문민정부의 출범

변해가는 세상

나는 문민정치 시대의 개막을 진심으로 축하했다. 그런데 기대 속에 출범했던 문민정부는 그후 5년간 어찌 되었는가?

나는 십여 년 전에 쓴 『벼랑에서』 3권 마지막 부분에 이렇게 적은 바 있다.

정치에 관심이 있어서라기보다는 신앙 실천의 외연(外延)으로서 평생 정치에 관심을 끊을 수 없었던 나로서는 이제 정치에서 한 발 물러나 내적인 성찰을 할 수 있는 여유를 얻게 된 셈이니, 문민정치 시대 개막은 국가적으로나 나 개인적으로나 큰 행운이라고 아니할 수 없다.

실제로 그 무렵 나는 현실 정치에서 물러나 내적인 성찰에 몰두하기 시작했다. 하나님이 창조한 이 세상에서, 하나님이 역사하시는 현장에서 행동해야 한다고 믿어온 나의 신앙에는 변함이 없었으나, 어떻게 행동해야 하느냐 하는 문제는 상황에 따라 변하게 마련이다.

보편적이고도 변할 수 없는 요소(abiding element)와 처한 상황에 따라서 책임 있는 행동을 해야만 하는 여러 가지 가변적 요소(changing elements), 이 둘 사이에는 양자택일이란 있을 수 없다.

나는 이미 앞에서 내 삶의 행동 원칙을 누누이 밝혀왔다. 그 원칙은 지금도 변함이 없지만 나를 둘러싼 사회적인 상황이 엄청나게 변화해 감에 따라 나에게도 역시 많은 변화가 일어났다.

은퇴자의 생활

1986년 경동교회 목사직에서 이미 은퇴했던 나는 1996년에 크리스챤 아카데미 원장에서 물러나 이사장이 되었고, 한국 종교인 평화회의, 아시아 종교인 평화회의 의장, 세계 종교인 평화회의 공동의장직 등에서도 은퇴하였다. 2000년에는 크리스챤 아카데미 이사장직마저 내놓았다.

사람들은 나의 은퇴를 아쉬워하여 명예 목사, 명예 회장, 명예 이사장 등의 영광스런 직함을 주었으나, 그것은 아무 일도 하지 않아야 명예로운 것이지 계속해서 일을 하려고 하면 불명예로 바뀌는 직분임을 알고 있었다. 그러므로 나는 새로운 영역을 모색해야겠다고 다짐하였다.

먼저 나는 그 동안 내가 걸어온 길과 나 자신에 대해 반성을 하면서 앞으로 얼마 남지 않은 여생을 어떻게 사느냐 하는 문제를 거듭 생각해보았다. 그것은 결국 하나님께서 예수 그리스도를 통해 내게 베풀어주신 사랑에 내가 어떻게 응답하며 살 것인가 하는 문제로 귀착되었다.

그 문제에 대해 나는 한 가지 결론에 도달했다. 그것은 "하나님은 곧 사랑이요"(「요한일서」 4:8), "그 사랑은 예수의 십자가 죽음을 통해 나타났으니"(「요한일서」 3:16), 햇빛 같은 그 사랑을 받아들이며 사는 사람이 진정한 신자라는 생각이었다. 그러므로 나는 그 크신 사랑에 대한 반사체로 살아야 하는 것이다.

이제 나의 고민은 그런 생각을 어떻게 실천하느냐로 옮겨갔다. 그 동안 나는 온정주의적인 사랑의 실천보다는 잘못된 사회 구조로 고통받는 많은 사람들을 위해 정의(正義)라는 도관을 통해 사랑을 실천해왔다. 그러나 이제는 그런 일에 참여할 나이가 지났다는 생각이 들었고, 오래 전에 버렸던 온정주의적인 사랑의 길을 다시 찾아보고 싶었다.

내가 마음으로 가장 하고 싶었던 일은 달동네에 들어가 그들과 함께 살아보는 것이었다. 감상적이라고 얘기할 수도 있겠지만, 내게 그 일은 감상적인 차원을 떠나서 과연 해낼 수 있느냐 없느냐의 문제였다.

왜냐하면 그곳에 들어가면 그들과 더불어 똑같이 생활해야 할 터인데 30년 간 당뇨병으로 고생해온 늙은 몸으로 그 일을 감당해낼 것 같지가 않았고, 심지어 다른 사람을 괴롭히는 결과가 될 수도 있기 때문이다. 의욕만 앞서 섣불리 덤벼들었다가 주변 사람들을 괴롭히고 결국 수명만 단축시킨다면 내가 늘 비판해온 '월부제 자살'이 아니겠는가 싶었다.

그래서 나는 하나님이 허락하신 날까지 나의 사고와 행동을 정리하면서 영성(spirituality)을 수련하고 내면적인 힘을 기르는 방향으로 길을 정했다.

당시 내 소유라곤 평창동에 있는 작은 빌라뿐이었는데, 나는 그것을 팔아 멀리 시골로 옮겨가 맑은 자연 속에서 살기로 결정하고 여생을 내 곁에서 보내기 원하는 후배들과 함께 살 장소를 보러 다니기도 했다. 그러면서 더 늙기 전에 나의 생각을 정리하는 일에 들어갔다.

그 즈음 나는 신앙에 대한 내 생각을 가다듬고 있었다. 경직된 보수 사상이나 원칙 없는 개혁주의와는 다른, 즉 진리의 불변성에 매달린 도그마화된 신앙도 아니고 그렇다고 절대 원칙과 규범이 없는 유행 같은 신앙도 아닌, '연속성 속의 비연속성'을 중시하게 되었다. 그래서 "주님, 내가 믿습니다. 믿음 없는 나를 도와주십시오"라는 성서의 말이 곧 나의 말처럼 들리곤 했다.

또한 물리학자들에 의해 우주의 실체가 하나둘 드러나고 생물학자들에 의해 유전자의 비밀이 밝혀지는 등 놀랍게 변하는 세상 속에서 2천 년 전 중동 지역에서 기록된 성서를 '오늘 여기서' (now and here) 어떻게 살아 있는 말씀으로 받아들여야 하는가 하는 문제가 큰 과제로 다가왔다. 나는 이러한 숙제를 해결하기 위해 신학책을 찾아 읽기보다는 나의 생각과 믿음을 담담하게 정리하는 방식으로 풀어나갔고, 그 결과『믿는 나 믿음 없는 나』(웅진출판)라는 책이 나오게 되었다.

김영삼 정부

1993년에 일어난 가장 큰 사건은 김영삼 대통령의 문민정부 출범이었다. 사실 나는 6·29선언 이후 우리나라도 민주적인 절차에 따라 대통령 선거가 치러지리라고 보았고, 그렇다면 역사는 30년간 군사 정부에 저항하며 민주화 투쟁을 해온 두 김씨에게 배턴이 이어지는 것이 순서라고 생각했다. 그러나 한편으로는 가능하다면 두 김씨는 암울한 군사 통치 시대에 저항해온 공로를 다른 방법으로 이어가고 대통령직은 본인을 위해서나 민족을 위해 안 맡는 편이 낫겠다고 생각했다.

그 이유는 두 사람 다 젊은 시절 혼탁하고 비민주적인 과거 정치에 몸담았던 사람이기 때문이다. 그들이 정치 수업을 쌓았던 8·15해방 후부터 5·16 군사 쿠데타까지 15년 동안의 정치는 극도로 반민주적 통치 시대였다. 5·16 쿠데타의 구실이 된 4·19 이후 9개월간의 혼란을 빚어낸 민주당 정부에서 김영삼은 구파, 김대중은 신파의 젊은 지도자였다.

정권 다툼 같은 소극적인 투쟁에 몰두하던 사람들이 적극적이고 민주적이며 포용력 있는 지도력을 발휘할 수 있겠느냐 하는 것이 나는 의심스러웠고 특히 망국적인 지역 대립을 강화시키지 않을까 염려스러웠다.

더욱이 1979년 12·12사태가 일어났을 때, 군부가 또 다시 정권을 잡는 불상사를 막기 위해 두 사람 사이를 뛰어다니며 4년 동안만이라도 민족을 위해 두 사람이 힘을 모아달라고 부탁하고 애를 썼건만 끝내 협력 체제를 이루어내는 데 실패했던 나로서는 두 사람의 대립 구도가 결국 국민들을 실망시키고 사태 수습도 어렵게 만들리라는 판단을 내렸던 것이다. 그러나 이런 나의 생각은 냉혹한 정치 현실 앞에서 아무런 영향력도 갖지 못했다.

어쨌든 역사는 두 김씨에게 넘어가 먼저 김영삼 정부가 출범하였다.

'이제 이 나라도 독재와 무질서의 악순환에서 벗어나게 되었구나.'

평생 안타까워했던 두 문제가 해결되면서 나는 안도감을 느꼈던 것이 사실이다. 이제 군부니 부정투표니 하는 독재와 무질서는 구시대의 유물이 되어버렸다.

그 동안 죽음의 고비를 몇 번이나 넘기며 대권에 도전해온 김대중 후보의 낙선을 생각하면 안됐다는 생각도 들었지만 두 사람 다 민주화를 위해 싸워왔고 또 두 사람 다 대통령이 될 수는 없는 노릇이니, 김영삼 정부의 출범은 축하할 일이었다.

김대중은 선거 결과에 깨끗하게 승복하고 영국으로 공부하러 떠난다고 했다. 출국 전 나는 스위스그랜드 호텔에서 그를 만났다.

그 자리에서 그는 나에게 두 가지 문제로 고통스럽다고 말했다.

"또 다시 색깔 논쟁으로 내가 떨어진 것입니다. 박정희가 만들어놓은 그 유령이 아직도 나를 괴롭히고 있는 거지요."

두번째로 그가 고통스러워한 것은 호남 사람들 문제였다.

"수십 년 동안 차별 대우를 받으면서 오로지 제가 집권하는 날을 구원의 날로 기다려온 사람들입니다. 이제 내가 정계에서 은퇴해버리면 그 한을 어떻게 풀는지 걱정입니다."

패배한 자의 가슴에는 회한이 들끓게 마련이다. 대통령으로 나선 지 벌써 몇번째인가. 그의 가슴이 어떨지 알 만했다.

나는 그에게 이렇게 말해주었다.

"영국에 가서 남북 문제를 집중적으로 연구해오도록 하세요. 그래서 귀국 후 국가 원로 자격으로 남북 문제를 해결한다면 국가를 위해 이보다 더한 봉사가 어디 있겠습니까."

김영삼 대통령의 취임식은 2월 25일이었다. 나는 직함이 크리스챤 아카데미 원장이니 가나다 순서로 맨 뒷자리에 앉아 있었다. 그런데 김대통령의 취임사를 듣고 있노라니 내 귀에 와 꽂히는 얘기가 있었다.

"아무리 가까운 우방이라도 같은 민족보다 더 가까울 수는 없습니다."

나는 이 말을 듣고 적잖게 놀랐다. 나중에 보니 김영삼 대통령이 당선되는 데 힘을 기울인 주역들 중에는 진보적인 운동권 인사들이 많았다.

새 정부는 한국병을 치유하고 새 한국을 만들겠다고 공표하였다.

그러던 어느 날 김영삼 대통령과도 친한 나의 친구가 이런 말을 했다.

"김대통령은 앞으로 목사님을 만나자고 하지 않을 것입니다. 왜냐하면 80년대에 목사님을 비판하던 많은 사람들이 새 정부의 핵심에 들어가 있거든요."

나는 이 말을 대수롭지 않게 넘겼다. 대통령이 보자고 하면 안 갈 수는 없으나 내가 자진하여 가고 싶은 마음도 없었고, 그 진보적이라는 몇 사람의 사고 방식을 좋아하지 않았기 때문이었다.

내가 김대통령을 만나기 시작한 것은 자유당 말기부터였다. 그가 젊은 시절 장택상, 조병옥을 보좌하며 정치 수업을 쌓고 있을 때는 내가 장택상, 조병옥 그런 사람들을 좋아하지 않았기 때문에 자연 접촉이 없었다.

자유당 말기 그가 야당을 택해 반독재 대열에 선 이후 나는 그를 종종 보았다. 1971년 그가 40대 기수론을 내세우고 대통령 선거에 출마하려 할 무렵 나를 찾아왔고, 이후 정치적으로 중대한 고비마다 그의 요청으로 이야기를 나누어왔다.

그의 맏아들 은철 군이 약혼할 때는 그가 가택 연금 중이어서 내가 그 집에 가서 약혼식을 주례했다. 1992년 대통령 선거 때도 그의 요청으로 몇 차례 만났으나 내가 그를 직접 도와준 일도 없고, 따라서 나 역시 그에게 무엇을 바라는 마음도 전혀 없었으니 그런 말에 섭섭해할 것도 없었다.

다만, 문민정부 출범 후 내가 걱정하는 점이 하나 있었다면 뿌리 깊은 보수 세력들의 반발을 사지 않도록 신중하게 정치를 해

나가야 한다는 것이었다. 선거 기간 중 '청와대에서 찬송가가 울려퍼지게 하기 위해' 열심히 '김영삼 장로'를 지지한 보수적인 교회 지도자들은 그에게 큰 기대를 걸고 있었다.

1993년 5월 14일이었다. 하얏트 호텔에서 신임 대통령을 모시고 조찬 기도회가 열려 내가 설교를 하게 되었다. 나는 「마가복음」 10장 45절에 나와 있는 예수님의 말씀, 즉 "신의 아들조차 섬김을 받으려 온 것이 아니라 섬기기 위하여, 그리고 많은 이의 대속물로 자기 목숨을 주기 위해 온 것이다"라는 구절을 인용했다.

"신앙으로 사는 지도자라면 백성을 지배하고 통치하는 대통령이 아니라, 섬기는 종의 모습으로 진심으로 국민 대중을 섬길 줄 알아야 합니다."

설교가 끝난 후 김대통령은 나에게 "좋은 말씀 고맙습니다. 청와대에서 만나 이야기합시다"라고 했다. 그러나 그후 만나서 이야기를 나누지 못했다.

김대통령은 취임 후 개혁에 착수했다. 하나회, 율곡비리 등 군에도 과감히 손을 댔고, 그해 8월 12일에는 전격적으로 금융 실명제를 단행했다. 고위 공무원, 국무위원들의 재산도 공개됐다. 이런 조처들이 취해지자 김대통령에 대한 지지율은 한때 90퍼센트가 넘게 치솟았다. 그가 대선 때 받은 42퍼센트 지지율의 비해 두 배가 넘는 것이었다. 택시 기사들은 "요즘엔 살맛이 난다"며 좋아했다.

굶주리는 동포에게 쌀 보내기

김영삼 정부 출범 후 나의 관심은 남북 화해와 교류 문제로 모아졌다. 특히 1994년 북한의 기아 문제를 계기로 나의 관심은 더욱 진지해졌다. 흉년으로 인한 북한의 기아 문제가 대두되었을 당시 정부는 쌀을 보내는 문제로 고민을 하고 있었다. 이때 나는 우선 동포들이 먹고 살아야 한다는 것을 전제로 북한에 쌀 보내기 운동을 생각해냈다. 자존심이 강하고 경직된 북쪽 위정자들이 남조선 쌀에는 독이 들어 있으니 받을 수 없다고 거절하면 어떻게 하나 걱정했는데, 다행히 그들은 식량을 보내주면 받겠다고 했다.

1995년 10월 18일은 크리스챤 아카데미가 그 동안 꾸준히 진행해온 '종교간 대화 운동'이 30주년이 되는 날이었다. 우리는 이를 기념하여 국내 지도자들뿐 아니라 해외에서도 여러 사람을 초청하여 10월 18일부터 20일까지 '문명 전환과 종교의 새로운 비전'이란 주제로 대화 모임을 가졌다. 끝나는 날인 20일에는 한국 종교인 평화회의를 중심으로 6대 종단에서 이북 동포에게 쌀 보내기 운동을 함께 추진하기로 결정하고 그 발단식에 적십자사 총재를 비롯하여 여러 관계자들이 모이도록 했다.

그런데 불행히도 정부 당국과 극보수 진영에서 "원수들에게 식량을 주어서는 안 된다"는 주장을 들고 나왔다. 쌀을 주면 군량미로 쓰일 것이라는 시비가 일어난 것이다.

그런 어느 날 당시 경실련 사무총장으로 있던 서경석 목사가 나를 찾아왔다.

"북한 동포 쌀 보내기 운동을 종교인끼리만 하지 말고 전체 민족이 참가하는 '우리 민족 서로 돕기 운동'으로 펼쳐보는 게 어떻겠습니까?"

나는 즉시 찬성했고 그렇게 하여 '우리 민족 서로 돕기 운동' 발족식이 천도교 수운회관에서 열렸다. 나는 격려사에서 "굶주리는 북한 사람들이 공산당이니 도우면 안 된다"는 보수 세력을 겨냥해 다음과 같이 반문했다.

"80세가 넘은 누님과 동생, 조카들이 그곳에 살고 있습니다. 그런데 비인도적인 이데올로기 때문에 그들을 공산당으로 매도하고 굶어 죽게 내버려두라고 말할 수 있습니까?"

나는 우리가 북한 동포를 도와야 할 확실한 이유를 세 가지로 들었다.

첫째는 인간으로서 너무나도 당연한 도리이다. 동포 아니라 이 지구 위 어느 나라의 어린이가 굶고 있다면 그 나라가 공산국가든 이슬람 국가든 주린 자에게 먹을 것을 주는 것이 같은 인간이 해야 할 일이 아닌가.

둘째는 서로가 같은 민족이라는 사실이다. 다른 민족도 아니고, 먼 나라도 아니고 같은 땅에서 피를 나눈 형제가 굶주림에 시달린다니 이를 돕는 것은 당연한 일이다.

셋째는 종교인의 사명이라고 생각했다. 특히 기독교인으로서 굶어 죽어 가는 사람을 외면하는 것은 나로서는 용납할 수 없는 문제였다.

1995년 10월, 6대 종단에서 북한 동포 돕기 운동을 하기로 결의한 뒤 나는 『시민의 신문』(1996년 2월 6일자)에 이렇게 썼다.

굶주리고 있는 북한 동포에게 쌀을 보내는 것은 나 자신 인간으로서, 기독교인으로서 너무도 당연한 일이다. 정부나 기업가라면 여러 가지 전제와 타산이 따를 수 있겠으나, 우리는 이북의 정권을 돕자는 것이 아니라 북한 땅에 살고 있는 우리 동포들을 돕자는 것이다.

나는 기독교도다. 내가 모시는 주님은 추운 겨울에 굶주리고 헐벗은 병든 북한 동포들의 고난을 몸소 겪고 있다. "굶주린 사람들에게 먹을 것, 헐벗은 사람들에게 입을 것을 주는 것이 곧 예수님을 대접하는 일이다"라고 「마태복음」 25장 31절 이하에 분명히 말씀하셨다. 지금 굶주리고 있는 북한의 내 형제, 우리 동포에게 쌀을 보내는 일이 예수님이 당하신 고통을 덜어주는 구체적인 행위라는 것은 의심할 여지가 없다.

우리가 진정 인간이라면 이런 행위에 비인간적인 잡음은 집어치우고 함께 이 일에 동참하는 것이야말로 인간다운 행위라는 사실을 깨달아주기 바란다.

우리 민족 서로 돕기 운동은 이후 기독교 보수 진영에서도 적극 참여하면서 비교적 활발하게 전개돼 나갔다.

김영삼 정부 출범 후 남북 문제와 관련하여 국민들의 관심을 가장 크게 모았던 것은 1994년 7월 25일로 예정되었던 남북 정상 회담이었다. 그런데 이 회담은 회담 개최를 불과 보름여 앞둔 7월 8일 김일성이 갑자기 심장마비로 사망하는 바람에 아쉽게도 성사되지 못하고 말았다. 김일성이 사망하자 나는 노태우 정부 시절 김주석을 만날 뻔했던 일이 생각나기도 했다.

김일성의 죽음으로 국내는 한동안 조문 문제를 둘러싸고 정국이 시끄러웠다. 그 얼마 후 중국에 갔을 때 중국 정부의 국제문제 연구소 소장을 만난 일이 있는데, 그가 나에게 답답하다는 듯 말했다.

"김영삼 대통령이 조문하지 않은 것은 도무지 이해가 안 가는 조치입니다. 향후 북한은 김대통령을 상대하지 않으려 할 것입니다."

나는 듣기 거북하여 그에게 김영삼 대통령에 대해 변명을 해주었다.

내가 그런 식으로 정부 입장을 변명해주기는 했으나, 적어도 김영삼 대통령이 "남북 정상이 만나 민족의 앞날을 위해 서로 이야기하려고 했는데, 그렇게 되지 못해 유감이다"라는 정도의 표명을 하는 것이 이후 남북 관계를 위해 훨씬 좋았을 것이다. 이후 문민정부의 대북 정책이 계속 꼬이기만 한 것은 이미 다 아는 사실이다.

안기부의 소탕대실―황장엽 사건

이런 일 외에 남북 문제와 관련하여 내게 일어난 사건이 두 가지 있다. 그 하나는 황장엽 사건이다.

1995년 9월, 일본에 있는 친구에게서 연락이 왔다. 그가 전해준 내용은 좀 의외였다. 북한의 주체사상을 만든 조선 노동당 국제담당 비서인 황장엽이란 사람이 나를 만나고 싶어한다는 것이었다.

"정치 문제가 아니라 철학, 종교 등을 중심으로 이야기하고 싶어하는데, 가능하겠습니까?"

때마침 나와 가까운 이홍구 박사가 총리로 있어서 그에게 이야기를 했더니, 관계 기관과 대통령의 양해를 받고 다녀오라고 했다.

만날 장소가 처음에는 북한의 원산 부근이 되리라고 생각했는데, 중국 심양에서 만나자는 연락이 왔다. 나는 9월 22일과 23일, 이틀간 심양에서 황장엽을 만났다. 그는 북한의 대표적인 석학으로 김일성 종합대학 총장을 오래 지냈고, 당시 조선 노동당 국제담당 비서로 있었다. 나이는 나보다 다섯 살 아래였다.

우리는 많은 이야기를 나누었다. 정치 이야기는 가급적 피하면서 주로 사상, 종교, 삶에 대한 이야기를 했다. 그런데 점심 식사를 마친 후 배석한 사람들이 없는 데서 그는 이런 말을 했다.

"나는 개인보다 가정이 우선이고, 가정보다는 민족이 상위라고 생각합니다. 나는 종교는 믿지 않지만 영생은 믿습니다. 내가 이 민족으로 태어나 우리 민족의 역사 속에 살다 죽겠지만 내가 한 일은 영원히 민족 속에 살아 있을 것으로 믿습니다."

그러면서 자신이 가장 걱정하는 것은 같은 민족끼리 무력으로 충돌하는 일이 재발하지 않을까 하는 것이라고 했다.

"어떤 방법으로든지 이를 막아야 합니다. 지금 북조선의 정치나 경제는 보잘것없지만 무기만은 상당히 강합니다. 그러므로 북조선이 무력 사용을 못 하도록 영향력을 행사해야 합니다."

나는 그의 말을 귀담아들었다.

헤어질 때는 이렇게 말했다.

"강목사님과 자주 만나고 싶은데 이렇게 외국에 나올 기회가 아니면 만날 수 없으니 외국에 나오게 되면 또 연락 드리겠습니다."

그후 어느 날 밤 늦게 도쿄에서 전화가 걸려왔다. 다른 사람을 통해 황장엽이 건 전화였다. 그때 국내에서는 김정일 위원장의 정부였던 성혜림의 유럽 망명이 연일 보도되면서 김정일 위원장의 여자 관계와 '기쁨조'에 대한 이야기가 한창 인구에 회자되고 있었다. 더구나 성혜림이 어느 날 몇 시 비행기로 서울에 들어온다는 얘기까지 떠돌고 있었다.

"자꾸 이 문제를 떠들어대면 이북의 충성분자인 군인들이 전쟁을 도발하게 될지도 모릅니다. 그런 쓸데없는 자극을 피하기 위해 즉시 중단하도록 해주십시오."

전화를 받고 나니 밤잠이 오지 않았다. 나는 뜬 눈으로 밤을 새우고 날이 밝자마자 당시 총리였던 이수성을 만나러 공관으로 갔다. 이총리는 잠옷을 입은 채 눈을 비비며 나를 맞았다. 내 이야기를 듣고 난 그가 말했다.

"대통령께 말씀드려 성혜림 씨 입국을 중단할 수 있는지 건의해보도록 하지요. 매스컴이 떠드는 것이야 어떻게 하겠습니까?"

그날 대통령이 등청하는 즉시 이총리가 건의한 결과인지 성혜림 씨 입국은 이루어지지 않고 매스컴도 곧 조용해졌다.

그로부터 얼마 후 황장엽이 다시 연락을 해왔다. 일본의 한 호텔에서 나를 따로 만나고 싶어한다는 내용이었다. 그래서 통일원 장관에게 이야기를 했더니, 그의 반응이 신통치 않았다.

"쌀 구걸하러 다니는 사람을 만나 무엇합니까?"

그래서 만나러 가지 못했다.

그런데 얼마 지나지 않아 또 다시 북경에서 급히 만나자는 연락이 왔다. 그를 만나러 가고는 싶었지만 정부 허가를 받으려면 시간이 걸리므로 그렇게 급하게는 갈 수 없을 것 같아서 못 간다는 연락을 했다. 그러고 사나흘도 못되어 그가 북경의 우리 대사관에 망명했다는 보도를 접하였다.

그는 그 문제로 갈등하다 내 의견을 묻고 싶어 일본과 중국에서 그렇게 급하게 연락을 했던 것 같은데, 결국 나를 만나지 못한 채 단독 결정을 내린 모양이었다.

그는 기자회견에서 이렇게 말했다.

"나는 조선 사람인데 조선 북쪽에 있다가 남쪽으로 가니, 망명이 아닙니다."

그리고 자신의 가장 큰 관심은 전쟁을 막는 것이라는 말도 했다. 나는 심양에서 들은 바가 있어서 그의 이야기를 잘 이해할 수 있었다.

그런데 며칠이 지나지 않아 신문을 보니 그가 "뜻대로 되지 않으면 자결하겠다"고 밝힌 기사가 실려 있었다. 나는 그가 능히 그럴 수 있는 사람이라고 생각하고 이수성 총리를 통해 편지를 보냈다. 그리고 총리에게 이렇게 제안했다.

"황장엽 씨를 곧장 한국에 데리고 들어오지 말고 우선 미국에 가서 한국 실정을 자세히 알게 한 다음, 마음 준비를 잘하고 들어오게 하세요. 내가 미국에 가서 그를 만나 도울 일이 있으면 돕겠습니다."

이총리가 내 애기를 전했는지 김영삼 대통령으로부터 전화가 왔다.

"지금은 북경에서 빠져나오는 일에 힘쓰고 있으니 황장엽의 거취에 대해서는 그곳을 벗어난 후 의논해봅시다. 당장은 어디로 갈 것인지는 생각할 수 없는 상황입니다."

그후 필리핀을 거쳐 한국에 들어올 무렵 안기부 직원이 찾아왔다.

"황비서가 곧 입국할 텐데, 그가 들어오면 목사님이 그를 만나 안정될 때까지 좀 돌봐주었으면 좋겠습니다."

나는 즉시 이렇게 대답해 주었다.

"돌아가서 안기부장에게 똑바로 보고하시오. 내 말은 한마디로 소탐대실(小貪大失)하지 말라는 말입니다. 그를 정치적으로 써먹을 생각, 하지 말라는 뜻입니다. 그가 조용히 지낼 수 있도록 해주면서 계속 북한 정치를 분석하여 남북 대화와 화해의 길을 트는 데 조언하도록 하시오."

안기부 직원은 내 말에 알겠노라고 대답한 후 돌아갔는데, 그후 아무 연락도 없었다. 신문을 통해 안 것이지만 내가 걱정한 대로 안기부는 소탐대실하는 모습을 보여주어 나는 괘씸하고 안타까울 뿐이었다.

황장엽이 온 후 몇몇 잡지와 신문에서는 그가 북한에 있을 때 썼다는 논문을 게재하기도 하고, 이른바 '황장엽 파일'이라며 남한에 침투한 친북 세력의 어마어마한 리스트를 갖고 있다느니 하면서 민심을 흉흉하게 만들고 있었다.

내가 그를 만난 사실을 아는 사람은 당국의 네 사람밖에 없었는데, 어떻게 알았는지 동아와 조선을 비롯하여 여타 신문사에서 인터뷰를 요청해왔다. 그러나 그때까지 국내에서 황장엽을 만나지 못한 나는 인터뷰를 거절할 수밖에 없었다.

"그가 왜 망명했는지 아직 정확히 모르고 있어요. 내가 바깥에서 만났을 때는 그런 심정을 전혀 눈치챌 수 없었습니다. 조만간 그를 만나게 될 터이니 만난 후에 자진해서 공개 인터뷰를 하겠습니다."

그러나 그후에도 그를 만날 수가 없어 매스컴에 소개할 기회가 없었다. 다만 월간 『신동아』에서 지명관 교수와 나의 권두 대담을 마련했는데, 대담이 끝난 후 차를 마시면서 잡담하다가 "내가 만난 황장엽은 그런 리스트를 가진 사람도 아니고, 그런 것을 써먹을 사람도 아니다"라고 말했는데, 잡지가 나온 후에 보니 '내가 만난 황장엽에게는 리스트가 없다'고 크게 제목이 달린 것을 보고 매우 당황했다.

그후 당국에서는 그를 못 만나게 했을 뿐 아니라 내가 '우리 민족 서로 돕기 운동'을 드러내놓고 한다는 것 등을 이유로 과거 중앙정보부 시절 못지 않게 냉대를 했다.

나는 얼마 지나서 텔레비전에서 황장엽이 기자 회견을 하는 모습을 보게 되었다. 얼굴이 무척 수척해지고 음성이 착 가라앉아서 보기에도 민망했다. 그 동안 심문 과정에서 얼마나 고통스러웠을 것인지 짐작할 수 있었다.

그후 미국에서 박한식 교수가 서울에 왔다. 서울대 문리대 재학 시절 경동교회에 다녔던 박교수는 미국에 건너가 정치학을 공부했는데 북한에 40여 차례 다니는 동안 황장엽과도 알고 지내던 사이였다. 황장엽을 직접 못 만나고 있던 나는 그라도 만나봐 주었으면 하고 바랐다.

"면회를 신청하고 한 번 만나보도록 하세요. 심양에서 만났을 때, 그가 박교수에게 매우 호감을 가지고 있더군요."

박교수는 내 말대로 면회를 신청했으나 여러 사람이 함께 만나야 한다는 조건이어서 만날 생각이 없다고 하였다. 그러나 내 생각은 달랐다.

"아니에요. 여러 사람들 틈에 끼어서라도 얼굴 표정을 살펴보세요."

그래서 박교수가 황장엽을 만나게 되었다. 박교수가 만나고 와서 들려준 이야기는 내 마음을 착잡하게 했다.

"나를 보자마자 달려와 껴안고 눈물을 흘리면서 자결하지 못해 한스럽다고 하더군요."

그 말을 듣고 그가 그 안에서 어떤 대우를 받고 있는지 짐작할 수 있었다.

한참 지나 김대중이 대통령에 취임하고 이종찬이 국정원장이 되어 나를 찾아온 적이 있었다. 함께 점심을 먹는 자리에서 내가 황장엽 이야기를 했더니 얼마 후 국정원에서 연락이 왔다.

어느 토요일, 나는 드디어 황장엽을 만날 수 있었다. 내게 허락된 시간은 아홉 시부터 열한 시 반까지였다.

황장엽은 그를 늘 수행해온 김덕홍과 함께 들어왔다. 심양에서 만났을 때 풍기던 철학자의 체취는 거의 느낄 수 없고 정치적으로 세뇌당해 심신이 지쳐 있는 모습이었다. 나는 약속 시간보다 훨씬 일찍 헤어지고 말았다.

나중에 들려오는 말에 의하면 황장엽은 오제도와 의형제를 맺고 그와 비슷한 사람들 틈에서 지내고 있다고 한다. 내가 그처럼 간곡히 부탁했는데도, 당국은 '소탐대실'하고 만 것이다.

북에서 온 어머니의 낡은 사진

1997년 12월 31일 아침, 내 앞에는 몇 장의 사진과 편지가 놓여 있었다. 미국에 있는 친구 목사가 북한에 갔다가 나의 누님 소식과 함께 가져온 누님 아들의 편지와 사진 몇 장이었다. 사진은 세상을 떠난 어머니와 우리 형제들의 모습을 담은 것이었다.

어머니는 우리 형제들의 사진을 매일 손으로 만지며 울다가 세상을 뜨셨다고 한다. 그 오랜 세월 동안 얼마나 많이 만졌는지 사진은 전부 헐어 있었다. 어머니의 애처로운 손결이 담긴 그 낡은 사진을 보는 순간 내 눈에는 눈물이 쏟아졌다. 그날 나는 약속을 모두 취소하고 혼자 방에 앉아 하루종일 울었다.

나는 어려서부터 아버지보다 어머니를 많이 닮았다는 소리를 들어왔다. 사진을 보는 사람마다 어머니의 얼굴 윤곽이 나와 비슷하다고 했다. 그러나 사진 속 어머니는 옛날 내가 알던 그 모습이 아니었다. 사진 속의 얼굴엔 하나 가득 슬픔이 담겨 있었다. 생때 같은 아들 삼형제와 막내딸을 떠나보내고 다시는 볼 수 없게 됐으니 왜 아니 슬펐을까.

어머니는 1945년 9월 초 나와 헤어진 후 1968년 7월 6일 세상을 떠나는 날까지 우리 생각만 하면서 눈물로 그 긴 세월을 보내셨을 것이다. 한없이 사진을 들여다보시며 견딜 수 없는 그리움을 삭이는 것이 삶의 유일한 위안이었을 것이다.

그리운 자식 대신 그 사진을 만지는 것으로 세월을 보내다 끝내 자식들을 다시 보지 못하고 눈을 감으셨을 어머니. 그런 어머니의 모습이 떠올라 내 몸은 무너져 내리는 것 같았다. 내가 용정으로 떠난 뒤에도 행여 돌아오지 않을까 하여 20리 밖 떨어진 기차역에 매일 나가셨던 어머니였다. 어머니의 애타는 23년의 세월이 두 장의 사진에 고스란히 담겨 있었다.

아버지 사진도 받았다. 내가 기억하는 것보다 훨씬 늙고 약한 노인의 모습이었다. 그거야 당연하다고 할 수 있지만 예리했던 평소 인상은 체념해버린 모습으로 변해 있었다. 젊은 날 경직된 기독교 신앙 때문에 아버지께 불효를 저지른 일들이 떠올라 나는 울고 말았다.

그런 생각으로 슬퍼하면서도 한편 누님이 살아 있다는 소식에 얼마나 반가웠는지 모른다. 누님은 1913년생이니 이제는 노인이 되셨을 테지만 함경도 산골에 산다고 하니 굶주림이 극심했던 지난 몇 년 동안 배급도 못 받았을 것이다. 그런 생각을 하면 내 마음은 안타까움으로 견딜 수가 없었다.

소식을 전해준 친구 목사에게 나의 이런 심정을 호소했더니 한번 방북하여 세상 떠나기 전에 만날 수 있도록 주선하겠다고 했다. 그러나 자세한 사정을 알아보니 누님이 사는 곳은 원산에서도 포장 안 된 길을 일곱 시간이나 가야 한다고 했다. 내가 직접 누님이 계신 곳으로 찾아가지 않는 한 누님이 나를 만나러 나오기란 불가능한 처지였다.

또 내가 간다면 50년이 훨씬 지나 만나는 동생을 대접할 음식이 없어 안타까워하실 것이고, 내가 머물 방도 없을 것이다. 그런데다 하루 이틀 후에는 다시 이별을 해야 할 텐데, 그런 것을 생각하면 그 계획을 포기할 수밖에 없었다.

자동차로 몇 시간이면 가는 거리에 굶어 죽어 가는 누님과 조카들이 있는데, 쌀 한 톨 보낼 수 없는 이런 기막힌 일이 오늘 이 세계에 또 어디 있겠는가.

남과 북 막힌 담은 먹는 정으로 녹이자

남북 평화에 대한 나의 관심은 이런 개인적인 피맺힌 한도 작용했겠지만 가장 큰 요인은 남과 북을 둘러싼 상황 자체가 크게 변했기 때문이다. 앞에서 이미 밝혔듯 1961년 군부 쿠데타가 일어난 후 80년대 중반까지 나는 남북 문제에 대해 보수적인 경계심을 버리지 않고 있었다. 그러나 90년대를 맞이하면서 나의 이런 태도에 변화가 일어났다.

첫번째 이유는 소련을 비롯한 공산주의 국가들의 붕괴였다.

두번째는 남과 북의 역전 현상이다. 1970년대 초반까지만 해도 남쪽은 자유는 있으나 빵이 없고, 북쪽은 빵은 있으나 자유가 없다고 진단했었는데, 그 상황에 큰 변화가 생긴 것이다. 수십만 명이 굶어죽는 상황에 유물사상, 공산주의가 어떻게 받아들여지겠는가. 또 나중 일이긴 하지만 북쪽을 굳게 결속시켜온 '김일성 수령 카리스마'까지 무너졌다. 군사력과 경제력으로 강하게 북한을 뒷받침해온 동맹 국가 소련은 이미 몰락했고, 중국도 시장 경제를 도입하여 국가 발전에 총력을 기울이는 판에 한반도에서 '불장난'이 나는 일은 결코 있어서는 안 될 것이다.

이러한 엄청난 변화 속에서 나는 남북 문제를 두 가지 방향에서 풀어가야 한다고 생각했다. 하나는 북쪽 정치 집단에 대한 정확한 이해가 선행되어야 한다는 것이고, 두번째는 북한 동포들에게 우리의 진정한 동포애를 체험케 해야 한다는 것이었다.

남북 문제에 대한 이 두 가지 방향성은 텔레비전이나 라디오, 신문, 잡지 등에 여러 차례 보도되었다. 그 가운데 1997년 7월 황장엽 망명 기자 회견이 있은 후 '동포애가 전쟁을 막는다'는 제목으로 신문(『한국일보』 7월 16일자)에 썼던 글을 소개한다.

황장엽 씨의 기자 회견에서 나온 북한의 전쟁 도발 가능성에 대해 우리 국민은 많이 놀라고 불안해하는 것 같다. 이번 그의 회견과 그후 언론의 보도는 과장된 느낌도 없지 않지만 전쟁 도발의 가능성이 0.1퍼센트라 할지라도 우리는 이에 철통같이 대비를 해야 한다. 전쟁이 나면 민족 전체가 불행해지는 차원을 넘어 양쪽이 완전히 멸망할 가능성이 크며 결국 양편 모두 패자가 되는 것이다. 그러기에 우리는 한반도에 살지 않는 해외 교포들까지 포함하여 지금이야말로 진정한 민족 공동체를 형성해야 한다. 이러한 민족의 비전을 실현하기 위해서는 우리와 대치 상태에 있는 북한을 슬기롭게 다룰 줄 알아야 한다. 이를 위해 우리는 두 가지 일을 추진해야 한다고 생각한다.

첫째는 우방들과 함께 우리의 힘이 어떠한지 북한이 정확히 깨닫게 하여 도발할 의지를 꺾는 것이다. 남북간 정치적 절충은 비교적 정확한 정보를 갖고 있는 정부가 주도적으로 하고 우리 국민은 정부를 도와야 한다.

둘째로 가장 근본적인 대응책은 북한 동포들의 마음속에 우리의 동포애를 심는 일이다. 그들 마음속에 우리에 대한 차가운 불신감과 적대감이 있다면 우리의 거짓 없는 동포애로 녹여주어야 한다.

이러한 나의 의견에 대해 조직적으로 통제되고 있는 북한 동포의 마음을 어떻게 녹일 수 있느냐고 이의를 제기하는 사람들이 있다. 우리 속담에 '먹는 정(情)은 속으로 들어간다'고 했다. 오늘날 북한 동포들이 굶어죽어가고 있다는 것을 우리는 잘 알고 있다. 우리가 굶주리는 동포들을 돕는 것은 정치적 이해 관계를 떠나 인도주의적인 동포애를 북한 사람들에게 보여주고 그들의 마음을 녹일 수 있는 절호의 기회이다. 그것이 전쟁을 막는 데도 결정적인 역할을 한다는 것은 의심할 여지가 없다.

그들은 우리 동포요, 앞으로 우리 역사가 존속되는 날까지 함께 살아야 할 동족이란 사실을 깨닫고, 구체적인 행동으로 동포애를 나타내자. 그렇게 하지 않는다면 평화 통일, 나아가 지구촌에서 민족 공동체를 형성해나가야 하는 과제를 어떻게 수행할 수 있겠는가.

나의 주장은 분명하다. 남북 적십자 회담이 처음 열렸을 때 전 매체가 "피는 물보다 진하다", "피는 이데올로기보다 진하다"며 연일 외쳐대던 시절 내가 이미 말했었다. 이북을 보는 데는 '두 개의 눈'이 필요하다고. 한쪽 눈으로는 이북에 사는 사람들을 우리의 동포로 보고, 다른 한쪽 눈으로는 우리와 이질적이고 적대 관계에 있는 권력 집단으로 보아야 한다. 이 두 눈 중 어느 한쪽만 뜨고 있으면 대단히 위험한 결과를 가져올 수 있다. 이 생각에는 지금도 변함이 없다.

이 두 눈을 가지고 오늘의 북한을 어떻게 보고 행동해야 하느냐 하는 문제 역시 아주 구체적이어야 한다. 이에 대해 나는 우선 두 가지 질문을 던져보고 싶다.

첫째, 우리는 정말로 이북 사람들을 과연 우리 동포로 보고 있느냐 하는 것이다. 만약 진정으로 우리 동포로 본다면 우리와 혈통과 유전인자가 가장 가까운 사람들이 어려울 때 돕고 나누는 것은 너무도 당연하다. 국민들 사이에 얼어붙은 벽을 녹이지 못하면 통일은 할 수도 없고 해서도 안 된다. 내란은 분단보다 더 비극이기 때문이다.

둘째, 우리는 정말 통일을 원하는가 하는 점이다. 통일을 원하지 않는 사람은 없다고 우리는 알고 있다. 그러나 진정으로 그러할까. 국민들 사이에, 특히 기득권 층에게는 막대한 통일비용 부담도 문제고, 또 50년 간 다른 사상으로 무장된 이들과 평화스럽게 함께 살기 힘들므로 이미 익숙해진 분단 상태가 계속되는 것이 현실적이고 안전한 길이라고 생각하는 사람들이 있다.

이러한 견해가 전적으로 틀린 것은 아닐 것이다. 그러나 이러한 말에 교묘하게 숨어 있는 분단 수용론은 반드시 경계해야 한다. 분단을 극복하고 민족이 통일하는 일은 상당히 어려운 길이고 대화를 통해 점진적으로 접근해 가는 것을 포기해서는 안 된다. 우리 입장만 내세우고 상대방을 곤경으로 몰아넣으면서 하는 대화는 무력 충돌과 다를 바 없다. 우리 입장도 분명히 해야 하지만 상대방의 입장을 합리적으로 들으면서 대화할 줄 알아야 한다.

예를 들면, 그 동안 우리가 제시한 이산가족 고향 방문과 같은 것은 우리 입장만 생각했지, 상대 입장은 거의 헤아리지 못한 발상일 수 있다. 우리 편에서 보면 이산가족이지만 그들에게는 조국을 배반한 반동분자들이다. 또 외부와 완전히 차단한 채 국민을 결속시키는 현 북한 체제에서 수백만 이산가족이 고향을 방문한다는 것은 그들에게 체제 붕괴의 음모로 느껴질 수도 있다. 따라서 그들이 그런 의구심을 갖지 않고 받아들일 수 있는 제안을 해야 한다.

민간 교류는 민중, 종교, 사회단체들이 주도적으로 하고 정부는 이를 뒷받침해주는 것이 바람직하다. 그 대신 남북한 정권 사이에서는 우선적으로 경제 교류(사실은 협력)부터 성사시켜 바닥까지 내려간 북한 경제를 살리도록 해야 한다.

이런 토대 위에서 정치적 교섭은 신중하게 해나가야 한다. 그중에서도 가장 먼저 다루어야 할 것은 군비 통제다. 다시 한 번 무력 충돌이 발생하면 우리는 21세기 역사에서 완전 탈락할 게 분명하다. 남북 경제가 모두 어려운데 왜 그토록 막대한 군사비를 써야 하는가. 이외의 정치적 사안은 차츰 풀어가면 될 일이다.